MERIAN*momente*

KOPENHAGEN

THOMAS BORCHERT

Zeichenerklärung

barrierefreie Unterkünfte
familienfreundlich

Der ideale Zeitpunkt

Neu entdeckt

Faltkarte

Preisklassen

Preise für ein Doppelzimmer mit Frühstück:

€€€€	ab 1500 DKK	€€€	ab 1000 DKK
€€	ab 700 DKK	€	bis 700 DKK

Preise für ein dreigängiges Menü:

€€€€	ab 475 DKK	€€€	ab 325 DKK
€€	ab 200 DKK	€	bis 200 DKK

KOPENHAGEN ENTDECKEN

KOPENHAGEN ERLEBEN

KOPENHAGEN ERKUNDEN

Die Stadtteile, die Menschen, die Sehenswürdigkeiten 54

DAS UMLAND ERKUNDEN

Fahrten ins Grüne und in die Umgebung 150

KOPENHAGEN ERFASSEN

Zahlen, Fakten, Hintergründe 158

IM FOKUS

Kleine Kopenhagener Reportagen

KARTEN UND PLÄNE

KOPENHAGEN ENTDECKEN

Auf dem Weg zum Aussichtsturm der Vor Frelsers Kirke (► MERIAN TopTen, S. 118).

MEIN KOPENHAGEN

Dänemarks Hauptstadt beeindruckt mit großartigen Sehenswürdigkeiten, darunter vieles, was seinen historischen Charakter bewahrt hat und das man auf kurzen Wegen erreichen kann. Besonders hervorzuheben ist auch die Offenheit und Herzlichkeit der Bewohner.

»Geh durch die Straßen dieser Stadt, und du bemerkst Heiterkeit und Leichtigkeit«, schrieb ein deutscher Besucher über Kopenhagen. Der Satz von Kurt Tucholsky gilt nach mehr als 80 Jahren unverändert. Wenn Sie in die dänische Hauptstadt reisen, erwartet Sie ein freundlich-gelassenes Flair, das ziemlich unwiderstehlich abfärbt. Ich jedenfalls kann ihm nicht widerstehen, wenn ich mich beim sommerlichen Jazzfestival von einem Freiluftkonzert auf dem charmant altertümlichen Gråbrødre Torv durch die »Mittelalterstadt« zum nächsten vor dem postmodern durchdesignten Neubau der Kongelige Bibliotek direkt am Hafen bewege.

Die ganze Stadt scheint dann mitzuswingen. Sie bietet eine vielfältige Kulisse mit ihrem intakt gebliebenen alten Stadtbild, verborgenen Ecken,

◀ Hochgradig mobil: Neun von zehn Kopenhagenern fahren regelmäßig Rad.

interessanten Plätzen und dann plötzlich hochmodernen Treffpunkten für die Menschen. All dies kann ich beim Jazzfestival genauso entspannt zu Fuß oder mit dem Rad erreichen wie Sie bei Ihrem Besuch. Tempo ist nicht Trumpf dabei, es gibt unterwegs auch kein gewaltiges Weltwunder aus Stein zu bestaunen. Vielleicht ist es ja kein Zufall, dass Kopenhagens Wahrzeichen, die Kleine Meerjungfrau, nur ganze 1,25 Meter misst.

ÜBERSCHAUBAR, LEBENDIG UND LÄSSIG

Dass die Stadt viel in überschaubaren Dimensionen anzubieten hat, begeistert mich nach 30 Jahren genauso wie beim ersten Besuch. Eine halbe Stunde dauert der Gang vom Rathausplatz zum anderen Ende der Altstadt am Kongens Nytorv. Bis ins späte 19. Jh. umschloss ein Stadtwall das Zentrum und seine über Jahrhunderte kaum veränderten Gassen, Gebäude und Plätze. Der Wall ist nun weg, es wurde einfach zu eng, aber das Zentrum hat seinen historischen Charakter als lebendige »Middelalderby« (Mittelalterstadt) bewahrt. Hier finden Sie inmitten einer historischen Umgebung interessante Läden, Cafés, Restaurants, Kinos, Clubs – vor allem aber auch die Kopenhagener, die modernes urbanes Leben in einem 400 Jahre alten Gemäuer beneidenswert lässig zum Blühen bringen können. Der Mix macht's, möchte man kurz und bündig sagen.

Besonders elegant hat man das bei der Lösung von Verkehrsproblemen hinbekommen. Die Stadt ist mit ihrem wunderbaren Wegenetz ein Fahrradparadies, das so gut wie alle selbstverständlich und bemerkenswert wenig aggressiv nutzen. »Radle durch die Straßen dieser Stadt …«, werde ich Ihnen auch auf den folgenden Seiten in leichter Abwandlung des einleitenden Zitats ein paarmal zurufen. Sie müssen dem überhaupt nicht folgen und werden an den Reizen Kopenhagens auch so viel Freude haben. Aber meine persönliche Begeisterung für Kopenhagen ist vom menschenfreundlichen Fortbewegungsmittel Fahrrad noch stärker geprägt als vom schönen, historisch intakten Stadtbild. Es gibt mir ein anderswo nicht so zu spürendes Gefühl von Freiheit und Leichtigkeit, weil alle sich hier ohne den Terror von Autos in verstopften Straßen, überfüllten Metros oder anderem Transport-Stress von einem Punkt zu jedem anderen beliebigen Punkt bewegen können und das auch tun.

Schwieriger ist die Frage zu beantworten, ob Kopenhagen unter dem Strich eine alte oder eine moderne Stadt ist. Wer am romantischen Nyhavn-Kanal die Reihe uralter Häuser passiert hat, stößt gleich um die Ecke auf das große, neue, funktionalistische Schauspielhaus mit riesigen Glaswänden zum Wasser hin. Klingt als Kombination furchtbar, funktioniert aber wunderbar.

KOPENHAGEN IST VIEL BUNTER GEWORDEN

Man bewegt sich hier gerne zwischen beiden Welten. Und man wechselt viel häufiger als noch vor Kurzem. Kopenhagen ist mit dem Bauboom der letzten 20 Jahre und durch kräftige Zuwanderung viel bunter geworden.
Die Stadt kämpft aber auch mit Folgeproblemen. Der kalte, harte und populistische Grundton dänischer Politiker und Medien gegenüber Zuwanderern will so gar nicht zu »Wonderful Copenhagen« passen. Den Stadtplanern ist beim Bauboom der letzten zwei Jahrzehnte bestimmt nicht alles gelungen. Entlang der alten Hafenfront werden Sie zwar Perlen wie das Schauspielhaus finden, aber auch etliche leblose Versicherungspaläste, mit deren Platzierung einfach die Stadtkasse gefüllt werden sollte. Neue Wohnviertel am Hafen und in dem wegen einzelner gelungener architektonischer Wagnisse viel gepriesenen Stadtteil Ørestad entfalten jedoch wenig Leben und Charme. Geld regiert auch hier, keine Frage.
Die Einwohnerzahl steigt seit den 1990er-Jahren wieder Jahr für Jahr. Junge Eltern finden den urbanen Alltag zunehmend attraktiver als ein Vororthäuschen mit Garten: Sie ziehen scharenweise mit ihren Kindern in die lange vernachlässigten, jetzt aber durchsanierten Stadtteile Vesterbro und Nørrebro am Zentrum. Diese blühende, manchmal interessant widerborstige Mischung aus Migrantenkultur, fröhlichem Kinderlärm, neuer Gourmet-Begeisterung, Straßencafés und Nachtleben lockt mit gutem Grund auch Besucher in Scharen an.

GELASSENHEIT IN ALLEN LEBENSLAGEN

Verblüfft bin ich oft, mit welcher Gelassenheit Kopenhagener die Kehrseiten des Booms in ihrer Stadt abtun. Die Immobilienpreise sind gerade in den attraktiveren Vierteln derart explodiert, dass weder Krankenschwestern, Polizisten oder Gesamtschullehrer mit ihren Durchschnittseinkommen noch junge Leute ohne Hilfe ihrer Eltern hier eine Chance haben. Frust und Empörung und Jammer oder auch nur Gemecker aber bleiben aus.
Wenn Sie Einheimische über ihre Stadt befragen, werden Sie nur Positives zu hören bekommen, wie auch schon Tucholskys Landsmann und Schriftstellerkollege Theodor Fontane 1865 notierte: »Kopenhagen ist so

recht eine Stadt zum Lieben, von der ich es wohl begreife, dass das Herz seiner Bewohner innig daran hängt.« Er schrieb einschränkend weiter: »Freilich auch nur in einer bis zum Übermaß und bis zur Verkennung des realen Wertes gesteigerten Begeisterung.«
Das ist elegant formuliert und verblüffend aktuell geblieben. Mir gefällt unter dem Strich die manchmal wirklich blind übertriebene Freude der Kopenhagener an ihrer Stadt, weil sie zur freundlichen Stimmung mit dem Grundtenor beiträgt: »Alles ist gut, und das andere bekommen wir schon irgendwie hin.« Ich bin ziemlich sicher, dass das nach all den Jahren hier auf mich abgefärbt hat.

ALLES NUR EIN KATZENSPRUNG

Für einen kurzen Wochenendbesuch in Kopenhagen empfehle ich, dass Sie sich auf die Erkundung der »Indre By«, der Altstadt, und die Gegenden beiderseits des Hafens (Frederiksstaden bis zur Kleinen Meerjungfrau, Christianshavn mit Christiania) konzentrieren. Wechseln Sie dabei zwischen Gängen in der engen, schattigen Altstadt und längs der freien Flächen am Wasser ab. Es ist eigentlich immer nur ein Katzensprung zwischen beidem.
Haben Sie mehr als zwei Tage zur Verfügung, sollte der erste Ausflug entlang dem Öresund zum Kunstmuseum Louisiana nicht im Programm fehlen. Louisiana ist ein großes Erlebnis, egal, wie Sie dahin kommen. Wenn Sie auch den Weg genießen wollen – ebenfalls ein Erlebnis –, sind entweder das Auto oder, als Nonplusultra, das Rad (vielleicht im Wechsel mit der S-Bahn) als Fortbewegungsmittel zu empfehlen.
Das zentrumsnahe Vesterbro sowie Nørrebro bieten sich auch beim kurzen Wochenendtrip zum abendlichen Essengehen samt Kneipen-, Bar- oder Clubbesuch an. Alle Ziele im Zentrum sind bequem zu Fuß zu erreichen. Das gilt auch für das »In«-Viertel Vesterbro wie die lebendige Kødbyen mit zahlreichen Restaurants, Kneipen und Clubs.

Der Autor **Thomas Borchert**, Jahrgang 1952, zog der Liebe wegen nach Kopenhagen. Er hat viele Jahre für die Deutsche Presse-Agentur (dpa) aus Skandinavien berichtet und schreibt jetzt als Korrespondent für die »Frankfurter Rundschau«. 2017 erschien seine »Gebrauchsanweisung für Dänemark« im Piper-Verlag. Neben der Familie hält ihn auch die Freude an der Stadt weiter in Kopenhagen. Das sei ihm bei der Arbeit an diesem Buch wieder neu klar geworden, sagt der Autor.

MERIAN TopTen

Diese Höhepunkte sollten Sie sich bei Ihrem Besuch auf keinen Fall entgehen lassen: Ob Kleine Meerjungfrau, Ny Carlsberg Glyptotek oder Vergnügungspark Tivoli – MERIAN präsentiert Ihnen hier die wichtigsten Sehenswürdigkeiten Kopenhagens.

1 Wasser frei

Zugang zum Wasser lockt überall: Schöne Stadtstrände und Hafenfreibäder, romantische Kanäle und Kajak-Verleihe (▶ S. 15, 19, 73, 99, 102, 123).

2 Illums Bolighus

Unwiderstehlich für Freunde skandinavischen Designs. Hier gibt es alles – auch einfach zum Anschauen in schöner Umgebung (▶ S. 34, 37, 133, 148).

3 Fahrradparadies

Das ideal ausgebaute Wegenetz lädt zum Radeln ein. Kopenhagen ist flach! Radtouren am Wasser machen einfach Spaß (▶ S. 19, 31, 48, 50, 73, 94, 111).

4 Tivoli

Der über 150 Jahre alte Vergnügungspark zwischen Bahnhof und Rathaus vereint Tradition und Moderne. Eine Oase für Klein und Groß (▶ S. 58, 66).

5 Kleine Meerjungfrau

Im Jahr 2013 wurde sie 100 Jahre alt, sie ist 1,25 m klein und die meistfotografierte Touristenattraktion in Kopenhagen (▶ S. 79, 129).

6 Nyhavn

Wo sich früher Seeleute betranken, pulsiert heute das Leben in Restaurants und Kneipen an einer historischen Häuserzeile am Hafen (▶ S. 80, 143).

7 Rundetårn und Vor Frelsers Kirke

Die schönsten Ausblicke auf die Dächer der Stadt hat man vom Turm der Erlöserkirche und dem »Runden Turm«. Auf beide Türme gelangt man zu Fuß (▶ S. 65, 118, 167).

8 Christiania

Die »Hippie-Kommune« gehört zu den Attraktionen. Sie präsentiert sich mal von ihrer idyllischen, mal von ihrer rauen Seite (▶ S. 113, 116, 170).

9 Louisiana Museum für moderne Kunst

Lousiana, in einem schönen Park am Öresund gelegen, ist auch architektonisch ein Kunstwerk. Die hier gezeigten Ausstellungen sind oft Weltklasse (▶ S. 72, 123, 126, 132, 156).

10 Ny Carlsberg Glyptotek

Skulpturen aus der Antike und Gemälde aus dem 19. sowie 20. Jh. füllen das Museum. Der Clou: ein Palmengarten unter dem Kuppeldach (▶ S. 133, 138).

MERIAN Momente

Das kleine Glück auf Reisen

Oft sind es die kleinen Momente auf einer Reise, die am stärksten in Erinnerung bleiben – Momente, in denen Sie die leisen, feinen Seiten der Stadt kennenlernen. Hier geben wir Ihnen Tipps für kleine Auszeiten und neue Einblicke.

1 Andersens Märchen am Originalschauplatz lesen G5

Bringen Sie ein Andersen-Märchenbuch mit, und lesen Sie es genau da, wo der Dichter seine Geschichten ansiedelte oder Ideen schöpfte. Auf einer Bank im Kongens Have, im Frederiksberg Have oder am Gråbrødre Torv hatte er vor 175 Jahren dieselbe Aussicht wie Sie heute. Im Innenhof des früheren Armenhauses »Vartov« (Farvergade 27) können Sie Andersens Märchen »Von einem Fenster im Vartov« auf sich wirken lassen.

Indre By | Farvergade 27 | Metro: Kongens Nytorv | www.vartov.dk

2 Zeitreise in der alten und neuen Kongelige Bibliotek H5

Der Altbau der Königlichen Bibliothek und der Neubau »Sorte Diamant« direkt am Hafen bringen modernes skandinavisches Design und die Architektur des 19. Jh. spektakulär zusammen. Der große Hofgarten des Altbaus ist eine Oase der Ruhe und die zum Hafen freie Fläche vor dem »Schwarzen Diamanten« einladend lebendig. Beide

Gebäude verbindet ein breiter, lichter Gang. Hier sind auch das Fotomuseum und das Jüdische Museum zu finden.
Indre By | Søren Kierkegaards Plads 1 | S-Bahn: Hauptbahnhof | www.kb.dk | Juli, Aug. Mo–Sa 8–19, Sept.–Juni Mo–Sa 8–21 Uhr

3 Stille unter Palmen in der Glyptotek

G 5/6

Der Palmengarten unter dem lichtdurchfluteten Kuppeldach des Kunstmuseums Glyptotek schafft eine ganz besondere Atmosphäre. Meine Frau überlegte nicht lange, als ich nach ihrem Lieblingsziel für einen Sonntagsausflug bei Regen fragte: »Schon immer das Café in der Glyptotek.« Es liegt direkt am idyllischen Palmengarten. Im Sommer lockt das Terrassendach.
Indre By | Dantes Plads 7 | S-Bahn: Hauptbahnhof | www.glyptoteket.dk | Di–So 11–18, Do 11–22 Uhr | Eintritt 95 DKK, Kinder bis 18 Jahre frei, bis 27 Jahre 50 DKK, Di für alle frei

4 Auf dem Fischkutter Frischluft für Leib und Seele tanken

J 4

Gleich neben der neuen Fußgängerbrücke am Nyhavn bekommen Sie auf

dem Fischkutter »HM8« die beste, zugleich billigste und ökologisch vorbildliche Bouillabaisse mit Frischfisch in ganz Kopenhagen. Bei gutem Wetter ist die Rundum-Aussicht auf den Hafen eine Frischluftdusche für Leib und Seele. Bei schlechtem können Sie sich in den Bauch des Kutters verkriechen. Die Kombination aus Fischladen und Bistro wird von Fischern aus Thorupstrand in Westjütland betrieben.
Indre By | Havnegade 52 | Metro: Kongens Nytorv | www.thorupstrandfisk.dk | Di–Fr 11.30–18, Sa 11.30–16 Uhr

5 Mit Königin Margrethes Leibwache unterwegs

Jeden Tag zwischen 11.27 und 11.32 Uhr marschiert ein Trupp Leibgardisten von Königin Margrethe II. unter Bärenfellmützen von ihrer Kaserne am Kongens Have durch das Zentrum zum Schloss Amalienborg. Nach der Wachablösung um Punkt 12 Uhr marschieren die Gardisten im Gleichschritt zurück zur Kaserne. Wer das freundlich Operettenhafte der dänischen Monarchie miterleben möchte, kann eine der beiden Touren komplett mitgehen. Entspannt und gern mit Kamera, niemand wird sich daran stören.

– Indre By | Gothersgade | Metro und S-Bahn: Nørreport H 4

– Amalienborg Slot | Amalienborg Slotsplads | Metro: Kongens Nytorv J 3/4

6 Freizeitoase: Friedhof Assistens Kirkegård D/E 2/3

Kopenhagens berühmtester Friedhof war immer auch für die Erholung da. Im 19. Jh. kamen Familien aus der düsteren Altstadt und aus Nørrebro zum Picknick auf den Assistens Kirkegård als grüner Oase. Heute sonnen sich im Sommer Studenten hier und pauken, andere spielen Frisbee oder radeln einfach mal durch. Sie können das mit der Suche nach Grabstätten von Berühmtheiten wie Hans Christian Andersen, Søren Kierkegaard und dem Atomphysiker Niels Bohr verbinden.

Nørrebro | Kapelvej 4 | Metro und S-Bahn: Nørreport | www.assistens.dk | April–Sept. 7–22, Okt.–März 7–19 Uhr

7 Kopenhagens Fahrradkultur als Zuschauer genießen F 3

Wer Radfahren zu anstrengend findet, kann die Kopenhagener cykel-Kultur als Zuschauer studieren. Schauen Sie sich am späten Nachmittag an, wie selbstverständlich, kraftvoll-zügig und dabei entspannt Männer und Frauen, Alte und Junge, Dicke und Dünne den Heimweg mit Pedalkraft bewältigen. Auf der Dronning-Louise-Brücke ein unterhaltsamer Zeitvertreib.

Indre By/Nørrebro | Dronning Louises Bro | Metro und S-Bahn: Nørreport

8 Nachmittagstänzchen in Petersens Familienhave C 6

Wenn es nieselt, lässt man beim Tanz in Petersens Familiengarten eben die Regenjacke an. Kleine Swing-Jazz-bands oder Schlagercombos spielen an Wochenend-Nachmittagen im altmodischen Ausflugsrestaurant mit Tischen und Tanzfläche im Freien. Es ist egal, ob man die Tanzschritte beherrscht, gerade mal zehn oder 75 Jahre alt ist und kurze oder lange Hosen anhat. Beim Bierchen oder Käffchen nach den kalorienreichen »smørrebrød« muss man einfach nur fragen, ob Sie oder Er Lust auf ein Tänzchen hat.

Frederiksberg | Pile Allé 16 | Bus 6A: De Små Haver, Metro: Frederiksberg | Tel. 36 16 11 33 | www.petersensfamiliehave.dk | Ostern und April 12–19, Mai–Mitte Sept. 11–23 Uhr

9 Picknick bei den Hippies in Christiania K 5

Krönender Abschluss des Rundgangs im Freistaat Christiania ist ein Picknick am Wallgraben mit Blick auf Amager. Eine versteckte ländliche Idylle mitten im Stadtzentrum und direkt am Wasser, mit originell und illegal gebauten Prachthäusern alteingesessener Christiania-»Hippies« als Kulisse.

Christianshavn | Prinsessegade/Bådmandsstræde

10 Die Beine am Wasser baumeln lassen

Im Sommer setzt man sich mit Freunden gern zu einem Schwätzchen auf eine Hafen- oder Kanalmauer. Man lässt die Beine baumeln und erzählt sich was. Es gibt viele schöne Plätze dafür. Der mitgebrachte Kaffee oder auch das Bierchen schmecken hier auch deshalb gut, weil sie dem Portemonnaie weniger wehtun als die in den oft sündhaft teuren Cafés. Die Auswahl ist groß: in Christianshavn (z. B. am Experimentarium), im Nyhavn, auf der Islands Brygge, an der Nationalbibliothek Sorte Diamant, vor der neuen Oper oder vor dem Schauspielhaus, am Gammel Strand, dem idyllischen Frederiksholm Kanal oder Refshaleøen.

11 An der Strandgade mit tollem Blick gut essen J5

Meistens spricht man über schöne Stadtaussichten von oben. In der Horizontalen findet sich die schönste Aussicht auf Kopenhagen in einem kleinen Vorbau des Architekturmuseums an der Strandgade: Er ist auf drei Seiten sowie nach oben voll verglast und gehört zum Café des Architekturmuseums DAC (▶ S. 120). Sie müssen Ihren Tisch mindestens ein bis zwei Wochen im Voraus reservieren. Dann aber ist ein fantastischer Blick über den Hafen und auf die Innenstadt der Lohn.

Christianshavn | Strandgade 27B | Metro: Christianshavn | www.dac.dk | Do–Di 10–17, Mi 10–21 Uhr

12 Im Sommer ins Hafenbecken hüpfen H6

»Pack die Badehose ein« – das gilt in Kopenhagen auch für Hafenrundgänge. Weil das Wasser wieder sauber ist, hat die Stadtverwaltung an der Islands Brygge und anderswo kostenlos nutzbare **»havnebade«** 1 (Hafenbäder) eingerichtet. Genauso reizvoll wie der erfrischende Sprung ins Hafenbecken ist die unbeschwerte Stimmung auf den Liegewiesen mit prächtiger Aussicht auf die Innenstadt.

Amager | Islands Brygge 14 | Metro: Islands Brygge

7

NEU ENTDECKT

Jetzt nicht verpassen

Kopenhagen befindet sich stetig im Wandel: Sehenswürdigkeiten werden eingeweiht, es gibt neue Museen, Galerien und Ausstellungen, Restaurants und Geschäfte eröffnen, und ganze Stadtviertel gewinnen an Attraktivität, die Stadt verändert ihr Gesicht. Hier erfahren Sie alles über die jüngsten Entwicklungen – damit Sie keinen dieser aktuell angesagten Orte verpassen.

◀ Experimentarium (▶ S. 17): eine »Spielwiese« für Tüftler jeden Alters.

MUSEEN UND GALERIEN

Experimentarium nördl. J 1

Spielerisch mit eigenen Experimenten in die Wunder von Technik, Naturwissenschaft und Mathematik eintauchen: Mit dem Anfang 2017 neu eröffneten Experimentarium im Vorort Hellerup hat Kopenhagen eine Weltklasseattraktion für Familien mit Kindern zu bieten, die gern selbst aktiv sind und mit Spaß lernen möchten. Wie erlebt ein Baby seine wilden Sinneseindrücke und wie ein alter Mensch? Was ist das wissenschaftliche Geheimnis hinter Seifenblasen, und wie bekommt man sie riesig groß? Mit ganz viel Intuition, immer interaktiv und fast ohne sprachliche Erklärungen können Kinder und Erwachsene experimentierend Einstein spielen. Nach ein paar Jahren des Provisoriums hat sich die Ausstellungsfläche dank des eleganten Neubaus auf 11 000 m^2 verdoppelt. Im Sommer locken diverse Freiluftaktivitäten auf der riesigen Dachterrasse.

Hellerup | Tuborg Havnevej 7 | S-Bahn: Hellerup oder Svanemølle, Bus: 1A oder 21 Tuborg Boulevard (Strandvejen) | www.experimentarium.dk | Mo–Fr 9.30–17, Sa, So 10–17 Uhr | Eintritt 195 DKK, Kinder 115 DKK

ÜBERNACHTEN

Hotel Skt. Annæ J 4

In diesem Gemäuer legten sich früher Schmuggler und andere lichtscheue Gäste zur Ruhe. Sie mussten als Passwort für den Einlass »Neptun« sagen, und so hieß ab 1851 auch dieses traditionsreiche Hotel. Komplett umgebaut ist es als Hotel Skt. Annæ wie neu geboren, hat aber den etwas verwinkelten Alt-Charme des Neptun behalten. Man sollte keine Angst vor schmalen Gängen und mitunter kleinen Kammern haben. Angenehm ist die ruhige Lage mitten im Herzen der Stadt, in unmittelbarer Nähe von Nyhavn, Schloss Amalienborg sowie dem lebendigen Hafenrevier mit den neuen Fußgängerbrücken und Badeanstalten. Wovon man sich auch auf der neuen Dachterrasse mit Blick über Teile des Zentrums selbst überzeugen kann.

Frederiksstaden | Sankt Annæ Plads 18–20 | Metro: Kongens Nytorv | Tel. 33 96 20 00 | www.hotelsktannae.dk | 153 Zi. | €€€€

ESSEN UND TRINKEN

Restaurant 108 J/K 5

Als kleiner, aber auch eigenständiger Bruder des weltberühmten Noma hat sich das 108 in schönster Lage zwischen dem großen Hafenbecken und dem

pittoresk romantischen Christianshavns Kanal etabliert. Wer neugierig ist auf raffinierte »neunordische« Cuisine, aber keine drei Monate vorher einen Tisch bestellen und kein Vermögen für

drei Gänge opfern mag, ist hier richtig. Zwischen rohen Betonwänden und auf dänischen Retrodesign-Stühlen kann von der preiswerten Vor- bis zur erschwinglichen Hauptspeise oder dem opulenten Familienmenü der Stil gewechselt werden. Die Stimmung mit dem recht jungen Publikum wechselt zwischen Bistro und Gourmetrestaurant. Von Noma-Chef René Redzepi hat das 108 nicht nur einige Rezepte übernommen wie das für karamellisierte Milchhaut, sondern auch das Weinangebot – dieses im Gegensatz zu den Speisen mit gepfefferten Preisen. The Corner bietet einfach nur Kaffee & Kuchen oder ein Gläschen Wein für Neugierige und ohne Vorbestellung schon früh am Morgen.
Christianshavn | Strandgade 108 | Metro: Christianshavn | Tel. 32 96 32 92 | www.108.dk | tgl. 17–24 Uhr (Restaurant), 8–24, Sa, So 9–24 Uhr (The Corner) | €€/€€€

WestMarket D 6

Kopenhagens zweiter Sammelplatz für Gaumenfreuden ist weniger anspruchsvoll und weniger kostspielig als die populären Torvehallerne (▶ S. 71) mit all ihren Bio-Raffinessen. Mitten im Altstadtteil Vesterbro befinden sich in einer nüchtern und zweckmäßig umgebauten Einkaufsmall mehr als 60 Minirestaurants, Konditoreien, Take-Away- und andere Verkaufsstände für Ess- sowie Trinkbares unter einem Dach. Es gibt vom traditionellen dänischen Smørrebrød über die raffinierte neue Nordic Cuisine alle möglichen ethnischen Küchen und das meiste in für Kopenhagen moderater Preislage. Die Auswahl ist riesig und die Stimmung »jünger« als beim Konkurrenten Torvehallerne im Stadtzentrum, dem Eldorado für Kopenhagener mit den besser gefüllten Lohntüten.

Vesterbro | Vesterbrogade 97 | Bus 6A: Enghavevej | www.westmarket.dk | tgl. 8–22 Uhr (Sa, So teils begrenzte Auswahl)

AKTIVITÄTEN

Amager Skibakke (Skipiste) östl. K 3

Eröffnungsdatum 2018: Mitten in ihrer komplett flachen Stadt bekommen die Kopenhagener eine 350 m lange Skipiste, noch dazu ganzjährig befahrbar. Architekt Bjarke Ingels hat sie auf das Schrägdach einer ultramodernen, architektonisch von Weitem ins Auge fallenden Müllverbrennungsanlage gepflanzt. Sie sieht aus wie eine Skischanze im Silberkleid. Wer nicht wild ist auf das Skivergnügen, kann einfach hochspazieren und aus 85 m Höhe vom Inselstadtteil Amager aus die Aussicht auf den Hafen und das Zentrum genießen. Mit einer Tasse Kaffee und einem Snack in der Hand.
Amager | Kraftværksvej 31 | Bus: 37 Amagerværket | Informationen über Eröffnungsdatum, Öffnungszeiten und Preise: www.a-r-c.dk

Freiluftgym für Kleine und Große auf dem Lüders-Parkhaus nördl. J 1

Der futuristisch heranwachsende neue Stadtteil Nordhavn lädt Sportbegeisterte zum kostenlosen Fitnessspaß mit atemberaubender Hafenaussicht. Auf dem Dach des architektonisch wunderschön in Rostbraun eingepackten Lüders-Parkhauses können Sie auf weichem, roten Asphalt sprinten und unterschiedliche Klettergerüste oder Trampoline nutzen. Zwei elegante Außentreppen von je 60 m Länge verhelfen auch zur Kondition, wenn man sie nur oft genug bezwingt und dabei über den Öresund nach Schweden oder auf die vielen Nordhavn-Neubauten blickt. Auch an kinderfreundliche Klettergerüste und Kleintrampoline wurde gedacht. Die Anlage ist ein Mix aus Kinderspielplatz und Fitnessanlage, bei jedem Wetter durchgehend geöffnet und frei nutzbar.

Nordhavn | Helsinkigade 30 | S-Bahn: Nordhavn

Havneringen (Hafenring) J 4–G 6

Der alte Hafen, jetzt ganz ohne große Schiffe an den Kais, ist das neue Erlebniszentrum der Stadt. Mal mit Architektur aus dem 17. Jh., mal hypermodern und dann plötzlich einfach still in unberührt wirkender Natur. Der 13 km lange »havneringen« bietet die Möglichkeit für Erkundungstouren auf dem Rad, zu Fuß und überwiegend ohne störenden Autoverkehr. Dank der neuen Brücken für Nichtmotorisierte auch quer über das große Becken lässt sich die Route angenehm und variabel abkürzen. Aber bringen Sie sich nicht um die grünen Überraschungen am südlichen Ende im Naturschutzgebiet Amagerfælled. Eine Karte zum Downloaden und Erläuterungen in Englisch inklusive Eventkalender bietet visitcopenhagen.com/harbourcircle.

Weitere Neuentdeckungen sind durch dieses Symbol gekennzeichnet.

Skifahren in der Stadt? Die Amager Skibakke (▶ S. 18) macht das ab 2018 möglich; dann können wintersportbegeisterte Kopenhagener ganzjährig dem Skisport frönen.

KOPENHAGEN ERLEBEN

In die Jahre gekommen: der »Freistaat« Christiania (▶ MERIAN TopTen, S. 113).

ÜBERNACHTEN

Damit Sie auf Ihrer Reise so unterkommen, wie Sie es sich vorstellen: Hier erfahren Sie alles, was Sie über die Hotels und weitere Übernachtungsmöglichkeiten in Kopenhagen wissen sollten. Im Anschluss finden Sie besonders empfehlenswerte Adressen.

Wer nach einer Ferienwohnung im »In«-Viertel oder der netten familiären Pension sucht, muss nach wie vor scharfäugig sein. Dafür hat sich die Hotelszene in den letzten Jahren durch große Neu- und Ausbauprojekte verändert. Die **Bettenzahl** ist um gut ein Viertel gestiegen, nicht aber die Zahl der Besucher im selben Umfang. Die logische Folge: Besucher können unter den gut 100 Hotels mit zusammen 17 500 Betten wählerischer sein und sich die unübersehbare Preiskonkurrenz der Hotels zunutze machen: Kopenhagen ist als Hotelstadt im internationalen Vergleich deutlich billiger als vor zehn oder fünf Jahren. Neben markanten neuen **Großhotels** im gehobenen Segment wie dem Tivoli-Hotel, dem Crowne Plaza am recht stadtnahen Flughafen Kastrup und dem Doppelturm Bella Sky am ebenfalls stadtnahen Messezentrum Bella Center gibt es auch große neue Zwei-Sterne-Hotels wie das WakeUp-Hotel (▶ S. 25).

◀ Das Central Hotel (▶ S. 24) hat nur ein Zimmer und viel Romantik zu bieten.

Nach wie vor findet man in **Bahnhofsnähe** im Stadtteil Vesterbro anspruchslosere, günstigere Hotels. Auch wenn Vesterbro jetzt als »hip« gilt und etliche Hotels hier inzwischen höhere Ansprüche befriedigen. Generell gilt: Wer deutsche **Hotelstandards** gewohnt ist, sollte sich darauf einrichten, dass Kopenhagener Zimmer deutlich kleiner sind.

VON ÖKO BIS DESIGN

Kopenhagener Hotels werben kräftig mit ihrem **Öko-Profil**. Doch hält die Realität mit den schicken Slogans nicht immer Schritt. Jüngste Neueröffnungen stellen auch stärker den Trend zum individuell gestalteten **Designerhotel** in den Vordergrund.

Wer nicht vorab daheim im Internet nach den besten Hotelangeboten geforscht hat, kann sich vor Ort bei der kostenlosen **Zimmervermittlung** von Wonderful Copenhagen in Bahnhofsnähe helfen lassen. Wegen der schärferen Konkurrenz durch neue Hotels hat sich die Zahl von günstigen Wochenend- und anderen Sonderangeboten deutlich erhöht.

BESONDERE EMPFEHLUNGEN

71 Nyhavn Hotel J 4

Mit Stil – Die Lage am Hafen und mitten in der Stadt ist unschlagbar. Das 2016 komplett renovierte Vier-Sterne-Hotel in zwei umgebauten Hafenspeichern ist durch eine Seitenstraße abgeschnitten vom Gewimmel an Kopenhagens schönster Häuserzeile. Die Zimmer sind zwar klein, haben aber ein besonderes Flair dank der über 200 Jahre alten Eichenbalken.

Frederiksstaden | Nyhavn 71 | Tel. 33 43 62 00 | Metro: Kongens Nytorv | www.71nyhavnhotel.dk | 159 Zimmer | €€€–€€€€

Hotel d'Angleterre H 4

Majestätisch – Die Königin der Kopenhagener Hotels, 1755 am vornehmen Kongens Nytorv eröffnet, wurde innen komplett umgebaut und strahlt nach außen frischen weißen Glanz aus. Hier haben schon Bruce Springsteen, Helmut Kohl und viele andere Prominente während ihres Kopenhagen-Besuchs genächtigt. Das edle Ambiente lässt sich auch in Kopenhagens erster Champagnerbar Balthazar genießen.

Indre By | Kongens Nytorv 34 | Metro: Kongens Nytorv | Tel. 33 12 00 95 | www.dangleterre.dk | 90 Zimmer | €€€€

Hotel Axel Guldsmeden F 5/6

Mit Bali-Flair – Das Hotelviertel hinter dem Bahnhof im Stadtteil Vesterbro wurde bis vor einigen Jahren von deprimierenden Billig-Absteigen dominiert. Heute findet man hier auch freundliche Hotels für Reisende, die umweltschonend und dabei angenehm wohnen möchten. Das Axel Guldsmeden bietet den Gästen reine Bio-Kost bei Vermeidung von Lebensmittelverschwendung. Dem eigenen Reinigungspersonal wird mit Tarifvertrag der (vergleichsweise anständige) dänische Mindestlohn garantiert. Die Einnahmen aus dem hoteleigenen Fahrradverleih (150 DKK/Tag) gehen an Sozialprojekte für Kinder. Entspannung für die Gäste bringt ein balinesisch inspiriertes Spa mit Kerzenschein. Alle Zimmer sind mit Mobiliar aus Bali individuell und geschmackvoll ausgestattet. Ein Wohlfühlhotel im Vier-Sterne-Bereich.

Vesterbro | Helgolandsgade 11 | S-Bahn: Hauptbahnhof | Tel. 33 31 32 66 | www.guldsmedenhotels.com | 129 Zimmer und Suiten | €€€

Central Hotel E5

Pariser Flair – »Das kleinste Hotel der Welt« hat ein einziges Doppelzimmer. Der erste Stock über dem (ebenfalls winzigen) Café gleichen Namens bietet Paaren neben dem großen Doppelbett ein Duschbad, Minibar und einen (versenkbaren) Fernseher. Vor allem aber jede Menge Romantik im anspruchsvollen Ambiente. Das Minihotel liegt im quirligen Vesterbro in einer schönen Seitenstraße. Einziger Minuspunkt: Morgens hört man die Lkws auf dem Weg zum benachbarten Supermarkt. An Wochenenden meist mehrere Monate im Voraus ausgebucht.

Vesterbro | Tullinsgade 1 | S-Bahn: Hauptbahnhof | Tel. 26 15 01 86 | www.centralhotelogcafe.dk | 1 Zimmer | €€€€

Hellerup Parkhotel nördl. J1

Schöne Lage – Eine kleine, feine Perle der Hotelszene mit etwas räumlicher Distanz zum Großstadttrubel. Schön ist die Nähe zu den Öresund-Stränden und zum riesigen Park Dyrehave. Das Vier-Sterne-Hotel kann in den Sommerferien günstig gebucht werden.

Hellerup | Strandvejen 203 | S-Bahn: Hellerup | Tel. 39 62 40 44 | www.hellerupparkhotel.dk | 71 Zimmer | €€–€€€

Hotel Sct. Thomas E5

Freundlich und einfach – Das eher unscheinbare, aber sehr ordentliche Drei-Sterne-Hotel liegt ruhig, fast ein wenig versteckt im konservativen Frederiksberg. Man ist schnell im Zentrum, noch schneller im lebendigen Vesterbro oder im Grünen. Wer nicht so viel fürs Übernachten ausgeben will, bekommt eine freundliche, leicht alternativ angehauchte Atmosphäre – bei einfacher Ausstattung mit kleinem Bad.

Frederiksberg | Frederiksberg Allé 7 | Bus: 2A, S-Bahn: Hauptbahnhof | Tel. 33 21 64 64 | www.hotelsctthomas.dk | 60 Zimmer | €€

Hotel Skt. Annæ J4

Verwinkelter Charme – In diesem Gemäuer betteten sich früher Schmuggler und andere lichtscheue Gäste zur Ruhe. Den Charme von einst mit schmalen Gängen und kleinen Kammern hat es bewahrt. Pluspunkte: ruhige Lage im Herzen der Stadt und die neue Dachterrasse mit schönem Blick.

Frederiksstaden | Sankt Annæ Plads 18–20 | Metro: Kongens Nytorv | Tel. 33 96 20 00 | www.hotelsktannae.dk | 153 Zi. | €€€€

SP34 G4

Leiser Luxus – Ein ganz junges Boutiquehotel mit individuellem Design. Nach der Neueröffnung 2014 hat sich die Kapazität des früheren Hotel Fox durch die Zusammenlegung mit einem angrenzendes Haus verdoppelt. »Luxus auf leisen Sohlen« im Sternebereich 4+ versprechen die Macher, mit zwei Restaurants und Zimmern im Retro-Look. Unbedingt erwähnenswert ist die zentrale Lage an der Skt. Peders Stræde 34 (die zum Namen SP34 inspiriert hat): Zur einen Seite lockt das hier beginnende Kopenhagener Quartier Latin (Latinerkvarteret) mit Retro-Geschäften, Cafés und Kneipen, zur anderen stört etwas der wenig freundliche Blick auf eine verkehrsreiche Kreuzung.
Indre By | Skt. Peders Stræde 34 | Tel. 33 95 77 06 | www.brochner-hotels.dk | Metro und S-Bahn: Nørreport | 118 Zimmer | €€€–€€€€

WakeUp-Hotel G6

Zentral gelegen – Effektiv durchgestylt, kostengünstig und cool im Design kommt dieser hochmoderne Hotelneubau daher. Zwar ist die Aussicht auf Kopenhagens Haupteisenbahnlinie weniger romantisch, dafür ist das Zentrum in wenigen Minuten zu Fuß zu erreichen. Das Serviceniveau ist für ein Zwei-Sterne-Hotel beachtlich.
Vesterbro | Carsten Niebuhrs Gade 11 | S-Bahn: Hauptbahnhof oder Dybbelsbro | Tel. 44 80 00 00 | www.wakeupcopenhagen.dk | 510 Zimmer | €€

Preise für ein Doppelzimmer mit Frühstück:
€€€€ ab 1500 DKK €€€ ab 1000 DKK
€€ ab 700 DKK € bis 700 DKK

Ein alter Speicher am Hafen, in dem einst Waren aus aller Welt lagerten, beherbergt seit der aufwendigen Restaurierung das charmante 71 Nyhavn Hotel (► S. 23).

ESSEN UND TRINKEN

Die trendigen Kreationen der Kopenhagener Köche sind immer für eine Überraschung gut. Ob bodenständig oder französisch, Hausmannskost oder international: Nirgendwo sonst in Europa wird derzeit innovativer gekocht.

Bis vor ein paar Jahren, so das nicht ganz falsche Klischee, reichte ein bescheidenes dänisches Vokabular für das Angebot in den Kopenhagener Restaurants aus. »Sild« ist der Hering, »smørrebrød« die deftig belegte Brotschnitte. Als klassische Hauptmahlzeit gab es »svinemørbrad«, ein Schweinelendchen mit Kartoffeln und brauner Soße.
Heute lauten die Klischees völlig anders: beispielsweise dass man an der nächsten Kopenhagener Straßenecke statt der Würstchenbude eher ein neues **Gourmetrestaurant** findet. Der Spitzenkoch bereitet raffinierte Gerichte nach den Regeln von **»ny nordisk mad«**, der neuen nordischen Esskultur, mit reinen Bio-Rohwaren aus heimischen Gefilden zu. Die Köche, allesamt männlich und mit dem obligatorischen Dreitagebart, genießen auch dank ihrer vielen coolen Auftritte im Fernsehen beinahe Popstar-Status.

◀ Das Restaurant Kadeau (▶ S. 119) lockt mit Gourmetfreuden von der Insel Bornholm.

Wie sehr die Kopenhagener Restaurantrevolution tatsächlich durchgeschlagen hat, zeigt nicht nur das berühmte Noma, das zwei Michelinsterne besitzt und 2010, 2012 und 2014 zum »besten Restaurant der Welt« gekürt wurde. Die Zahl von inzwischen 16 Kopenhagener Restaurants mit 20 Michelinsternen ist beachtlich! Das Geranium hat mit drei davon Noma (»nur« zwei) als Flaggschiff abgelöst. Mit seinem Umzug Ende 2017 an den neuen Standort im Freistaat Christiana will der zweifache Weltmeister Noma auf diese Herausforderung reagieren.

IM TREND: NEUNORDISCH

Zunehmend finden Sie auch anspruchsvolle Restaurants unter der Flagge »ny nordisk mad« in mittlerer Preislage: Schauen Sie sich um in Kødbyen, dem höchst trendigen Gelände des früheren Fleischgroßhandels hinter dem Hauptbahnhof. Schließlich kann oder möchte auch von den Kopenhagenern nicht jeder 2600 Kronen, 350 Euro, für ein Drei-Gänge-Menü mit Wein wie im Noma hinblättern. Der durchgehende Trend: Immer mehr Bio, immer weniger Fleisch.

Mit der Fiskebar in Kødbyen (▶ S. 87) gibt es endlich auch wieder ein Fischrestaurant. Diese Spezies ist leider rar im maritimen Kopenhagen. Längst vorbei die Zeiten, da der deutsche Kopenhagen-Besucher Kurt Tucholsky umgekehrte Einseitigkeit in einem Fährenrestaurant beklagte: »Die Herrschaften aßen zur Zeit: Spickaal und Hering, Heringsfilet, eingemachten Hering, dann etwas, was sie ›sild‹ nannten, ferner vom Baum gefallenen Hering und Hering schlechthin.«

Was nicht heißt, dass der Hering von den Speisekarten verschwunden ist. Sie können und sollten ihn in Kopenhagen als Teil eines klassischen dänischen »**frokost**«, des Mittagessens, mit einer Auswahl von »**smørrebrød**« probieren.

DIE SMØRREBRØD-KLASSIKER NICHT VERGESSEN

Es gibt spezielle Restaurants, oft in altehrwürdigen Kellern untergebracht, die eine heimelig-altmodische Kneipenstimmung haben. Das bekannteste heißt nach seiner Betreiberin Ida Davidsen und liegt in der Store Kongensgade. »Smørrebrød« sind recht schwere Kost.

Dass viele der neuen Kopenhagener Restaurants unter der Flagge »nynordisk« segeln, ist nicht unumstritten: Auf manche wirkt der Begriff ein

bisschen nationalistisch. Die Restaurant- und Lebensmittelexpertin Maria Beisheim findet das »nordisk« ohne ideologische Hintergedanken nur irreführend: »Die neue Kopenhagener Gastronomie greift einfach auf frische, heimische Zutaten zurück. Ansonsten geht es aber um Kochkunst ohne Grenzen und gerade nicht um Abgrenzung.«
Wer sich für Kopenhagener Restaurantrevolution interessiert, ist bei ihr an der richtigen Adresse. Maria Beisheim führt mit Copenhagen Food Tours (ab Torvehallerne) durch ausgewählte Restaurants und Geschäfte für den Alltagseinkauf (www.foodtours.eu).

Wollen Sie's wagen?

Möchten Sie wissen, wie es sich Kopenhagener daheim zum Abendessen gemütlich machen? Laden Sie sich einfach selbst ein. Bei »Dine With The Danes« finden Sie gastfreundliche Familien und bekannte garantiert dänische »hygge« (Gemütlichkeit) und sehr wahrscheinlich leckeres landestypisches Essen. Man muss für die kleine Expedition in den dänischen Privat-Alltag zahlen (425 DKK pro Person, Kinder die Hälfte; Buchungen vorab: info@dinewiththedanes.dk).

BESONDERE EMPFEHLUNGEN

RESTAURANTS

Cap Horn

J 4

Gediegen und gut – Hier taucht man in eine warme, freundliche Stimmung ein und genießt gediegene Bio-Kost. Ein guter Tipp also für den Besuch im idyllischen Nyhavn, wo Touristenfallen und »Authentisches« nicht leicht auseinanderzuhalten sind. Mittags gibt es klassische dänische Kost, abends Leckeres wie anno dazumal, aber mit Raffinesse zubereitet und einem französischen Hauch.

Indre By | Nyhavn 21 | Metro: Kongens Nytorv | Tel. 33 12 85 04 | www.caphorn.dk | €€–€€€ (250 DKK mittags/350 DKK abends)

Noma

östl. K 3

Neuer Standort – Das vielfach ausgezeichnete Restaurant hat seine Pforten an alter Stelle geschlossen und die Wiedereröffnung für Ende 2017 angekündigt. Mit einem noch radikaleren Öko-Konzept und einem Stadt-Bauernhof direkt im alternativen Freistaat Christiania.

Neuer Standort: Christianshavn | Refshalevej 96 | Aktuelle Informationen auf www.noma.dk

Orangeriet

H 3

Moderne Note – Vielleicht das schönste Sommerrestaurant in der Stadt. Es liegt im Kongens Have, dem Innenstadtpark, in einem alten Pavillon und ist hell und romantisch zugleich. Das Essen ist mittags und abends klassisch dänisch, aber mit modernem Touch. Ein guter Ort für »smørrebrød«!

Indre By | Kronprinsessegade 13 | Metro: Kongens Nytorv | Tel. 33 11 13 07 | www.restaurant-orangeriet.dk | Mi–Sa 11.30–22, So 12–16, Mo, Di 11.30–15 Uhr | €€–€€€

CAFÉS

Café Intime C5

Hier begreift man schnell, warum die Dänen als das glücklichste Volk Europas gelten und als Erste homosexuelle Partnerschaften anerkannt haben. Gesellig, freundlich, intim – wie ein Besuch beim netten älteren Schwulenpaar nebenan. Besonders donnerstags herrscht hier ausgelassene Stimmung bei Schlagern und alten Revueliedern mit Klavierbegleitung. Und natürlich zum Mitsingen für alle. Achtung: Die Bar ist so klein, dass das Rauchverbot für öffentliche Räume hier nicht gilt. Es wird also ordentlich gequalmt.

Frederiksberg | Allegade 25 | Metro: Frederiksberg | Tel. 38 34 19 58 | www.cafeintime.dk | tgl. 16–2 Uhr

The Royal Cafe (Royal Smushi Café) H4

Das Flaggschiff bei den Speisen sind raffiniert zubereitete Mini-»smørrebrød« im Sushi-Look, die man hier »Smushies« nennt. Kuchen und Desserts sind hausgemacht. Die Einrichtung hat Charme: eine märchenhafte, farbenfrohe und stilistisch chaotische Mischung aus Kitsch und edlem dänischem Design. Bei einem Einkaufsbummel genau das Richtige für eine kleine Pause, versteckt in einem Hinterhof am umtriebigen Amagertorv.

Indre By | Amagertorv 6 | Metro: Kongens Nytorv | www.royalsmushicafe.dk | Mo–Sa 10–19, So 10–18 Uhr

Weitere empfehlenswerte Adressen finden Sie im Kapitel KOPENHAGEN ERKUNDEN.

Preise für ein dreigängiges Menü:

€€€€ ab 475 DKK | €€€ ab 325 DKK
€€ ab 200 DKK | € bis 200 DKK

KLEINE WARENKUNDE
Lakritz

Lakritz in bizarren Verbindungen gehören zum Kopenhagener Alltag wie das »smørrebrød«. Nehmen Sie Lakritzkäse oder Lakritz in weißer Schokolade mit nach Hause.

Dänen futtern den Wurzelextrakt aus Echtem Süßholz keineswegs nur als Süßigkeit wie andere Zeitgenossen ihre Gummibärchen. Lakritz gibt es in Supermärkten, Feinkostläden und Restaurants in erstaunlichen Verbindungen: als Lakritzwurst, -käse und -honig und natürlich auch als Käse mit Lakritzhonig. Seien Sie mutig und kaufen Sie »lakridspulver« für zu Hause und kombinieren es dann mit was auch immer. Für Vorsichtigere sei ein Lakritzprodukt von Johan Bülow empfohlen. Er hat auf Bornholm ganz klein angefangen und ist zum dänischen Lakritz-Papst aufgestiegen. In seinem Shop im Magasin du Nord (▶ S. 34) ist die Auswahl süßer Kreationen grenzenlos. Wie wäre es mit Lakritz in weißer Schokolade und Schwarzer Johannisbeere?

Grüner reisen

Urlaub nachhaltig genießen

Wer zu Hause umweltbewusst lebt, möchte vielleicht auch im Urlaub Menschen unterstützen, denen ein verantwortungsvoller Umgang mit der Natur am Herzen liegt. Empfehlenswerte Projekte, mit denen Sie sich und der Umwelt einen Gefallen tun können, finden Sie hier.

Die Kopenhagener haben gute Gründe für ihr vieles Radeln. Bei einer Umfrage fanden sie am wichtigsten: Es geht schnell (hoben 56 % heraus), ist am bequemsten (37 %), billig (29 %) und gesund (26 %). Dass dieses Fortbewegungsmittel auch die Umwelt und das Klima schont, landete mit 5 % ganz hinten unter acht angegebenen Gründen.
Ich mag diese pragmatisch entspannte Haltung ohne endlose Grundsatzdebatten. Die Kopenhagener haben ein Urvertrauen in die praktische Vernunft und begegnen einander erst mal ohne grundlegendes gegenseitiges Misstrauen. Das trägt kräftig dazu bei, dass Kopenhagen auf Ranglisten über die »lebenswertesten Städte« immer ganz oben landet.
Wie Lösungen für ein umweltschonenderes Großstadtleben aussehen, zeigt dem Besucher symbolisch die gewaltige Ansammlung von Windrädern vor der Hafeneinfahrt. Das Wasser im Hafen ist wieder so sauber, dass hier gebadet werden kann. Vor allem aber: Diese Stadt erstickt nicht im Autoverkehr.

◀ Klein, mediterran und alles 100-prozentig bio: Trattoria Ché Fè (▶ S. 32).

Sie hat sich ehrgeizige Ziele gesetzt: Bis 2025 will man CO_2-neutral sein. Die beeindruckende Radlerquote von 36 % aller Fahrten zur Arbeit soll in den kommenden zehn Jahren auf 50 % steigen. Wen wundert's, dass die dänische Metropole 2014 von der EU-Kommission zu »Europas grüner Hauptstadt« ausgerufen wurde: Kopenhagen sei ein »Rollenmodell für grünes Wachstum«. Die Bürger fühlten sich bei hoher Lebensqualität einbezogen in die Prozesse von Stadtplanung und neuem Design.
Trotz alledem ist das »branding« als Öko-Vorreiter eine Spur zu einseitig. Auch hier hat es die Autolobby geschafft, die Einführung einer schon beschlossenen Kfz-Maut für die Innenstadt doch noch zu verhindern. Das Umweltbewusstsein im Alltag ist auf vielen Gebieten längst nicht so ausgeprägt wie in anderen Ländern. Beim Sortieren von Hausmüll steckt Kopenhagen immer noch in den Kinderschuhen.
Aber wer als Reisender in Kopenhagen den grünen Trend aktiv mittragen möchte, muss nicht lange herumsuchen. Viele Restaurants sehen die Verwendung von Rohwaren mit Öko-Zertifikat als Selbstverständlichkeit an. Zahlreiche Hotels werben mit Bio-Konzepten und bieten Leihräder an. Am besten, Sie gehen es mit demselben pragmatischen Frohsinn an, mit dem die Kopenhagener ihre Stadt zum **Fahrradparadies** ★3 gemacht haben: Bewegen Sie sich viel ohne Motorkraft. Das geht in Kopenhagen schnell, ist bequem, billig, gesund und macht Spaß.

BESONDERE EMPFEHLUNGEN

ÜBERNACHTEN

Hotel Crowne Plaza Copenhagen Towers — südl. J 6

Newcomer – Das noch junge Hochhaushotel mit 25 Etagen ist nach Öko-Prinzipien geplant und gebaut. Im Winter sorgt der Wasserumlauf für Wärme, im Sommer für Kühle. Gäste erzeugen auf den Rädern im Fitnessstudio nebenbei auch Strom. Sie können für den Ausflug vom futuristischen Stadtteil Ørestad ins 7 km entfernte Zentrum Fahrräder mit Elektro-Antrieb mieten. Wenn es weiter weg sein soll, stehen auch kleine elektrische betriebe Autos zur Verfügung.
Ørestaden | Ørestads Boulevard 114–118 | Metro: Ørestad | Tel. 88 77 66 55 | www.cpcopenhagen.dk | 366 Zimmer | €€€

ESSEN UND TRINKEN

RESTAURANTS

BioM — H 3

Mit Verstand – »Bio« im Namen steht für Bio und »M« für »Mad med mening« = »Nahrung mit Verstand«. Das kleine Restaurant bot schon Gerichte aus ausschließlich ökologischen Zuta-

ten, als die Kopenhagener Gourmetwelle noch lange nicht ins Rollen gekommen war. Innen strahlt BioM schlichte Eleganz aus und lockt im Sommer mit Tischen im Freien vor der historischen Kulisse der 300 Jahre alten Reihenhaussiedlung Nybøder. Auch die Wandbemalung ist hier frei von chemischen Zusätzen. Bei mittlerem Preisniveau kann man mittags vor allem leichte Kost und abends moderne dänisch orientierte Gerichte wählen.
Frederiksstaden | Fredericiagade 78 | S-Bahn: Østerport, Metro: Kongens Nytorv | Tel. 33 32 24 66 | www.biom.dk | Di–Fr 11.30–23, Sa 10–23, So 10–14 Uhr | €€–€€€

Bio-Trattoria Ché Fè H3

Mediterran – Kopenhagens einziger Italiener mit 100 % Bio-Speise- und Weinkarte strahlt Gemütlichkeit aus. Das Lokal ist sehr klein, mehr Trattoria als Restaurant. Den Wein gibt es in Krügen und die leckeren klassisch italienischen Gerichte in mittlerer Preislage. Das ganz große Bio-Menü mit sechs Vorspeisen und Pasta oder Risotto vor dem Hauptgericht und Käse samt Dessert kostet 500 Kronen ohne Wein.
Indre By | Borgergade 17A | Metro: Kongens Nytorv | Tel. 33 11 17 21 | www.biotrattoria.dk | Mo–Sa 18–24 Uhr | €€€

EINKAUFEN

Frelsens Hær Redesign E5

Die Heilsarmee (dänisch: »Frelsens Hær«) bringt Spaß an Retro-Mode mit Nachhaltigkeit und sozialer Verantwortung zusammen. Unter dem eigenen Label Redesign CPH wird hochklassige Vintage-Bekleidung samt Accessoires verkauft. Teils im ursprünglichen Zustand, teils fantasievoll in der eigenen Nähstube umgearbeitet. Redesign vom Feinsten und zugleich praktisches Handeln gegen die Wegwerfkultur. Die Einnahmen fließen in wohltätige Projekte.
Frederiksberg | Gammel Kongevej 85 | Bus: Værnedamsvej | Mo–Fr 10–17, Sa 11–15 Uhr

Genbyg südl. K 6

Wer die Wegwerfkultur nicht mag, dafür aber Retro-Wohnkultur und skandinavisches Design, kann sich auf den Weg zu diesem sehr speziellen Geschäft im Stadtteil Amager machen. Genbyg (9 km vom Rathaus entfernt) bietet gebrauchte Bauelemente aller Art. Im Showroom ist zu sehen, wie man sie zu schicken Designerstücken umarbeiten kann. Eine alte Tür wird zur eleganten Tischplatte oder ein altes Fenster zur hübschen Trennwand. Für das Reisegepäck nicht zu groß: z. B. Deckenlampen aus dem früheren Stadtkrankenhaus oder wunderschöne Retro-Türgriffe aus früheren Dienstwohnungen der Ärzte.
Kastrup | Amager Landevej 185 | Bus 35: Løjtegårdsvej (Tårnby) | www.genbyg.dk | Mo–Fr 9–17, Sa, So 10–14 Uhr

Irma Supermärkte

Irma ist die dänische Supermarktkette mit dem breitesten Angebot an Bio-Produkten. Ein bisschen teurer als die Konkurrenz, aber dafür alles in allem mit höheren Qualitätsansprüchen. Im Kopenhagener Zentrum ist es nirgends richtig weit bis zum nächsten Irma mit blauem Logo.
Kopenhagen | www.irma.dk

Omegn G3

Der kleine Laden ist der Star unter den Anbietern leckerer Öko-Lebensmittel in den neu gebauten Markthallen am Israels Plads. Hier gibt es ausgesuchte Bio-Produkte vom Dorf: Sanddornmarmelade, saftige Schinken, Wurst- und Käsesorten, die man anderswo in der Großstadt nicht bekommt. Das Öko-Bier wird auf dem Bauernhof Bøgedal mit uralten Kornarten aus der »Nordischen Genbank« gebraut.

Indre By | Frederiksborggade 21 | Metro und S-Bahn: Nørreport | www.omegn.com (nur Dänisch) | Mo–Do 10–19, Fr 10–20, Sa 10–18, So 11–17 Uhr

AKTIVITÄTEN

Das grüne Kopenhagen entdecken

Kopenhagens Ruf als »grüne Hauptstadt Europas« lässt auch die Fremdenführer nicht ruhen. CPH:Cool bietet Fahrradführungen und zeigt bei CPH:Green zweieinhalb Stunden, was die dänische Hauptstadt an Nachhaltigkeit zu bieten hat: Windparks, ökologisch geplante neue Stadtteile, Highlights der Fahrradkultur. Stellen Sie ruhig auch kritische Fragen zum Kopenhagener Alltag.

www.cphcool.dk

Kopenhagen CO_2-neutral genießen

Kopenhagen ist für Stadtferien der ideale Ort, um die persönliche CO_2-Bilanz mit Spaß aufzubessern. Die Innenstadt mit ihrer Konzentration von Sehenswürdigkeiten ist zu Fuß gut zu bewältigen. Die Infrastruktur für Fahrräder, auch bei Zielen außerhalb, könnte kaum besser sein: Entweder Sie nutzen von A nach B das fantastische Netz der Radwege, oder Sie nehmen Ihren Drahtesel auf Teilstrecken in der Metro oder S-Bahn mit. In der S-Bahn jederzeit, wenn Platz ist, sowie gratis. In der Metro billig, aber nicht werktags von 7–9 und 15.30–17.30 Uhr. Ist das Wetter zu garstig, bietet Kopenhagen ein erstklassiges Nahverkehrssystem.

Im Fahrradparadies Kopenhagen (▶ MERIAN TopTen, S. 50) sind natürlich auch die Züge »fit for bike«: Bei Bedarf wird der Drahtesel bequem ins Abteil verfrachtet.

EINKAUFEN

Damit das Einkaufen Spaß macht und Sie wissen, wonach Sie Ausschau halten können: Hier sind Anregungen zu dem speziellen Angebot und zu individuellen Mitbringseln. Im Anschluss finden Sie besonders empfehlenswerte Adressen aus diesem Band.

Wohl alle Kopenhagen-Besucher flanieren irgendwann über den »Strøget«, die lange Fußgängerzone und Einkaufsstraße zwischen dem Rathausplatz und dem Kongens Nytorv. Erwarten Sie hier aber keine Einkaufserlebnisse am laufenden Band. Zum Rathaus hin konzentrieren sich viele eher charakterlose Läden mit Massenware, während es am anderen Ende ab Amagertorv interessanter, deutlich eleganter und auch teurer wird: Hier findet man mit dem Designermekka **Illums Bolighus** 2, dem Porzellanverkauf bei Royal Copenhagen, dem Schmuckladen von Georg Jensen und **Edelkaufhäusern** wie Magasin du Nord illustre Läden, wo auch das Anschauen ohne Kauf Freude machen kann. Dasselbe gilt für den **Designladen** Hay, der etwas versteckt im dritten Stock eines Gebäudes am Strøget in der Nähe des Storkespringvandet (Storchenbrunnen) Schönes zu erschwinglichen Preisen bietet.

◀ Einfach zum Anbeißen: Summerbird Chokolade (▶ S. 36) setzt Glückshormone frei.

Wenn ich die Shopping-Experten unter meinen Kopenhagener Freunden nach ihren bevorzugten Zielen frage, antwortet niemand mit Strøget. Mehr Spaß in der Innenstadt bringen das abwechslungsreichere Angebot in den Geschäften und das lebendigere Ambiente in den kleineren Fußgängerzonen wie der Læderstræde und der Kompagniestræde. Zusammen mit der angrenzenden Farverstræde verlaufen sie parallel zum Strøget und werden »**strædet**« genannt. Nicht zu vergessen die Fiolstræde mit gemütlichen Cafés in Buchläden und Antiquariaten. Auch beiderseits der Købmagergade (mit dem Rundetårn) gibt es ein buntes **Sammelsurium** kleiner Läden – wie die Boutique des international erfolgreichen und sympathischen Multikünstlers Henrik Vibskov in der Krystalgade.
Auf der Suche nach den **Modehits** pilgert man vorzugsweise durch die Kronprinsensgade, Sværtegade, Pilegade und neuerdings auch Gammel Mønt. Hier finden sich die diversen »Flaggschiff«-Läden angesagter dänischer Modelabels wie Birger Mikkelsen, Day, Munthe, Designers Remix, BaumPferdgarten und Bruuns Bazaar. Einen Besuch wert sind auch kleinere Läden mit zwar weniger bekannten, aber originellen Marken wie White, Norse und Tricotage.

SCHRÄG IN NØRREBRO, VORNEHM IN SCHLOSSNÄHE

Wer ein bisschen schräge, originelle und überraschende Einkaufsmöglichkeiten in kleineren Läden vorzieht, sollte es in Nørrebro in der Jægersborggade probieren. Der hier aufgeblühte Mix von neuen Modedesignern, exquisiten Schokoladegeschäften (ro chokolade) und Ähnlichem mehr mit Cafés, Bars und Restaurants ist ein relativ junges Kopenhagener Stadtgewächs. Jung sind auch noch die Torvehallerne (Markthallen) an der Nørreport-Station mit den interessantesten und lebendigsten Einkaufsmöglichkeiten der Stadt, wenn es um **Gaumenfreuden** geht.
Seit etlichen Generationen hat die Bredgade in der Nähe des Kongens Nytorv einen ausgezeichneten Ruf als Sammelplatz für anspruchsvolle, teure **Antiquitätengeschäfte** und **Galerien**. Hier geht es gediegen zu. Die Bredgade ist geprägt von ihrer Nähe zur Königlichen Schlossresidenz Amalienborg, Kopenhagens vornehmster Adresse. Etwas günstiger, aber immer noch im eher gehobenen Segment sind die vielen Antiquitätenläden in der Ravnsborggade in Nørrebro – mit einem lebendigen Umfeld, während die Bredgade manchem etwas langweilig erscheinen mag.

Gern tauche ich selbst hin und wieder in die großen, chaotischen und billigen **Flohmärkte** ein. Wenn Sie das auch mögen: An jedem zweiten Wochenende, samstags und sonntags (10–16 Uhr), öffnet der B&W-Marked in einer riesigen alten Werftshalle B&W auf Refshaleøen seine Pforten. Näheres auf Facebook unter B&W Loppemarked. Eine unerschöpfliche Fundgrube ist auch Den Blå Hal (gleiche Öffnungszeiten wie B&W) im Stadtteil Amager. Detaillierte Angaben unter www.denblaahal.dk und auf Facebook.

BESONDERE EMPFEHLUNGEN

DELIKATESSEN

Perch's Thehandel H 4

Ein kleiner Teeladen, in dem es himmlisch duftet. Das hat sich seit der Eröffnung 1835 nicht geändert. »Abgesehen vom elektrischen Licht und einigen der Mitarbeiter ist alles immer gleich geblieben«, schreiben die heutigen Inhaber, die Familie Hincheldey. Sie löste 1894 die Familie Perch ab. Kein Geschäft zeigt schöner Kopenhagens Geschichte. Der Laden ist so beliebt, dass man samstags mit Schlangestehen auf der Straße rechnen muss.

Indre By | Kronprinsensgade 5 | Metro: Kongens Nytorv | www.perchs.dk | Mo–Do 9–17.30, Fr 9–19, Sa 9.30–16 Uhr

Summerbird Chokolade H 4

Die Kopenhagener sind in den letzten Jahren süßer geworden, wie der enorme Zuwachs an exklusiven Schokoladegeschäften zeigt. Vielleicht ein Ausdruck für das statistisch bewiesene hohe Glücksgefühl der Dänen, vielleicht einfach ein Zeichen für Überfluss. Wie auch immer: Besonders wohlschmeckend erzeugt die süßen Glücksgefühle der kleine Laden Summerbird. Probieren Sie die raffiniert mit weißer Zitronenschokolade überzogenen Mandeln oder die in Kopenhagen »epidemisch« verbreitete Lakritzschokolade. Bei Summerbird gibt es sie auch als Überzug auf Schokoküssen. Über ein solches köstlich-süßes Mitbringsel freuen sich auch die Daheimgebliebenen.

Indre By | Kronprinsensgade 11 | Metro: Kongens Nytorv | www.summerbird.dk | Mo–Do 11–17.30, Fr 10–18, Sa 10–16 Uhr

DESIGN

Hay Cph H 4

Hay Cph ist eine der erfolgreichsten neuen Designmöbel-Namen aus Dänemark. Im Stadtzentrum werden die Produkte in den zwei Geschäften Hay Cph in der Pilestræde und Hay House in der Haupteinkaufsstraße Strøget (Østergade) angeboten. Alles ist dort ein bisschen frecher und vieles günstiger als bei Illums. Das Hay House befindet sich in einem wunderschönen Jugendstilhaus, ist größer und hat ein breiteres Angebot an Stühlen, Sofas, Kissen, Papierwaren und Wohntextilien aus der eigenen Designwerkstatt.

– Hay House: Østergade 29–31
– Hay Cph: Pilestræde 61, 2./3. Stock
Indre By | Metro: Kongens Nytorv | www.hay.dk | Mo–Fr 10–18, Sa 10–17 Uhr

Illums Bolighus — H4

Das Traum-Einrichtungshaus für alle Freunde skandinavischen Designs, gegründet im Jahr 1925. Das Preisniveau ist ebenfalls gehoben. Von unwiderstehlich schick gestalteten Hausschuhen über allerlei hochwertig-elegante Küchenutensilien bis zu unfassbar schönem und ebenso teurem Mobiliar gibt's hier alles, was der Kunde sich erträumt – auch nur zum Anschauen. Zur entspannten Atmosphäre trägt die Architektur des »bolighus« (Einrichtungshaus) mit eleganten, offenen Galerien über mehrere Stockwerke bei. Im Erdgeschoss werden überwiegend junge, viel versprechende Designlabels präsentiert.

Indre By | Amagertorv 10 | Metro: Kongens Nytorv | www.illumsbolighus.dk

MODE

Sabine Poupinel — H4

Ein Geheimtipp in zentraler Lage. Die Designerin und Fotografin Sabine Poupinel verkauft in ihrem kleinen Laden seit vielen Jahren hochinteressante selbst entworfene und selbst gefertigte Mode. Sie bietet auch Kollektionen von ausgewählten jüngeren Designertalenten an, darunter exklusive Marken wie Bettina Bagdal, Nicholas Nybro oder Pernille Feilberg. Hier finden Sie neue Trends in der dänischen Modeszene abseits des Diktats der Massenware.

Indre By | Møntergade 1 | Metro: Kongens Nytorv | www.sabinepoupinel.dk | Mo–Do 11.30–18, Fr 11.30–19, Sa 11.30–16 Uhr

Weitere Geschäfte und Märkte finden Sie im Kapitel **KOPENHAGEN ERKUNDEN**.

Im Einrichtungshaus Illums Bolighus (▶ MERIAN TopTen, S. 37) kann man in einer Fülle schöner Dinge schwelgen – allerdings hat Design auch seinen Preis.

KULTUR UND UNTERHALTUNG

Für alle, die am Abend noch mehr von Kopenhagen erleben möchten: Hier bekommen Sie einen Überblick über das Kultur- und Nachtleben der Stadt. Im Anschluss finden Sie besonders empfehlenswerte Adressen aus diesem Band.

Die Kopenhagener sind in ihren Theater-, Konzert- und Ballettsälen ein freundliches und für Neues offenes, aber nicht unbedingt experimentierfreudiges Publikum. Wenn heimische Künstler es mal zu Weltruhm bringen wie die Balletttruppe des Königlichen Theaters, Filmregisseur Lars von Trier oder Opernchef Kasper Holten, bricht keine Ekstase aus. Niemand soll sich in Dänemark als etwas Besonderes fühlen.
Der äußere Rahmen für die Kultur hat sich in den letzten Jahren kräftig verbessert. Kopenhagen erhielt 2005 am Hafen eine imposante neue Oper und 2008 ein elegantes neues Schauspielhaus. Das Ballett, schon zu Zeiten des tanzbegeisterten Märchendichters Hans Christian Andersen auf Weltklasseniveau gepflegt, hat in Carlsberg Byen auf dem früheren Brauereigelände eine zusätzliche Heimstatt für den modernen Tanz gefunden. Für Freunde klassischer Musik bietet der neue Konzertsaal von Dan-

◄ Erstklassiger Ruf: Det Kongelige Ballet (► S. 39), im Bild Dvořáks Oper »Rusalka«.

marks Radio (DR) eine Akustik von höchster Qualität. Mit der Metal-Band Metallica zum Auftakt öffnete 2017 die funkelnagelneue Multiarena in Amager ihre Pforten. Royal Arena heißt die neue erste Kopenhagener Adresse für Großveranstaltungen aller Art.

KULTUR UNTER FREIEM HIMMEL

Das Theaterrepertoire (so gut wie immer in Dänisch) kann es nicht mit den großen europäischen Metropolen aufnehmen. Es gibt andere Highlights, oft in kleinerem Rahmen, wie die hochkarätigen Jazzclubs. Am schönsten entfaltet sich Kultur in Kopenhagen, wenn sie im Sommer draußen im Freien stattfinden kann.
Ob beim Jazzfestival, klassischen oder Popkonzerten vor Schloss Rosenborg, ob zu den Rockrhythmen beim Roskilde-Festival oder beim Internationalen Literaturfestival auf dem Rasen des Kunstmuseums Louisiana: Die entspannt-freundliche Ausstrahlung des Publikums, flankiert von unvoreingenommener kultureller Neugier plus Begeisterung über das schöne Sommerwetter sind beste Voraussetzungen, dass auch Sie hier Freude an einem Kulturerlebnis haben.
Für Oper und Ballett empfiehlt sich die frühzeitige Ticketbestellung. Schnell und umfassend über aktuelle und bevorstehende Ereignisse (in Englisch) informiert die Internetseite www.visitcopenhagen.dk unter »Event Calendar«. Das umfassendste Angebot bei der Onlinebuchung von Tickets hat www.billetnet.dk.

BESONDERE EMPFEHLUNGEN

BALLETT, OPER UND THEATER

Det Kongelige Ballet

Hans Christian Andersen wollte eigentlich Balletttänzer am Kongelige Teater werden. Er wurde nicht genommen. Die es auf diese Bühne schafften, haben Kopenhagen einen erstklassigen Ruf als Ballettstadt ertanzt. Auch der legendäre Hamburger Ballettchef John Neumeier trat hier als junger Tänzer auf und feierte als Choreograf Triumphe. Das Königliche Ballett tritt wechselweise im Stammhaus am Kongens Nytorv und in der Oper auf Holmen auf. Rechtzeitig sollten Sie sich informieren, ob sommerliche Freiluftvorstellungen auf dem Programm stehen.

– Kongens Nytorv H 4
– Operahuset, Holmen K 4

Tickets für alle Vorstellungen: Indre By | August Bournonvilles Passage 1 | Metro: Kongens Nytorv | Tel. 33 69 69 69 | www.kglteater.dk | tel. Bestellungen

Mo–Fr 9.30–16 Uhr; Ticketbüro öffnet 2 Std. vor Vorstellungsbeginn

Det Kongelige Teater H4

Dänemarks Nationaltheater (Das Königliche Theater) vereint Schauspiel, Oper und Ballett, allerdings nicht mehr in einem Haus. Neben Führungen durch das Stammhaus am Kongens Nytorv aus dem 19. Jh. (in Dänisch) und die neue Oper (in Englisch) bietet es auch eintrittsfreie Veranstaltungen: z. B. Foyerkonzerte in der Oper, Tangounterricht mit Balletttänzern und -tänzerinnen oder die Gelegenheit, beim Training zuzuschauen. Das 2008 eröffnete Schauspielhaus am Hafen, ein kubistisches Schmuckstück, ist auch ohne »Hamlet« oder andere Aufführungen einen Besuch wert. Und die unmittelbare Nähe zum Wasser ist ein Erlebnis für alle Sinne. Infos im Internet unter www.kglteater.dk, allerdings nur auf Dänisch. Besser, man erkundigt sich telefonisch auf Englisch.

Indre By | Kongens Nytorv | Metro: Kongens Nytorv | www.kglteater.dk | Führungen Theater und Oper je 100 DKK – Tickets für alle Vorstellungen: Indre By | August Bournonvilles Passage 1 | Metro: Kongens Nytorv | Tel. 33 69 69 69 | www.kglteater.dk | tel. Bestellungen Mo–Fr 10–16, Do 10–18 Uhr; Ticketbüro öffnet 2 Std. vor Vorstellungsbeginn

Oper (Operahuset) K4

Die Oper machte nach der Neueröffnung 2005 durch Wagner-Inszenierungen des heimischen Regisseurs Kasper Holten international Schlagzeilen. Seit Holten weg ist, und auch durch drastische Sparmaßnahmen, gilt die Kopenhagener Oper unter Kennern als gediegener Durchschnitt. Das Repertoire bewegt sich zwischen den großen romantischen Opern sowie auch Operetten und Musicals bis hin zu experimentellen Stücken auf einer kleineren Bühne.

Holmen | Ekvipagemestervej 10 | Havnebus: Oper | www.kglteater.dk – Tickets für alle Vorstellungen: Indre By | August Bournonvilles Passage 1 | Metro: Kongens Nytorv | Tel. 33 69 69 69 | www.kglteater.dk | tel. Bestellungen Mo–Fr 10–16, Do 10–18 Uhr; Ticketbüro öffnet 2 Std. vor Vorstellungsbeginn

JAZZ UND KLASSIK

Die Jazzclubs

Ab den 1950er-Jahren lebten viele US-amerikanische Jazzlegenden wie Ben Webster und Dexter Gordon in Kopenhagen, weil sie hier als Afroamerikaner anständiger als zu Hause behandelt und auch besser bezahlt wurden. Den in dieser Zeit international berühmt gewordenen Jazzclub **Montmartre** gibt es wieder an alter Stelle. Noch älter ist das **La Fontaine**. Hinzugekommen ist das **Copenhagen Jazzhouse**. Allen ist eines gemeinsam: Hier wird Jazz der gehobenen Klasse geboten, mit viel Atmosphäre und dänischer Lässigkeit.

– La Fontaine | Kompagnistræde 11 | Metro: Kongens Nytorv | Tel. 33 11 60 98 | www.lafontaine.dk G5

– Montmartre: Indre By | Store Regnegade 19A | Metro: Kongens Nytorv | Tel. 31 72 34 94 | www.jazzhusmontmartre.dk H4

– Copenhagen Jazzhouse: | Indre By | Niels Hemmingsens Gade 10 | Metro: Kongens Nytorv | S-Bahn: Vesterport | Tel. 33 15 47 00 | www.jazzhouse.dk H4

Koncerthus H 4

Neben dem Neubau der Oper am Hafen sticht das neue »koncerthus« von Danmarks Radio (DR) heraus – die erste Adresse der Hauptstadt, wenn Beethoven & Co. gespielt werden. Einen Blick werfen sollten Sie auch auf das Musikprogramm im großen Saal von Den Sorte Diamant, dem Neubau der Nationalbibliothek (▶ Det Kongelige Bibliotek, S. 63). Klassik, Jazz und andere Musikrichtungen werden im Wechsel geboten. Weitere schöne Stätten für klassische (oder auch andere) Musikerlebnisse sind die Christians Kirke (▶ S. 116) in Christianshavn und das Kunstmuseum Ny Carlsberg Glyptotek (▶ S. 138).

Ørestad | Ørestads Boulevard 13 | Metro: DR Byen | www.dr.dk/koncert huset

KINO

Filmhuset & Cinemateket H 4

Kopenhagens bestes Programmkino will ausländischen Besuchern auch die dänische Filmkunst von Altmeister Theodor Dreyer bis hin zum preisgekrönten Regisseur und Drehbuchautor Lars von Trier nahebringen. An jedem zweiten Sonntag des Monats werden heimische Klassiker mit englischen Untertiteln gezeigt. Auch sonst ist die Cinematek wegen ihres abwechslungsreichen Programms und ihres modern-stilvollen Restaurants Sult einen Besuch wert. Hier gibt es immer »OmU« (Original mit Untertitel) in Englisch oder Dänisch. Fragen Sie bei Bedarf danach.

Indre By | Gothersgade 55 | Metro: Nørreport oder Kongens Nytorv, S-Bahn: Nørreport | Tel. 33 74 34 12 | www.dfi.dk

Kopenhagens neues Opernhaus (▶ S. 40), eine Schenkung des Unternehmers Mærsk Mc-Kinney Møller an den dänischen Staat, hat eine der modernsten Bühnen der Welt.

FESTE FEIERN

Dänen feiern gern und ausgiebig, den Karneval zu Jahresbeginn ebenso wie Mittsommernacht im Juni. Im Sommer liegt mit vielen Livekonzerten unter freiem Himmel und dem Copenhagen Jazz Festival regelrecht Musik in der Luft.

Unter »Feste feiern« verstehen auch Kopenhagener Unterschiedliches. Die einen denken zuerst an die traditionelle Sommersonnenwende. Andere an jährlich wiederkehrende Kulturevents, die so durchschlagend angekommen sind, dass schon die Vorfreude ein Fest ist. Schließlich fürchten manche, was andere als Feiern betrachten, weil es für viele doch nur ums Trinken zu gehen scheint. Davon später mehr.

AM LAGERFEUER DEN SOMMER BEGRÜSSEN

Feststimmung ohne kommerziell aufgeputschte Erwartungen bietet die **Sankt-Hans-Nacht** am 23. Juni. Überall in Dänemark trifft man sich rund um Strand-Lagerfeuer und läutet den Sommer ein. Die Ferienzeit beginnt, die wärmsten zwei Monate des Jahres stehen vor der Tür – da sind fast alle gut gelaunt, picknicken, lauschen einer »Lagerfeuer-Rede«

◀ Die Orion Brass Band begeistert Fans beim Copenhagen Jazz Festival (▶ S. 43).

und springen vielleicht auch gemeinsam ins noch etwas kalte Wasser. Manche bleiben bis zum frühen Morgen zusammen.
Im Juli geht die **Festivalsaison** in die Vollen. Strahlender Mittelpunkt ist das zehntägige **Copenhagen Jazz Festival** mit Hunderten Freiluftkonzerten vom Nachmittag bis in die Nacht – viele davon gratis vor Kneipen, auf Innenstadtplätzen, in lauschigen Hinterhöfen und Parks. Sommer, Sonne, ein kühles Getränk – und ein fachkundiges, fröhliches Kopenhagener Publikum. Jazz hat in Kopenhagen eine lange und lebendige Tradition.

AUCH DIE ÄLTEREN SIND BEIM ROCK WILLKOMMEN

Manchem entgeht das wegen noch anhaltender Müdigkeit vom **Roskilde-Festival**. Hier gibt es eine halbe Stunde westlich der Stadt vier Tage vornehmlich Rock, aber auch andere Musik: von Folklore bis Tango. Die Stimmung ist freundlich. Das Durchschnittsalter der 80 000 Besucher ist mit knapp 20 Jahren natürlich niedriger als beim Genre Jazz. Das sollte niemanden abschrecken: Am abschließenden Sonntag kommen alle jenseits der 60 sogar eintrittsfrei auf das riesige Festivalgelände.
Dass das Club-/Tanz- und Straßenfestival **Distortion** in den letzten Jahren zum größten Junge-Leute-Fest der Stadt mit täglich 100 000 Teilnehmern geworden ist, gefällt nicht jedem. »Was ist mit dem Pinkeln?«, fragen Anwohner noch viel verzweifelter und aus anderen Gründen als die Besucher und ergreifen resigniert die Flucht in ihre Sommerhäuschen.

FESTKALENDER

FEBRUAR

Fastelavn

Die dänische Fastnacht ist vor allem auch ein Fest für Kinder. Auf dem Rathausplatz und anderen Plätzen der Stadt kommen sie verkleidet zusammen und versuchen, eine Katze (Attrappe!) aus einer aufgehängten Tonne zu schlagen.

Ein Sonntag im Februar
Orte und Zeiten bei Wonderful Copenhagen | Vesterbrogade 4A | Tel. 70 22 24 42

MAI

Zehntausende strömen am 1. Mai ab mittags zum Fælledparken, dem beliebten Stadtpark in Østerbro, und feiern den traditionellen Kampftag der Arbeiterbewegung. Von der ehemaligen Kampfstimmung ist aber heute nichts mehr zu spüren. Immer noch aber findet hier ein riesiges Volksfest statt: mit Musik- und anderen Darbietungen, Spaß, Imbissständen und kalten Getränken.

1. Mai
Østerbro

Pfingstkarneval

Seit 30 Jahren eifern die Kopenhagener im Sambaschritt, mit leuchtenden und oft knappen Kostümen, lauten Trommeln und schrillen Trillerpfeifen ihren Vorbildern aus Brasilien nach. Die Boomjahre mit 100 000 Verkleideten auf der Straße sind zwar vorbei, aber Zuschauen und Mittanzen machen immer noch Spaß.

Pfingsten
www.visitcopenhagen.dk

JUNI

Distortion

Die Party-, Club- und Tanzkultur erobert an diesem Wochenende die Innenstadt. In allen nur denkbaren Clubs und Hallen oder im Freien. Von einem »Party-Tsunami« schwärmen die Veranstalter, über Lärm und andere Belästigungen klagen Anwohner.

Erstes Wochenende im Juni
www.cphdistortion.dk

Sankt Hans

Das größte Sankt-Hans-Feuer zum Mittsommerfest wird im Park am Frederiksberg Slot, dem Frederiksberg Have (▶ S. 107), entfacht. In den letzten Jahren sind immer mehr »Skt. Hans-Bål« (Lagerfeuer) im Hafengebiet hinzugekommen, denen aber der volkstümliche Charme fehlt. Auch an den Stränden nördlich der Stadt und im Dyrehave gibt es solche Lagerfeuer.

23. Juni
www.visitcopenhagen.dk

JULI

Roskilde Rockfestival

Neil Young und Bruce Springsteen singen hier vor 75 000 Besuchern, aber auch schon mal der Chor der dänischen Oper. Das Roskilde-Rockfestival, 1971 als nicht kommerzielles »Hippie-Event« gestartet, strahlt eine sehr eigene, originelle, ausnehmend freundliche und auch für reifere Jahrgänge anziehende Atmosphäre aus. Man muss allerdings auch Regen und matschigen Boden verkraften können.

Erstes Wochenende im Juli
Roskilde | www.roskilde-festival.dk
30 km westl. von Kopenhagen

Jazz Festival

Eins der größten europäischen Jazzfestivals in Europa. Zehn Tage lang scheint die ganze Innenstadt mitzuswingen. Wenn schon ab dem frühen Nachmittag überall kleine, mittlere und große Konzerte im Freien oder in Kneipen, Clubs und Hallen laufen.

Zehn Tage in der ersten Julihälfte
www.jazz.dk

AUGUST

Copenhagen Pride

Kopenhagen schmückt sich gerne mit seinem Ruf als freundliche Stadt für Homosexuelle. Auch mit diesem Hintergrund ist die jährliche Pride Week mit der abschließenden Pride Parade eine große, angenehm entspannte und auch kommerziell gut durchorganisierte Festlichkeit.

Ein Wochenende Mitte/Ende August
www.copenhagenpride.dk

Hamlet Kronborg

Hamlet war Däne und hat Shakespeare zufolge auf Schloss Kronborg in Helsingør gelebt. Letzteres ist zwar eine Erfindung, trotzdem kann man hier im Schlosshof jeweils im August eine inte-

ressante ausländische Hamlet-Inszenierung anschauen.
Anfang August
Helsingør | Kronborg 2C | www.hamletscenen.dk
40 km nördl. von Kopenhagen

OKTOBER

Kulturnatten

Zum Auftakt der Herbstferien öffnen 250 Museen und Galerien, Theater, Bibliotheken, Kirchen, Ministerien, Parks und andere Institutionen, darunter sogar Rosenborg Slot, ihre Pforten bis spät in die Nacht und bieten eine Fülle von Veranstaltungen an. Zum Rahmenprogramm gehören auch Konzerte, Theateraufführungen, Vorträge, Lesungen und natürlich viele Imbissstände. Die Kulturnacht ist ein Hit geworden – Kopenhagen hat an diesem Abend eine ganz besondere Volksfeststimmung zu bieten. Ein »Kulturpass« für 90 DKK reicht als Eintrittskarte für alle Veranstaltungen, Shuttlebus inklusive.
Erste Oktoberhälfte
www.kulturnatten.dk

OKTOBER/NOVEMBER

CPH:Pix Filmfestival

Dänemarks größtes Filmfestival bietet den Zuschauern zwei Wochen lang ein breites, niveauvolles Angebot von neuen Spielfilmen aus aller Welt. Sie sollten sich vorher jedoch vergewissern, in welcher Sprache der jeweilige Film untertitelt ist. Denn ausländische Filme werden in Dänemark so gut wie nie synchronisiert.
Zwei Wochen im Oktober/November
www.cphpix.dk

Gay Pride heißt hier Copenhagen Pride (▶ S. 44) und hat Tradition. 2013 demonstrierten Teilnehmer, als Matruschkas verkleidet, für russische Homosexuelle.

MIT ALLEN SINNEN

Kopenhagen spüren und erleben

Reisen – das bedeutet aufregende Gerüche und neue Geschmackserlebnisse, intensive Farben, unbekannte Klänge und unerwartete Einsichten; denn unterwegs ist Ihr Geist auf besondere Art und Weise geschärft. Also, lassen Sie sich mit unseren Empfehlungen auf das Leben vor Ort ein, fordern Sie Ihre Sinne heraus und erleben Sie Inspiration. Es wird Ihnen unter die Haut gehen!

◄ »Superkilen«: (► S. 47): Ein architektonischer Farbtupfer belebt triste Stadtviertel.

BESONDERE EMPFEHLUNGEN

SEHENSWERTES

Superkilen D 1

Ein spannendes Experiment ist der »Superkeil« im Multikulti-Stadtteil Nørrebro. Über eine Länge von 750 m haben der »Rote Platz« (mit dem empfehlenswerten Café Castro), der »Schwarze Markt« und der »Grüne Park« neues Leben in den als trist und problembeladen geltenden äußeren Teil von Nørrebro gebracht. Das Stadtbild sei »überwältigend, andersartig, kitschig wie eine Polly-Pocket-Landschaft«, schrieb die Kopenhagen-Kennerin Pernille Stensgaard. Vor allem an Wochenenden blüht hier das Leben im Freien.

Nørrebro | Nørrebrogade 209 | S-Bahn: Nørrebro | www.visitcopenhagen.dk

ESSEN UND TRINKEN

Mikkeller 

Bier vom Fass – Weniger »øl«, aber dafür mit mehr Geschmack: Kopenhagen ist traditionell eine Bierstadt und hat in den letzten Jahren eine wahre Invasion an neuen, anspruchsvollen Gerstensäften erlebt – bei rückläufigem Konsum insgesamt. Der Bierbrauer Mikkel Borg Bjergsø hat international etliche Preise für seine Braukunst eingeheimst.

Er produziert spezielle Biere für die führenden Restaurants der Stadt und hat seine eigene kleine, moderne Kellerkneipe eingerichtet. Hier gibt es ausschließlich Bier vom Fass. Dafür aus mehr als 20 Hähnen für alle Biergeschmäcker.

Vesterbro | Victoriagade 8 B-C | S-Bahn: Hauptbahnhof | Tel. 33 31 04 15 | www.mikkeller.dk | Mo–Mi 13–1, Do–Fr 13–2, Sa 12–2, So 13–1 Uhr

EINKAUFEN

Paustian nördl. K 1

»Hier ist Design automatisch ein Teil vom Alltag, ganz anders als bei uns«, sagte mir begeistert eine Bremer Malerin beim Kopenhagen-Besuch. Was man davon für zu Hause so alles kaufen kann, lässt sich im Möbel- und Designkaufhaus Paustian auch einfach nur bestaunen. Das große, zweistöckige Geschäft wurde entworfen von Jørn Utzon, der durch den Bau der Oper in Sydney berühmt geworden ist. Es liegt mitten im alten, immer noch rauen Industrie-Milieu des Nordhafens. Hier entsteht ein futuristisch durchgeplanter neuer Öko-Stadtteil. Auch Café und Restaurant bei Paustian sind einen Besuch wert.

Østerbro | Kalkbrænderiløbskaj 2 | S-Bahn: Nordhavn | www.paustian.dk | Mo–Fr 10–18, Sa, So 10–15 Uhr

AKTIVITÄTEN

Hafenrundfahrt im Kajak ★1 J 5

Die Hafenrundfahrt sollte beim ersten Kopenhagen-Besuch nicht fehlen. Wa-

rum dabei aber nur passiv herumsitzen? Kajak-Ole bietet organisierte Paddeltouren durch den Hafen einschließlich der Kanäle beiderseits des Hauptbeckens. Es wird im Zentrum ja nicht mehr genutzt. Keine Angst also vor Ozeandampfern. Man kann wählen zwischen Touren mit Guide von 90 Min. bis 3 Std. Dauer. Besonders Spaß macht das Paddeln in den noch vor wenigen Jahren für Normalbürger gesperrten Kanälen des Marinereviers am Holmen. Kajak-Ole verspricht ein »gemächliches« Tempo. Wo kann man schon eine Großstadt aus der Kajak-Perspektive kennenlernen?
Christianshavn | Strandgade 50 | Metro: Christianshavn | Tel. 40 50 40 06 | www.kajakole.dk

Radtouren am Wasser 3

Kopenhagen ist ein Wasser- und Fahrradparadies. Entdecken und genießen Sie beides zusammen. Für Radtouren am Wasser, kleine oder größere, gibt es viele Möglichkeiten. Meine Lieblingsstrecke führt in den Norden stadtauswärts Richtung Helsingør (▶ S. 156). Der endlos lange »Strandvej« entlang dem Öresund bietet ab Charlottenlund herrliche Ausblicke auf das schillernde Wasser. Man sollte den Weg Richtung Norden radeln und zurück die S-Bahn nehmen. Wenn der Wind stimmt. Wen 50 km an einem Tag nicht abschrecken: Eine fantastische Tour ganz nahe am Wasser ist die Umrundung der Insel Amager. Über etliche Kilometer fühlt man sich fast, als sei man auf dem Wasser unterwegs.
Kopenhagen | Routenplanung (auf Deutsch) www.cyclistic.dk/de | Karten bei Wonderful Copenhagen | Vesterbrogade 4 | oder: Dänischer Fahrradverband | Rømersgade 5 | www.dcf.dk | Mo–Fr 10–17.30, Sa 10–14 Uhr

Picknick im Grünen mit Lokalkolorit

Platz für das Picknick nach der anstrengenden Stadtwanderung ist in Kopenhagen schon mal überall am Wasser. Wer auf grüner Unterlage ausruhen und gleichzeitig Kopenhagener Stimmung einsaugen möchte, kann zwischen allerlei Möglichkeiten wählen: Im geräumigen Fælledparken (Østerbro) darf gegrillt und Fußball gespielt werden. Hier herrscht familiäre Atmosphäre mit viel Multikulti vor. Im Kongens Have im Zentrum geht es urbaner und eine Spur jünger zu. Gut geeignet ist auch die Umgebung von Schloss Rosenborg (▶ S. 64).

Wer es ruhiger mag und sich eine Bootspartie vorstellen könnte, sollte in den Frederiksberg Have (▶ S. 107) gehen. Picknickerlebnisse der besonderen Art bietet der dafür seit 150 Jahren zugängliche Friedhof Assistens Kirkegård (▶ S. 92). Von Nyhavn kann man mit einem Kutter übersetzen zum Picknick auf einem der nicht mehr genutzten Forts (Flakfort und Middelgrundsfort, www.sparshipping.dk) vor der Hafeneinfahrt.

Ruhe finden im Kastell und auf dem Wall J2

Die wunderbar erhaltene Festung, komplett umgeben von Wall und Wallgraben, ist mindestens einen Spaziergang wert. Der niederländische Festungsbauer Henrik Rüse entwarf die streng geometrische Anlage, die bis heute von Gebäuden aus der Entstehungszeit (1662–1664) geprägt wird. Das Militär blieb auch, als das Kastell seinen eigentlichen militärischen Zweck längst nicht mehr erfüllen konnte. Zuletzt hat sich der militärische Geheimdienst Dänemarks darin häuslich eingerichtet. Daran denkt man beim Rundgang hier und auf dem Wall eher weniger: Die Stimmung ist so friedlich und beruhigend. Nehmen Sie sich Zeit für eine ausgedehnte Ruhepause auf dem Wall.

Frederiksstaden | Gammel Hovedvagt | tgl. 6–22 Uhr

WELLNESS

Sofiebadet J6

1909 eröffnete das Sofiebad im Armenviertel Christianshavn, damit auch die Armen einmal ein warmes Bad nehmen konnten. Heute hat jeder die Dusche daheim, aber das Sofiebad ist trotzdem »in«. Die denkmalgeschützte und sorgsam restaurierte kleine Anlage bietet als modernes Wellnesserlebnis einen türkisch-arabisch inspirierten Hamam. Es gibt auch ein japanisches Bad, finnische Sauna und unterschiedliche Kurpackungen. Hier locken Ruhe und Entspannung in einer etwas altmodischen, überhaupt nicht kommerziell geprägten Umgebung.

Christianshavn | Sofiegade 15A-B | Metro: Christianshavn | Tel. 28 68 98 29 | www.sofiebadet.dk | Mo 14–21, Di–Do 11–21, Fr, Sa 10–20, So 10–15 Uhr; man sollte für das Wochenende vorbestellen

Über 300 Jahre alte Backsteingebäude und perfekt erhaltene Wassergräben sowie Wälle prägen das fünfeckige Kastell (▶ S. 49), eine Festung aus dem 17. Jh.

Im Fokus

Die Kopenhagener und ihre Fahrräder

In Kopenhagen radelt eigentlich jeder. Die Fahrradkultur der Dänen gilt weltweit als leuchtendes grünes Vorbild. Zu Recht – wenn nur nicht so viel zweirädriger Schrott die Stadt verschandeln würde. Das ist die Kehrseite der Medaille!

»Wenn die Kinder anderswo zur Welt kommen, schreien sie – in Kopenhagen klingeln sie auf einer Fahrradklingel«, schrieb staunend der deutsche Besucher Kurt Tucholsky 1932. Der Schriftsteller war von der Ausbreitung dieses Fortbewegungsmittels in der dänischen Hauptstadt so beeindruckt, dass er sich verbal hinter dem Ohr kratzte: »Ob Fahrräder lebendige Junge bekommen?«

Gut 80 Jahre später ist Tucholskys Frage aktueller denn je. Schauen Sie mal rund um die großen S-Bahnhöfe wie Nørreport und Østerport oder am Hauptbahnhof, welch gigantische Mengen Fahrräder da abgestellt sind. So oder fast so ist es vor fast jedem Gebäude, in dem Kopenhagener in nennenswerter Zahl etwas zu tun haben. Rund um die Uhr, bei jedem Wetter, zu allen Jahreszeiten. Ja, könnte man bei dem überwältigenden (und mitunter auch weniger schönen) Anblick fragen, benutzen vielleicht die Kopenhagener am Ende ihre Drahtesel in Wirklichkeit gar nicht, sondern stellen sie einfach nur ab?

◀ Biker-Graffiti: Ein Leben ohne Radfahren ist für die Kopenhagener nicht vorstellbar.

Ein Blick auf die Hauptstraßen vor allem am Morgen und am Nachmittag entkräftet den Verdacht. Endlose Karawanen von Radlern aller Alters- und Gewichtsklassen bewegen sich zügig über die 360 km ausgebaute Radwege. Die werden im Winter mit derselben Priorität von Schnee geräumt wie Straßen für Autos. Hauptstrecken sogar vorrangig. Beeindruckend ist auch die Geschwindigkeit, mit der junge Eltern (oder jung gebliebene Großeltern) Kinder in breiten dreirädrigen Lastenrädern zum Kindergarten, zur Schule oder von da wieder nach Hause fahren.

Die Zahlen sprechen für sich: 36 % der Kopenhagener radeln täglich zur Arbeit und wieder nach Hause. 570 000 Hauptstadtbürger haben 650 000 Fahrräder, aber nur 125 000 Autos. 55 % geben an, dass sie mindestens einmal täglich ihr Rad nutzen. Knapp ein Drittel der Familien mit zwei Kindern verfügt über ein Lastenfahrrad.

GUT GELAUNT UND ZÜGIG RADELN

Dabei wirken sie fast immer gut gelaunt. Muss man hier wohl als Radler auch, denken Besucher aus den Alpenländern Schweiz und Österreich, weil Kopenhagen platt wie eine Flunder aus dem Öresund ist. Als radelnder Pendler über zwei Jahrzehnte kann ich bezeugen, dass die Stimmung auch auf Valby Bakke am Zoo stimmt, Kopenhagens bekanntester »Erhebung« 18 m über dem Meeresspiegel. Nur ungern gebe ich zu, dass mich gelegentlich Frauen verschiedener Altersklassen auf ihren Rostlauben beim Anstieg (4,3 %!) locker überholt haben. Auch und gerade die Dänin radelt zügig.

Dass Kopenhagener Bürgermeister überall auf der Welt Ehrenpreise für Kopenhagen als »Fahrradparadies« (so die EU-Kommission) absahnen und »Copenhagenization« sich als Fachbegriff für fahrradfreundliche Stadtplanung eingebürgert hat, reißt daheim keinen mehr vom Hocker. Es war ja schon immer so – auf Fotos aus den 1930er-Jahren scheint die Fahrraddichte noch größer als heutzutage.

Kopenhagener Fußgänger klagen in allerlei Leserbriefspalten, dass die Radler infolge der sozusagen permanenten Rudelbildung rücksichtslos seien. Das finde ich übertrieben. Wenngleich klar ist: Radfahrer fühlen sich hier im Sattel deutlich stärker als etwa in Berlin. Die meisten radeln täglich und sind deshalb routiniert sowie auch regelbewusst. 76 % geben an, dass sie sich auf ihrem Rad sicher fühlen. Wer Kopenhagen als Besucher mit dem Leihrad oder dem mitgebrachten eigenen erobern will, sollte es aber erst mal ruhig und vorsichtig angehen lassen. Denn die Einheimischen radeln schnell.

Auch in Kopenhagen sind rechts abbiegende Autos, Lkw und Busse eine erhebliche Gefahrenquelle für Radfahrer. Biegt man mit dem Rad links ab, schreiben die Verkehrsregeln hier vor: zunächst eine Kreuzung (mit oder ohne Ampel) geradeaus überqueren, an der Ecke neu orientieren und erst danach die Richtung ändern. Diagonales Linksabbiegen ist in jedem Fall verboten – und gefährlich.

GEFAHRENQUELLEN UND BUSSGELDER

Eine ganz andere Gefahrenquelle übersah ich vor ein paar Jahren beim Radeln im schönsten Sonnenschein durch die Innenstadt am Nytorv. Wie fast jeder hier rollte ich bei Rot langsam über die Fußgängerampel am Strøget, der Einkaufsmeile. »Hast du einen Moment Zeit?«, rief mir eine Frau im Sommerkleid lächelnd zu. »Klar«, flötete ich zurück und sprang mit Schwung vom Rad. »Du hast gerade mehrere Verkehrsregeln verletzt«, sagte die Kopenhagenerin, immer noch lächelnd, zeigte ihre Dienstmarke vor und verpasste mir einen Strafzettel. Nach den Bußgeldtarifen von 2014 hätte mich die Begegnung 1700 Kronen, umgerechnet 220 Euro, gekostet. 700 Kronen beträgt die Mindestbuße auch schon für das kleinste Vergehen. So etwas trübt hoffentlich nicht Ihren Spaß, wenn Sie es mit dem Radeln bei Ihrem Kopenhagen-Besuch probieren. Am besten eignen sich wie in anderen Städten auch die Sonntage. Sie können langsam und gemütlich durch die Altstadt kreuzen, wo in den Gassen kein Platz für Radwege ist. Oder, je nach Geschmack, etwas sportlicher auf allen möglichen freien »Renn«-Strecken am Wasser entlangfahren. Es erwarten Sie Radwege, von deren feinem Belag deutsche Großstadtbiker nur träumen können. Das Sahnehäubchen sind die neuen autofreien Brücken kreuz und quer über den Hafen.

LUXUSKONKURRENZ MIT AMSTERDAM

Dass die Möglichkeiten für Radler in Amsterdam vielleicht noch einen Hauch besser sind als in Kopenhagen und man deshalb in Weltranglisten auf dem zweiten Platz landet, lässt die Verantwortlichen nicht ruhen. Bis 2015 soll der Fahrradanteil der Fahrten zur Arbeit von derzeit 36 auf 50 % steigen. Zwei neue Fahrrad-»Autobahnen« von den Vororten Farum und Albertslund locken Pendler zu längeren Fahrten ins Zentrum unter anderem mit grüner Welle, besonders gutem Belag und scharfer Trennung

vom motorisierten Verkehr. Aufholen wollen die Dänen unbedingt bei der Bekämpfung der heimischen Parkplatznot. Amsterdam bietet 240 000 Stellplätze für Fahrräder, Kopenhagen nur 50 000.
Bleibt das Geheimnis, warum so unfassbar viele Räder überall in der Stadt so chaotisch abgestellt sind. 40 000 werden nach Schätzungen der Stadtverwaltung jedes Jahr von ihren Kopenhagener Besitzern »entsorgt«. Sie lassen sie einfach irgendwo stehen und kaufen sich ein neues, weil das dänische Versicherungssystem dazu geradezu einlädt: Man meldet das alte Fahrrad auf der Internetseite der Polizei als gestohlen, schickt die Anzeige an die Versicherung weiter und bekommt 80–90 % der Anschaffungskosten für ein neues erstattet.

DER WERT EINES ZAHNSTOCHERS

Es trübt das Bild vom netten Fahrradparadies Kopenhagen schon ein wenig, dass so viele Bürger mit dieser bequem-egoistischen Wegwerfhaltung ihre Stadt verschandeln. 13 000 Räder werden von der Kommune jedes Jahr eingesammelt und nur 300 von ihren Besitzern aus den Depots wieder abgeholt. Neu ist das nicht, wie man schon bei Kurt Tucholsky nachlesen konnte. Der bekam im Fahrradkeller der Polizeizentrale seine Frage verneint, ob denn die Leute ihre gestohlenen Räder nicht abholen kommen. Sie würden sich einfach ein neues kaufen, erklärte ihm der Polizist: »Ein Fahrrad, was ist denn das?« »In Kopenhagen scheint es den Wert eines Zahnstochers zu haben«, folgerte Tucholsky vor 80 Jahren.
Aber was für tolle und praktische »Zahnstocher« man in der Stadt bestaunen kann. In Østerbro legen Grundschulen und Kindergärten extra Parkplätze für die großen, dreirädrigen »Christiania-Räder« an, weil der Bedarf akut ist. Tausende Eltern bringen ihre Kinder morgens, auch im Winter, auf so einem Lastenfahrrad vorbei und holen sie nachmittags damit wieder ab. Die Dreiräder bleiben hier stehen. Für den restlichen Arbeitsweg steigen die Eltern auf ihre schnittigeren Zweiräder um und lassen das Lastenrad an der Schule stehen. Unter dem Strich schneller, billiger und zusammen mit den Kindern auf dem Rad auch lustiger, als mit dem Auto im Schneckentempo durch die Stadt zu schleichen und quälend lange nach einem Parkplatz zu suchen.
Besonders praktisch für Einheimische und Besucher sind die »bycykler« (Stadträder), die an gut 100 Stellplätzen bereitstehen. Sie sind technisch vom Feinsten, verfügen über Navi, sind extrem robust und dank Batteriehilfe leicht zu bewegen. Der Standardpreis beträgt 30 DKK pro Stunde. Buchung nach Online-Anmeldung auf www.bycyklen.dk.

KOPENHAGEN ERKUNDEN

Gigantischer Blickfang: das neue Opernhaus (▶ S. 118) auf der Insel Holmen

EINHEIMISCHE EMPFEHLEN

Die schönsten Seiten Kopenhagens kennen am besten diejenigen, die diese Stadt seit Langem oder schon immer ihr Zuhause nennen. Drei dieser Bewohner lassen wir hier zu Wort kommen – Menschen, die eines gemeinsam haben: die Liebe zu ihrer Stadt.

Jacob Arentoft, Geschäftsführer

Jacob Arentoft interessiert sich brennend für die Gastronomie. Er hilft Besuchern professionell bei der Restaurantsuche und sagt: »Wer im weltberühmten Noma wie erwartet keinen Tisch bekommt, soll es ohne Zögern im Studio in der Havnegade versuchen. Da hat man all das Beste vom Noma. Wenn meine Frau und ich mal mit den Kindern essen gehen, nehmen wir etwas ganz anderes. Das Madmanifesten in Amager (Tyrolsgade 6) bietet gute Öko-Kost zu zivilen Preisen und dazu auch noch Spielecken für die Kleinen.

Es liegt nur 1 km vom **Amager-Strandpark** 1 entfernt. Meine Lieblingsstraße ist der kleine Værnedamsvej. Der ist

Freundlich, gemütlich und fast ein wenig wie in Paris: So mutet für Einheimische und Besucher der zauberhafte Værnedamsvej (▶ S. 108) an, kurzum: ein Kleinod.

voller Leben und schöner Geschäfte, fast wie in Paris.«

Michaël Dorbec, Grafiker

Michaël Dorbec, News-Grafiker und Art Director, lebt in Nørrebro: »Die Blågårds Gade bei uns ist im Sommer ein Traum in vollster Blüte. In den Straßencafés und kleinen Läden mischen sich die verschiedensten Bevölkerungsgruppen kunterbunt.« Er benutzt dabei einen nicht druckreifen Kraftausdruck, als er die Aktivitäten der hier aktiven Banden aus dem Rocker- und dem jungen Migrantenmilieu beschreibt. »Aber das ist nur ein kleiner Teil des Alltags mit ziemlich komplexen sozialen Problemen. Niemand muss als Besucher Angst haben. Es macht Spaß, das Treiben von einem Café aus zu verfolgen.« Zwei Kneipentipps: »In der Palæ Bar hinter dem Hotel d'Angleterre am Kongens Nytorv kommt man mit anderen leicht ins Gespräch. Später am Abend ist die warme und lustige Stimmung im Café Intime in Frederiksberg unschlagbar.«

Lo Østergaard, Gastronomin

Die Chefin eines Cafés wohnt in Nyhavn: »Ich freue mich immer über die

»Wer durch die Altstadt geht, sollte immer mal wieder einen Blick in die Höfe werfen. Plötzlich steht man inmitten schönstem Art déco.«

Lo Østergard

völlig entspannte Stimmung hier. Abends gehe ich gern an die Hafenfront vor dem Amaliehave, einem kleinen Park. Wenn es dunkel ist, hat man einen unvergleichlichen Blick auf die andere Hafenseite mit der Oper. Meistens liegen schöne alte Segelschiffe am Kai. Wenn man Glück hat, dringt die Musik von einer Aufführung über das Wasser. Ungern bin ich in Christiania. Unter der Oberfläche lauert eine unangenehme Stimmung, als ob jederzeit irgendetwas losbrechen könnte. Es ist mir auch zu schmutzig da. Wer durch die Altstadt geht, sollte immer mal wieder einen Blick in die Höfe werfen. Plötzlich steht man inmitten schönstem Art déco.«

INDRE BY/ALTSTADT

Kopenhagens Zentrum ist viel älter als der Rest der Stadt. Hier schlägt ihr Herz, hier konzentrieren sich die meisten Sehenswürdigkeiten. Und weil sich einfach alles auf engstem Raum ballt, ist für Besucher alles »gleich nebenan«.

Kopenhagens Zentrum wird von den Dänen gern »Middelalderby« (Mittelalterstadt) genannt. Das ist ein bisschen Etikettenschwindel, denn vom Mittelalter findet sich hier im ältesten Teil der dänischen Metropole praktisch nichts mehr. Dafür sorgten zwei Großbrände im 18. Jh. und ein Bombardement von britischen Kriegsschiffen 1807. Trotzdem vermittelt das Zentrum das gute Gefühl, sich in einer historisch gewachsenen und unzerstörten Altstadt zu bewegen – voller Leben, voller sehenswerter Bauten und alles in Größenordnungen, die sich gut handhaben lassen.

DAS HERZ KOPENHAGENS

Hier schlägt das Herz Kopenhagens. »Herrlich, hier bewege ich mich im 19. Jh.«, denke ich manchmal auf dem Weg vom Bahnhof, vorbei am 150 Jahre alten Vergnügungspark **Tivoli** 4 bis zum anderen Ende der

◂ Der Amagertorv ist ein quirliger Treffpunkt an der Einkaufsmeile Strøget.

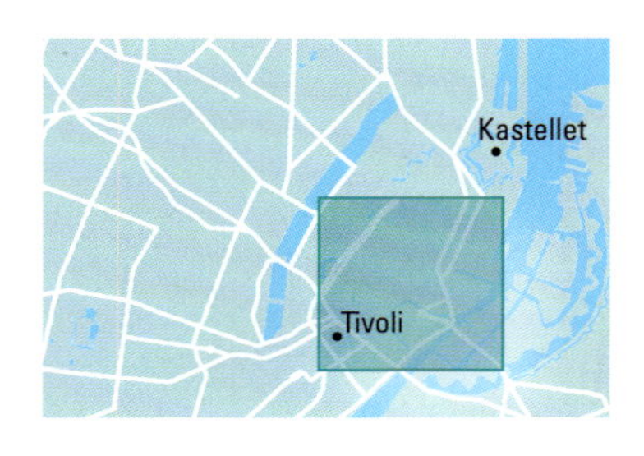

Innenstadt am Kongens Nytorv, Kopenhagens Vorzeigeplatz. Hier zogen im 19. Jh. auch Hans Christian Andersen (1805–1875) und Søren Kierkegaard (1813–1855) ihre häufigen Runden als Spaziergänger. Nahezu 200 Jahre später können Sie fast unverändert dieselben Wege gehen wie der Märchendichter und der Denker und bekommen meist auch dieselben Straßenansichten zu Gesicht.

DER WALL IST WEG, DAFÜR WÄCHST DIE METRO

Nur dass der Wall seit der zweiten Hälfte des vorletzten Jahrhunderts weg ist. Wie auch der lästige Latrinengestank, mit dem die beiden berühmten Herren wegen der damals noch fehlenden Kanalisation zu kämpfen hatten. Als Großstadt ist Kopenhagen ein ausgesprochener Spätentwickler. Bis heute gehalten hat sich der freche Name »pisserende« (Pissrinne) für das kleine Kneipenviertel der Altstadt.
Hier ist alles so gut wie gleich nebenan. Vom Strøget, der langen Fußgängerzone, sind es nur ein paar Gehminuten zum Schloss Christiansborg, dem Parlamentssitz und Zentrum des Regierungsviertels Slotsholmen. Hier finden sich Dänemarks Geschichte, die aktuelle Politik und das Alltags- sowie das Nachtleben auf engem Raum. Im Zentrum ballen sich auch die Kneipen, Clubs und Discos.

WERMUTSTROPFEN IM STADTBILD

Für die Anwohner eine ziemlich starke Alltagsbelastung und für Kopenhagen-Besucher ein Wermutstropfen sind die Ausbauarbeiten für die Kopenhagener Metro bis voraussichtlich ins Jahr 2018. Sie verschandeln beispielsweise den historischen Gammel Strand zwischen Christiansborg und dem Strøget. Gebaut wird auch auf dem Rathausplatz und am Kongens Nytorv, auf den Andersen und Kierkegaard einen deutlich schöneren Ausblick hatten als ihre Nachfahren in diesen Jahren. Die – und Sie als Besucher – sehen derzeit nur hohe grüne Holzwände. Glücklicherweise nur vereinzelt. Sie können kreuz und quer durch die Indre By flanieren und die locker-freundliche Atmosphäre auf Altstadtplätzen wie dem Gråbrødre Torv oder dem Gammel- und Nytorv einatmen.

SEHENSWERTES

1 Børsen
2 Botanisk Have
3 Christiansborg Slot
4 Gammel Strand
5 Gråbrødre Torv
6 Holmens Kirke
7 Kongelige Bibliotek mit Den Sorte Diamant
8 Kongens Have
9 Rådhus und Rådhusplads
10 Regensen
11 Rosenborg Slot
12 Sankt Nikolaj Kirke (Nikolaj Kunsthal)
13 Sankt Petri Kirke
14 Slotsholmen
15 Trinitatis Kirke
16 Universität
17 Vor Frue Kirke

MUSEEN UND GALERIEN

18 Arbejdermuseet
19 Blox
20 Dansk Jødisk Museum
21 Davids Samling
22 Københavns Museum
23 Nationalmuseum
24 Statens Museum for Kunst
25 Thorvaldsens Museum
26 Tøjhusmuseet

ESSEN UND TRINKEN

27 Cap Horn
28 Geist
29 Orangeriet
30 Rebel
31 Red Box
32 Umami
33 Zeleste
34 Royal Smushi Café
35 Bo-Bi Bar
36 Jeppes Badehotel
37 K Bar
38 Rubys
39 Ved Stranden 10

EINKAUFEN

40 Perch's Thehandel
41 Summerbird Chokolade
42 Torvehallerne
43 Hay Cph
44 Kongelige Porcelæn (Royal Copenhagen)
45 Le Klint
46 Sögreni Cykler
47 Stilleben
48 Bruuns Bazaar
49 Nørgaard
50 Sabine Poupinel

KULTUR UND UNTERHALTUNG

51 Copenhagen Jazzhouse
52 Huset KBH
53 Jazzhus Montmartre
54 La Fontaine
55 Mojo Blues Bar
56 Filmhuset & Cinemateket
57 Grand Teatret
58 Det Kongelige Ballet
59 Det Kongelige Teater

TopTen

2 Illums Bolighus
4 Tivoli
7 Rundetårn
10 Ny Carlsberg Glyptotek

Momente

1 Andersens Märchen lesen
2 Zeitreise: Kongelige Bibliotek
3 Stille unter Palmen in der Glyptotek
4 Auf dem Fischkutter

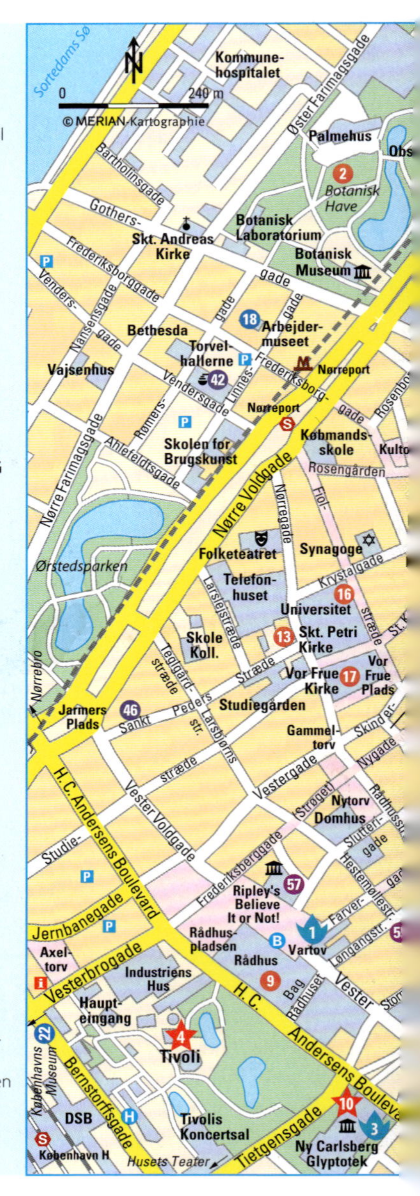

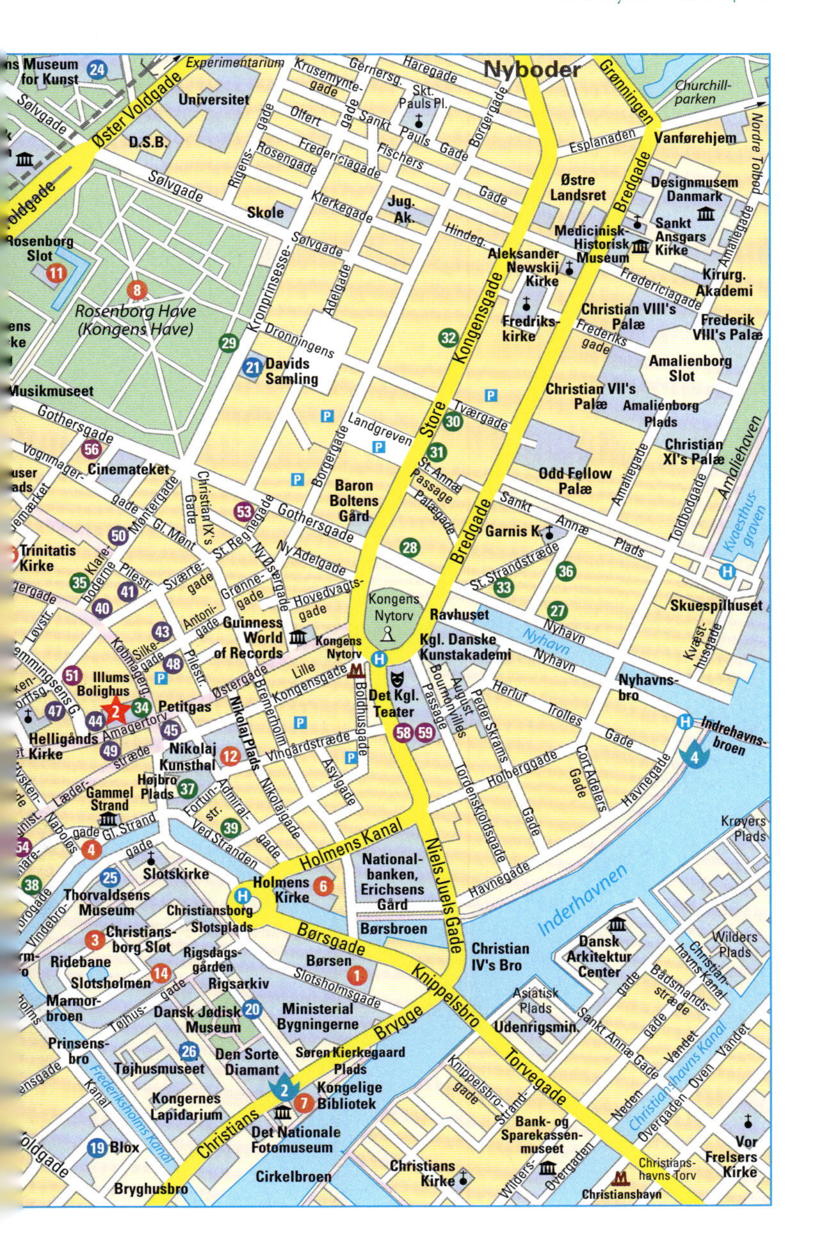
Museum for Kunst
Experimentarium
Øster Voldgade
Universitet
Sølvgade
D.S.B.
Nyboder
Grønningen
Churchill-parken
Nordre Toldbod
Krusemynte-gade
Gernersg.
Haregade
Skt. Pauls Pl.
Olfert
Sankt Pauls Gade
Borgergade
Fischers
Fredericiagade
Rosengade
Rigens-gade
Esplanaden
Vanførehjem
Østre Landsret
Designmusem Danmark
Bredgade
Skole
Jug. Ak.
Klerkegade
Gade
Hindeg.
Medicinisk-Historisk Museum
Sankt Ansgars Kirke
Amaliegade
Rosenborg Slot
Rosenborg Have (Kongens Have)
Kronprinsesse-gade
Adelgade
Aleksander Newskij Kirke
Kirurg. Akademi
Fredericiagade
Christian VIII's Palæ
Frederik VIII's Palæ
Fredriks-kirke
Frederiks gade
Dronningens
Kongensgade
Store
Davids Samling
Amalienborg Slot
Musikmuseet
Christian VII's Palæ
Amalienborg Plads
Gothersgade
Landgreven
Tværgade
Amaliehaven
Christian XI's Palæ
Vognmager-
Cinemateket
Borgergade
St. Annæ Passage
Palægade
Baron Boltens Gård
Odd Fellow Palæ
Christian IX's Gade
Møntergade
Gl. Mønt
St. Regnegade
Sankt Annæ Plads
Toldbodgade
Kvæsthus-graven
Trinitatis Kirke
Klare-boderne
Pilestr.
Sværte-gade
Ny Østergade
Grønne-gade
Ny Adelgade
Garnis K.
St. Strandstræde
Kongens Nytorv
Ravhuset
Hovedvagts-gade
Skuespilhuset
Antoni-gade
Guinness World of Records
Kongens Nytorv
Kgl. Danske Kunstakademi
Nyhavn
Kvæst-husgade
Købmagergade
Silke-gade
Illums Bolighus
Lille Kongensgade
Østergade
Det Kgl. Teater
Boldhusgade
Bourmonvilles Passage
August
Peder Skrams
Herluf Trolles Gade
Nyhavns-bro
Petitgas
Amagertorv
Helligånds Kirke
Nikolaj Plads
Bremerholm
Vingårdstræde
Nikolaj Kunsthal
Højbro Plads
Gammel Strand
Fortun-str.
Admiral-gade
Asylgade
Tordenskjoldsgade
Holbergsgade
Cort Adelers Gade
Havnegade
Indrehavns-broen
Nikolajgade
Gl. Strand
Ved Stranden
Holmens Kanal
Niels Juels Gade
Kroyers Plads
Slotskirke
National-banken, Erichsens Gård
Thorvaldsens Museum
Holmens Kirke
Inderhavnen
Christiansborg Slotsplads
Børsbroen
Christians-borg Slot
Ridebane
Børsgade
Børsen
Christian IV's Bro
Dansk Arkitektur Center
Wilders Plads
Christian-havns Kanal
Slotsholmen
Rigsdags-gården
Rigsarkiv
Slotsholmsgade
Knippelsbro
Asiatisk Plads
Bådsmands-stræde
Marmor-broen
Tøjhus-gade
Dansk Jødisk Museum
Ministeriel Bygningerne
Udenrigsmin.
Sankt Annæ Gade
Prinsens-bro
Brygge
Søren Kierkegaard Plads
Tøjhusmuseet
Den Sorte Diamant
Torvegade
Christianshavns Kanal
Frederiksholms Kanal
Kongernes Lapidarium
Kongelige Bibliotek
Knippelsbro-gade
Strand-
Overgaden Neden Vandet
Overgaden Oven Vandet
Bank- og Sparekassen-museet
Christians
Det Nationale Fotomuseum
Blox
Christians Kirke
Wilders-
Overgaden
Christians-havns Torv
Christianshavn
Vor Frelsers Kirke
Bryghusbro
Cirkelbroen

SEHENSWERTES

1 Børsen H5

Der 1618 begonnene Renaissancebau ist eins der ältesten Häuser der Stadt und der ältesten Börsenplätze in Europa. Die Börse fällt auch wegen der spektakulär hoch gezwirbelten Drachenschwänze als Turmspitze ins Auge. Gehandelt wird hier nicht mehr. Heute beherbergt das lang gestreckte Gebäude ein Büro- und Konferenzzentrum.

Børsgade 1 | Metro: Kongens Nytorv | www.borsbygningen.dk

Andersens Märchen am Originalschauplatz lesen 1

Lesen Sie ein Andersen-Märchen da, wo der Dichter es ansiedelte oder Ideen schöpfte. Auf einer Bank im Kongens Have, im Frederiksberg Have, am Gråbrødre Torv. Im früheren Armenhaus »Vartov« (Farvergade 27) spielt das Märchen »Von einem Fenster im Vartov« (▶ S. 12).

2 Botanisk Have  G3

Knapp die Hälfte der 5000 m² Grünfläche mit über 20 000 Pflanzenarten ist für Besucher zugänglich. Seit den Anfängen im 17. Jh. am Nyhavn umgepflanzt und mehrfach komplett umgebaut, bietet der Botanische Garten im Sommer auch Gastronomisches im Café Paradisfuglen. Eine schöne Ruhezone mit Palmenhaus mitten im Zentrum.

Øster Farimagsgade 2B | Metro und S-Bahn: Nørreport | www.botanik.snm.ku.dk | 1. April–30. Sept. 8.30–18, 1. Okt.–31. März 8.30–16 Uhr

3 Christiansborg Slot H5

Im Keller von Schloss Christiansborg sind Ursprünge von Kopenhagen als Ruinenreste zu besichtigen: Bischof Absalon ließ hier 1167 die erste Burg anlegen. Was dann nach mehreren Bränden mehrfach neu als Königsschloss aufgebaut wurde, beherbergt heute Dänemarks Parlament, die Regierungsspitze und das Höchste Gericht unter einem Dach. Königin Margrethe II. verfügt noch über Repräsentationsräume. Der mächtige Spätbarockbau (fertiggestellt 1928) ist nicht schön, aber wichtig als Zentrum und Symbol nationaler Politik in Dänemark. Zur Schlossanlage gehören auch die nach wie vor genutzten Königlichen Reitställe, die Schlosskirche und ein kleines Theatermuseum. Die Rückseite mit den Ställen und dem alten Hoftheater sind älter (und schöner) als das Hauptgebäude. Man sieht sofort, dass der Architekt Nicolai Eigtved sich stark von Barockbauten in Dresden inspirieren ließ.

Vom Tårnrestaurant im Turm von Schloss Christiansborg (in gehobener Preisklasse) aus kommt man auf eine noch höher gelegene Plattform mit spektakulärer Aussicht.

Prins Jørgens Gård | Metro: Kongens Nytorv | www.christiansborg.dk | Mai–Sept. tgl. 9–17, Okt.–April Di–So 10–17 Uhr; jeweils gesonderte Öffnungszeiten für die Ruinen im Keller, Reitställe, Schlosskirche und Theatermuseum

4 Gammel Strand  H5

Bis vor einem halben Jahrhundert landeten die Fischer vom Öresund ihre Ware am »Alten Strand« an. Als sie verschwunden waren, zogen 1964 Beamte mit Schlips und Kragen in das gerade neu geschaffene Kulturministerium ein. Die Fischereitradition wird nur noch vom alteingesessenen, vornehmen Krog-Fischrestaurant hochgehalten. Durch den Ausbau der Kopenhagener Metro ist der schöne Blick auf die historischen Häuserfassaden des Gammel Strand bis 2018 teilweise versperrt. Die Straße selbst aber lebt dank ihrer Kunstgalerien, Flohmärkte und Straßencafés.

Gammel Strand | Metro: Kongens Nytorv

5 Gråbrødre Torv G 4

Der schönste unter anderen sehenswerten Plätzen in der Innenstadt. Der Gråbrødre Markt, benannt nach den hier einst in einem Kloster aktiven Franziskanermönchen (auf Dänisch »gråbrødre« = Graubrüder), ist ein in sich geschlossener Platz ohne Autos. In der Mitte steht eine 100 Jahre alte Platane. Zusammen mit der teils 300 Jahre alten Häuserfront und dem ungleichmäßigen Kopfsteinpflaster ergibt das eine wunderschöne Kulisse – auch für sommerliche Freiluftkonzerte beim Jazzfestival. Die Freiluftgastronomie hier hingegen ist manchem Besucher eine Spur zu gelackt.

Gråbrødre Torv | Metro und S-Bahn: Nørreport

6 Holmens Kirke H 5

Erst diente das 1563 begonnene Gebäude als Ankerschmiede, dann bis auf den heutigen Tag als Marinekirche und sozusagen als eine Art Hofkirche der Königsfamilie. Königin Margrethe II. trat in der Holmens-Kirche 1967 mit Prinz Henrik vor den Traualtar. Ihrem Sohn, Kronprinz Frederik, und Prinzessin Mary war sie 2004 für ihr royales Jawort zu klein. Sie heirateten in der Vor Frue Domkirke.

Holmens Kanal 21 | Metro: Kongens Nytorv | www.holmenskirke.dk | Mo, Mi, Fr, Sa 10–16, Di, Do 10–15.30, So 12–16 Uhr

Zeitreise in der alten und neuen Kongelige Bibliotek

Besuchen Sie den klassisch-schönen Altbau der Königlichen Bibliothek, und gehen Sie in den lichten Neubau »Sorte Diamant« am Hafen. Eine Zeitreise voll Charme. Der Hofgarten des Altbaus ist ein Ruhespender und die freie Fläche vor dem »Schwarzen Diamanten« am Wasser quirlig und voller Leben (▶ S. 12).

Die Sonne können Sie vor dem Neubau zum Hafen und auch hinter der riesigen Glasfassade bis mittags genießen.

7 Kongelige Bibliotek mit Den Sorte Diamant H 5

Einen Besuch in der Königlichen Nationalbibliothek sollten Sie wegen der atemberaubenden Verknüpfung von Alt und Neu nicht versäumen. Seit 1999 schließt an den Altbau mit seinem romantischen Vorgarten der moderne funktionalistische »Schwarze Diamant« mit schwarzer Granit- und Glasfassade an. Im Altbau findet sich das Jüdische Museum, im Neubau Dänemarks Nationales Fotomuseum. Der Neubau bietet Gastronomisches mit schöner Aussicht auf den Hafen. Beide

Gebäude sind durch einen breiten, lichten Gang miteinander verbunden.
Søren Kierkegaards Plads 1 | Metro: Kongens Nytorv, S-Bahn: Hauptbahnhof | www.kb.dk | Sorte Diamant Juli, Aug. Mo–Fr 8–19, Sa 9–19, Sept.–Juni Mo–Fr 8–21, Sa 9–19 Uhr

8 Kongens Have H 3/4

König Christian IV. ließ vor 400 Jahren den Park als fast quadratischen Renaissancegarten anlegen. Inzwischen sind Barockelemente und von englischen Landschaftsgärten inspirierte Elemente dazugekommen. Einige Bäume sind über 300 Jahre alt. Hans Christian Andersen flanierte hier vor 150 Jahren, heute thront er in Bronze auf einem Denkmal. Die Kopenhagener nutzen den »Königsgarten« zum Sonnen, Ausruhen und Picknicken mit Aussicht auf Rosenborg Slot und die Kaserne der Königlichen Leibgarde. Für lange Spaziergänge ist in dieser klassischen grünen Oase der Altstadt zwar nicht genügend Platz, dafür aber im Sommer für feine Jazzkonzerte, Theateraufführungen und Marionettentheater. Oder für ein Tässchen Kaffee mit dänischem Zuckergebäck im Freien. Das Restaurant Orangeriet (▶ S. 28) im Park lockt obendrein als lukullische Oase Besucher an.
Øster Voldgade 4 | Metro: Nørreport oder Kongens Nytorv, S-Bahn: Nørreport | www.slks.dk (nur Dänisch) | je nach Jahreszeit geöffnet

9 Rådhus und Rådhusplads G 5

Das Rathaus ist das sechste der Stadtgeschichte und wurde 1905 als Mischung aus nachempfundener italienischer Renaissance und heimischen Stilelementen eröffnet. Wenn die Kopenhagener zu Zehntausenden feiern wollen, beispielsweise an Silvester oder bei rauschenden Fußballsiegen, versammeln sie sich vorzugsweise auf dem Platz davor. Wegen des Metro-Baus ist er bis 2018 auf die Hälfte geschrumpft.
Rådhuspladsen | S-Bahn: Hauptbahnhof und Vesterport | www.kk.dk | Mo–Fr 9–16, Sa 9.30–13 Uhr

10 Regensen G 4

Seit 1628 wohnt in Kopenhagens ältestem und berühmtesten »studenterkollegiet« direkt gegenüber vom Rundetårn Akademiker-Nachwuchs. Ein Blick in den altertümlichen Innenhof des Studentenwohnheims lohnt sich, wenn das Portal geöffnet sein sollte.
Store Kannikestræde 2 | S-Bahn und Metro: Nørreport

11 Rosenborg Slot G/H 3

Vom benachbarten Park, Kongens Have, mutet Rosenborg Slot fast ein wenig an wie ein Spielzeugschloss aus dem Legoland. So ähnlich war es wohl auch gemeint, als König Christian IV. hier im Jahr 1606 ein zweistöckiges »lysthus« (Lusthaus) im Grünen errichten ließ. Der Renaissancebau wurde in Stufen erweitert, von mehreren Regenten für ihre Freizeit genutzt, aber schon 1838 wieder als »veraltet« ausgemustert und zum Museum umfunktioniert. Heute zieht Rosenborg Slot wegen des großen Rittersaals in der zweiten Etage und vor allem wegen der Schatzkammer mit Dänemarks Kronjuwelen viele Besucher an.
Øster Voldgade 4A | Metro: Nørreport | www.rosenborgslot.dk | Jan.–Mitte April Di–So 10–14, Osterwoche und

Mitte April–Mitte Juni tgl. 10–16, Mitte Juni–Mitte Sept. tgl. 9–17, Mitte Sept.–Okt. tgl. 10–16, Nov., Dez. Di–So 10–14 Uhr

7 Rundetårn G 4

Mehr Geschichte, Ambiente und Originalität können sich Hobby-Astronomen kaum wünschen: Europas ältestes aktives Observatorium, der »Runde Turm«, liegt mitten in der Fußgängerzone. Zur Kuppel in 35 m Höhe führt ein Wendelgang, den Christian IV. beim Bau 1637–1642 so ungewöhnlich anlegen ließ. Zar Peter der Große gelangte 1717 zu Pferde nach oben, während Zarin Katharina die Kutsche vorzog. Ganz zuletzt musste Katharina, wie auch Besucher heute, doch noch ein paar Stufen bewältigen. Die Plattform bietet auch heute noch einen schönen Rundblick auf die Altstadt.

Købmagergade 52a | Metro und S-Bahn: Nørreport | www.rundetaarn.dk | 21. Mai–20. Sept. tgl. 10–20, 21. Sept.–Mitte Okt. tgl. 10–18, Mitte Okt.–Mitte März Mo, Do–So 10–18, Di, Mi 10–21, Mitte März–Mitte Mai tgl. 10–18, ab Mitte Mai tgl. 10–17 Uhr | Eintritt 25 DKK, Kinder 5 DKK

12 Sankt Nikolaj Kirke (Nikolaj Kunsthal) H 4

Kopenhagens drittältestes Gotteshaus mitten im Stadtzentrum ist seit rund 200 Jahren keine Kirche mehr. Die im 13. Jh. errichtete Skt. Nicolai Kirke (der eindrucksvolle quadratische Turm kam im 16. Jh. hinzu) diente nach einem Brand ab 1805 als Feuerwehrstation, Marinemuseum und Stadtbücherei. Seit 2011 logiert im Kirchenschiff die Nikolaj Kunsthal, ein Zentrum für moderne Kunst, das wechselnde Ausstel-

Der Neubau der Königlichen Bibliothek (► S. 63) besticht auch durch architektonisch reizvolle Elemente wie dieses lichtdurchflutete Treppenhaus.

lungen zeigt. Drinnen und im Sommer auch draußen auf dem beschaulichen Vorplatz serviert das Restaurant Maven kulinarische Genüsse.
Nikolaj Plads 10 | Metro: Kongens Nytorv | www.nikolajkunsthal.dk | Di–So 12–17, Do 12–21 Uhr | Eintritt 20 DKK, Kinder frei, Mi für alle frei

13 Sankt Petri Kirke G 4

Als die Kirche im 15. Jh. gebaut wurde, bildeten zugereiste Handwerker und Kaufleute aus Deutschland einen wichtigen Teil der Kopenhagener Stadtbevölkerung. Deshalb wurde hier auf Deutsch gepredigt, und so ist es bei den Gottesdiensten auch heute noch. Die Kirche mit einer sehenswerten Grabkapelle beherbergt die deutsche Skt.-Petri-Gemeinde, die Teil der lutherischen dänischen Staatskirche ist.
Larslejrsstræde 11 | Metro und S-Bahn: Nørreport | www.sankt-petri.dk | 3. April–30. Sept. Mi–Sa 11–15 Uhr | Eintritt Grabkapelle 25 DKK (Führungen nach Vereinbarung: Tel. 33 13 38 33, 40 DKK)

14 Slotsholmen H 5

Slotsholmen war einst eine Insel im Öresund, ist aber durch diverse Auffüllungen längst ein Teil der Innenstadt. Das geschichtsträchtige Viertel, umschlossen von einem Kanal, beherbergt neben Schloss Christiansborg etliche Ministerien und Museen, die alte Börse und Dänemarks Nationalbibliothek.
Christiansborg Slotsplads | Metro: Kongens Nytorv

4 Tivoli G 5

1843 öffnete der mehr als 8 ha große Vergnügungspark zwischen Haupt-

Ein spiralförmig gewundener Weg mit Pflastersteinen führt zur Kuppel des Runden Turms (▶ MERIAN TopTen, S. 65) mit Europas ältestem aktiven Observatorium.

bahnhof und Rathausplatz seine Pforten. Der Spagat aus eher beschaulicher Tradition und modernem, schrillem Jahrmarkts-Amüsement gelingt immer noch, meistens jedenfalls. Hier können Kinder aller Altersklassen das passende Fahrgeschäft finden: von der guten alten Bimmelbahn über das Kettenkarussell, den Star Tower bis zur schwindelerregenden Fahrt in der Achterbahn. Derweil genießen die Eltern vielleicht in einem der 37 Restaurants eine leckere Mahlzeit oder flanieren durch die schöne Anlage mit vielen Blumenbeeten und Springbrunnen. Dabei können Sie auch mal auf ein Open-Air-Konzert mit Sting stoßen oder ein Bourneville-Ballett anschauen, freitags gibt es immer Rockmusik auf der Wiese – im Preis inbegriffen. Insgesamt gesehen ist der Tivoli-Besuch für Familien mit Kindern samt Eintritt, Verzehr und »Tour-Pässen« für all die Attraktionen ein nicht ganz billiges Vergnügen.

Vesterbrogade 3 | S-Bahn: Hauptbahnhof | www.tivoli.dk | Anfang April–Ende Sept., Mitte Okt.–Anfang Nov. und Weihnachtszeit So–Do 11–23, Fr, Sa 11–24 Uhr | Eintritt 120 DKK, Kinder frei

15 Trinitatis Kirke G 4

Auch die Großen haben mal klein angefangen: In der 1656 eingeweihten Trinitatis-Kirche am Rundetårn wurde der weltberühmte Philosoph und Theologe Søren Kierkegaard 1829 konfirmiert. Das Gotteshaus bietet als direkter Nachbar diverser alter Universitätseinrichtungen auch Nacht- und Studentengottesdienste.

Landemærket 12 | S-Bahn, Metro und S-Bahn: Nørreport | www.trinitatis.dk

16 Universität G 4

Das Hauptgebäude der 1479 gegründeten Kopenhagener Universität am Vor Frue Plads bezeugt, wie stark die Akademiker das Stadtleben früher mitgeprägt haben. Inzwischen wird vornehmlich im Stadtteil Amager studiert. In der Altstadt weiter genutzt werden einige Bibliotheken und Studentenwohnheime aus dem 17. Jh. In der Aula des Hauptgebäudes aus dem 19. Jh. trifft man sich vor allem zu festlichen Anlässen. Sehenswert ist die Bibliothek der Juristischen Fakultät in der Studiestræde 34.

Vor Frue Plads | Metro und S-Bahn: Nørreport

Stille unter Palmen in der Glyptotek

Lassen Sie sich vom Palmengarten unter dem lichtdurchfluteten Kuppeldach des Kunstmuseums Glyptotek in eine andere Stimmung zaubern. Einfach nur still sitzen und auf sich wirken lassen. Das Café liegt direkt am idyllischen Palmengarten (▶ S. 13).

17 Vor Frue Kirke (Dom) G 4

Seit dem 13. Jh. haben die Kopenhagener an der Nørregade als Folge von Brand und britischen Bombeneinschlägen drei Dom-Neubauten erlebt. Der letzte, äußerlich eher unscheinbar und durch Autoabgase ziemlich grau eingefärbt, innen aber licht und auch sonst beeindruckend, stammt aus dem Jahr 1829. Zu neuem Glanz im Inneren verhalf der neoklassizistischen »Frauenkirche« des Architekten C. F. Hansen

(1756–1845) die Tatsache, dass hier am 14. Mai 2004 Dänemarks Kronprinz Frederik und seine australische Olympia-Bekanntschaft Mary Donaldson vor den Traualtar traten. Aus diesem Anlass wurde sogar das Kirchenschiff renoviert. Geschmückt ist es mit Statuen aus der Werkstatt Bertel Thorvaldsens (▶ S. 140), darunter befinden sich auch eine ungewöhnliche Christusfigur und ein Taufbecken in der Hand eines knienden Engels.
Nørregade 8 | Metro und S-Bahn: Nørreport | www.domkirken.dk | tgl. 8–17 Uhr (außer an Tagen mit Gottesdienst)

MUSEEN UND GALERIEN

18 Arbejdermuseet ▶ S. 134
19 Blox ▶ S. 135
20 Dansk Jødisk Museum ▶ S. 136
21 Davids Samling ▶ S. 137
22 Københavns Museum ▶ S. 138
23 Nationalmuseum ▶ S. 138
10 Ny Carlsberg Glyptotek ▶ S. 138
24 Statens Museum for Kunst ▶ S. 140
25 Thorvaldsens Museum ▶ S. 140
26 Tøjhusmuseet ▶ S. 140

ESSEN UND TRINKEN

RESTAURANTS

27 Cap Horn ▶ S. 28

28 Geist — H 4

Kreative Kochkunst – Vom Bar-Tresen des eleganten Restaurants aus kann man den Köchen beim Zubereiten anspruchsvoller Gerichte zusehen. Der auch von TV-Zuschauern geschätzte Küchenchef Bo Bech bietet in der mittleren Preisklasse Kreatives, ohne dass das Lokal gleich als Gourmetrestaurant daherkommt. Die Einrichtung ist dezent dunkel gehalten und verbreitet zusammen mit der offenen Küche einen Schuss Manhattan-Stimmung. Im Sommer mit Garten und Terrasse.
Kongens Nytorv 8 | Metro: Kongens Nytorv | Tel. 33 13 37 13 | www.restaurantgeist.dk | tgl. 12–1 Uhr | €€€

29 Orangeriet ▶ S. 28

30 Rebel — H 3/4

Gourmet light – Klassische Qualität und klare Geschmackslinien werden in diesem kleinen Restaurant großgeschrieben. Dasselbe gilt für die Einrichtung mit der Kombination aus weißen Tischdecken und modernen dunklen Holzstühlen. Als »Gourmet Light« stufen die Macher selbst ihre Kochkunst ein, stellen dabei aber das eigene Licht unter den Scheffel.
Store Kongensgade 52 | Metro: Kongens Nytorv | Tel. 33 32 32 09 | www.restaurantrebel.dk | Di–Sa 17.30–24 Uhr | €€€

31 Red Box — H 4

Asien meets Frankreich – Hier gibt es raffinierte Kost, die Auge wie Gaumen gleichermaßen erfreut. Der Stil ist eindeutig asiatisch, aber deutlich inspiriert auch von Frankreich. Daraus entspringt ein schöner Kulturmix, wie etwa beim Hauptgericht und Entenschenkeln mit Chili- und Pflaumensoße. Für das Personal in Jeans gilt »entspannt« als Dresscode, die Einrichtung ist minimalistisch. Maximal gut dagegen, in mittlerer Preislage, der Service.
Store Kongensgade 42 | Metro: Kongens Nytorv | Tel. 43 33 43 33 | www.theredbox.dk | Mo–Sa 17–23 Uhr | €€

32 Umami H/J 4

Schummrig schön – Das französisch-japanische Restaurant strahlt bei gedämpften Licht Nachtclubstimmung und Lounge-Ambiente aus. Das soll aber nicht zu dem Irrglauben verleiten, dass es im Umami mehr um den schönen Schein als die Speisen geht. Die Verschmelzung moderner französischer Küche und japanischer Traditionen begeistert auch Anspruchsvolle. Sushi mit europäisch inspiriertem Pfiff bildet das Herz der Speisekarte.

Store Kongensgade 59 | Metro: Kongens Nytorv | Tel. 33 38 75 00 | www.restaurantumami.dk | Mo–Do 18–22, Fr, Sa 18–23 Uhr | €€€

33 Zeleste J 4

Gaumenkitzel – Die Speisekarte des Restaurants spricht mit ihrer originellen Mischung aus dänischen und französischen Klassikern die Geschmacksnerven auf das Feinste an. Dass das kleine Lokal zu einem Klassiker in Kopenhagen geworden ist, liegt aber vor allem an der Atmosphäre und der Einrichtung. Der romantische Innenhof verfügt über eine offene Feuerstelle, farbenfrohe Lampen und wird fast das ganze Jahr über genutzt.

Store Strandstræde 6 | Metro: Kongens Nytorv | Tel. 33 16 06 06 | www.zeleste.dk | Mo–Fr 11–23, Sa, So 10–23 Uhr | €€€

CAFÉS

34 Royal Smushi Café ▶ S. 29

BARS

35 Bo-Bi Bar H 4

Bo-Bi ist eine stimmungsvolle kleine Nische der Vergangenheit. Hier fühlt

Köstlichkeiten aus dem »Land der aufgehenden Sonne« wie dieser dekorative Cocktail aus Kirschblütenlikör werden im japanischen Lokal Umami (▶ S. 69) kredenzt.

sich der Gast zurückversetzt in die frühen 1980er-Jahre. Dabei hat sich in der Bo-Bi Bar wohl seit fast 100 Jahren äußerlich nichts verändert. Die Gäste (darunter viele Künstler und Medienschaffende) kommen hier mal eben auf ein Bier vorbei. Auch dem jüngeren Publikum gefällt augenscheinlich die rote Boudoir-Tapete und die gedämpfte Jazzmusik im Hintergrund. Das Lokal ist übrigens so klein, dass hier (entsprechend der dänischen Regeln) geraucht werden darf.

Klareboderne 14 | Metro: Kongens Nytorv | tgl. 12–2 Uhr

Auf dem Fischkutter Frischluft für Leib und Seele tanken

Gleich neben der neuen Fußgängerbrücke am Nyhavn bekommen Sie auf dem Fischkutter »HM8« die beste, zugleich billigste und ökologisch vorbildliche Bouillabaisse mit Frischfisch in ganz Kopenhagen. Bei gutem Wetter ist die Rundum-Aussicht auf den Hafen eine Frischluftdusche für die Seele. Bei schlechtem können Sie sich in den Bauch des Kutters verkriechen (▶ S. 13).

36 Jeppes Badehotel

Das kleine Kellerlokal ist ein Juwel im ansonsten etwas anonymen Touristengewusel am Nyhavn. Eine Mischung aus Kneipe und französisch inspiriertem Café. Es gibt Sandwiches und Tapas. Und natürlich Bier und Wein.

Lille Strandstræde 16 | Metro: Kongens Nytorv | Di–Do 16–24, Fr, Sa 16–2 Uhr

37 K Bar

H 4

In der minimalistisch eingerichteten kleinen Bar serviert Bartenderin Kirsten Holm raffiniert gemixte Drinks. Je später der Abend, desto lockerer wird die Stimmung. Hier sind Männer wie Frauen anspruchsvoll gekleidet.

Ved Stranden 20 | Metro: Kongens Nytorv | Mo–Do 16–1, Fr, Sa 16–2 Uhr

38 Rubys

G/H 5

Im etwas stilleren Teil der Innenstadt, versteckt sich das Rubys. Kein Hinweisschild verweist auf die elegante Cocktailbar in einer denkmalgeschützten Patrizierwohnung mit hohen Decken. Ruby steht ganz oben auf der Kopenhagener Bar-Hitliste, und das nicht erst seit der allgemeinen Cocktail-Begeisterung in der TV-Serie »Mad Men«. Das Interieur mischt mutig alte Chesterfield-Möbel mit modernem skandinavischem Design.

Nybrogade 10 | Metro: Kongens Nytorv, S-Bahn: Hauptbahnhof | www.rby.dk | Mo–Sa 16–2, So 18–2 Uhr

39 Ved Stranden 10

Angenehme Weinbar, die mit ein paar Tischen und kleiner Speisekarte zu einem Weinhandel gehört. Zu essen gibt es Oliven, Käse und ein paar Klassiker wie Croque Monsieur. Schön ist die Lage am Kanal und gegenüber dem Parlamentssitz Schloss Christiansborg.

Ved Stranden 10 | Metro: Kongens Nytorv | www.vedstranden10.dk | Mo–Sa 12–22 Uhr

EINKAUFEN

DELIKATESSEN

40 **Perch's Thehandel** ▶ S. 36

41 **Summerbird Chokolade** ▶ S. 36

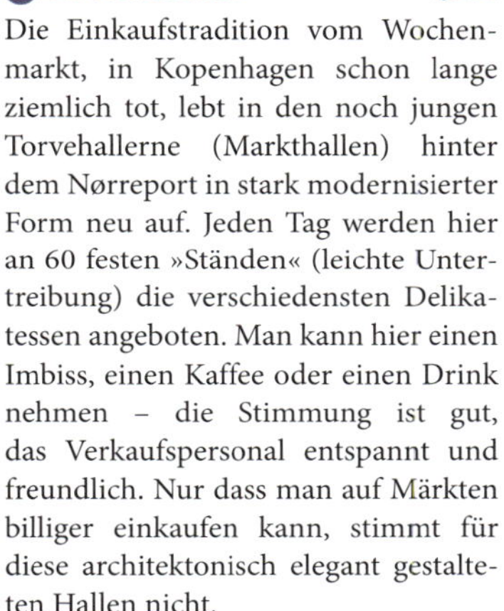

42 Torvehallerne G 4

Die Einkaufstradition vom Wochenmarkt, in Kopenhagen schon lange ziemlich tot, lebt in den noch jungen Torvehallerne (Markthallen) hinter dem Nørreport in stark modernisierter Form neu auf. Jeden Tag werden hier an 60 festen »Ständen« (leichte Untertreibung) die verschiedensten Delikatessen angeboten. Man kann hier einen Imbiss, einen Kaffee oder einen Drink nehmen – die Stimmung ist gut, das Verkaufspersonal entspannt und freundlich. Nur dass man auf Märkten billiger einkaufen kann, stimmt für diese architektonisch elegant gestalteten Hallen nicht.

Frederiksborggade 21 | Metro und S-Bahn: Nørreport | www.torvehallernekbh.dk | Mo–Do 10–19, Fr 10–20, Sa 10–18, So 11–17 Uhr

DESIGN

43 Hay Cph ▶ S. 36

2 Illums Bolighus ▶ S. 37

44 Kongelige Porcelæn (Royal Copenhagen) H 4

Die Königliche Porzellanmanufaktur von 1775 gehört für die Dänen zum nationalen »Tafelsilber«. Auch wenn die Produktion inzwischen überwiegend ins Ausland verlagert worden ist, hat Royal Copenhagen seinen Ruf bewahrt und sich dank jüngerer Designer sogar erneuert. Dass dabei die eigene Tradition und Geschichte nicht in Vergessenheit geraten sind, belegt die Erfolgsserie »Mega-Mussel«, eine modernisierte Version des allerersten in Kopenhagen hergestellten Porzellans nach Meissner Vorbild.

Schöner Wohnen: Stilvolle dänische Designkunst aus Keramik, Glas, Metall, Textilien und auch Grafisches bietet der Laden Stilleben (▶ S. 72) in der Altstadt.

Amagertorv 6 | Metro: Kongens Nytorv | www.royalcopenhagen.com | Mo–Fr 10–19, Sa 10–18, So 11–16 Uhr

45 Le Klint H 4

Die Lampen von Le Klint sind für viele Dänen der Inbegriff von schönem Design. Sie vereinen Tradition und Moderne. Die Klassiker, einfach gefaltete Lampenschirme, geben schönes Licht und halten ewig. Namensgeberin ist die Designerin Le Klint (1920–2012).
Store Kirkestræde 1 | Metro: Kongens Nytorv | www.leklint.dk | Mo–Fr 10–18, Sa 10–16 Uhr

FAHRRÄDER

46 Sögreni Cykler G 4

Sögreni hat sich seit den 1980ern einen Namen mit handgefertigten Rädern in minimalistischem Edeldesign gemacht. Als Ritterschlag muss gelten, dass das Kunstmuseum Louisiana die Sögreni-Produkte zum Kauf anbietet. Die Räder kosten ihr Geld, sollen dafür aber auch »ein Leben lang« halten.
Skt. Peders Stræde 30A | Metro und S-Bahn: Nørreport | www.sogrenibikes.com | Mo–Fr 10–18, Sa 10–16 Uhr

KERAMIK

47 Stilleben H 4

Als Stilleben in den 1990er-Jahren seine Pforten öffnete, hielten nur wenige in Kopenhagen Keramik für raffiniert und innovativ. Das hat sich mit der Präsentation jüngerer dänischer Keramiker geändert. Der Laden bietet wunderschöne Schalen, Teekannen, Vasen und Schmuck.
Niels Hemmingsensgade 3 | Metro: Kongens Nytorv | www.stillebenshop.dk | Mo–Fr 10–18, Sa 10–17 Uhr

MODE

48 Bruuns Bazaar H 4

Wer klassische Kleidung mit modernem Touch sucht, wird hier bestimmt fündig. Das Geschäft bietet dezenten Chic mit pfiffigen Details und oft überraschenden Farbkombinationen.
Silkegade 9 | Metro und S-Bahn: Nørreport | www.brunsbazaar.com | Mo–Fr 10–18, Sa 10–17 Uhr

49 Nørgaard H 4

Für viele Kopenhagenerinnen ist das Geschäft der Inbegriff aller Modeboutiquen. Nørgaard verkauft eigenes Design und Marken wie Acne, Ann Demeulemeester sowie Rag&Bone. Die legendäre Nørgaard-Bluse von 1970 ist zu einer Textil-Ikone avanciert, die fast alle Däninnen mal getragen haben.
Amagertorv 15 | Metro: Kongens Nytorv | www.madsnorgaard.dk | Mo–Do 10–18, Fr 10–19, Sa 10–17 Uhr

50 Sabine Poupinel ▶ S. 37

KULTUR UND UNTERHALTUNG

JAZZCLUBS

51 Copenhagen Jazzhouse H 4

Hier wird seit 20 Jahren der beste Jazz in ganz Kopenhagen geboten. 200 Konzerte im Jahr in recht intimer Atmosphäre – das swingt! Alle Großen des internationalen Jazz sind vertreten. Ein Umzug in die Nørre Allé in Nørrebro ist geplant.
Niels Hemmingsens Gade 10 | Metro und S-Bahn: Nørreport | Tel. 33 15 47 00 | www.jazzhouse.dk

52 Huset KBH G 5

Originelle Kino-Events, lauschige kleine Jazzkonzerte, mutige Theaterinszenierungen und lässig junge Café-Atmosphäre auch im Hinterhof gehören zum Fundament von Huset – »Das Haus«. Nach dem Start als alternatives Kulturzentrum 1970 haben hier auch schon Radiohead und Red Hot Chili Peppers gespielt. Das waren die Glanzzeiten, die Huset seit der Wiedereröffnung 2005 nicht ganz wiederbelebt hat. Aber die Anlage hat enormen Altstadtcharme. Gehen Sie unbedingt vom Eingang um die Ecke in die Magstræde, die Gasse mit dem meisten Mittelalterflair.

Rådhusstræde 13 | Bus: 1A Stormbroen | Tel. 21 51 21 51 | www.huset-kbh.dk

53 Jazzhus Montmartre H 4

Für Jazzkenner und -fans in aller Welt ist das Kopenhagener Montmartre ein legendärer Ort. Hier spielten einst alle Großen von Ornette Coleman bis Stan Getz, bis der Club 1995 wegen klammer Finanzen schließen musste. Seit 2010 ist er wieder da, wenngleich deutlich kleiner und mit neuer Adresse.

Store Regnegade 19A | Metro: Kongens Nytorv | Tel. 31 72 34 94 | www.jazzhus montmartre.dk

54 La Fontaine G 5

Der älteste und originellste unter Kopenhagens Jazzclubs spielt am Wochenende Livemusik und an allen anderen Abenden Musik aus der Hifi-Anlage. Vor allem aber bietet der Club eine anheimelnde Atmosphäre. Die Besucher sitzen recht eng beisammen und kommen dadurch wunderbar ins Gespräch.

Kompagnistræde 11 | Metro: Kongens Nytorv | Tel. 33 11 60 98 | www.la fontaine.dk

55 Mojo Blues Bar G 5

Hier ist die Zeit stehen geblieben, und das soll ein Kompliment sein. Das leicht verstaubte Innere hat sich seit Jahrzehnten ebenso wenig geändert wie das Blues-Schema. Es gibt auch Rock, Soul, Bluegrass und Tanz nach den Konzerten. Die Altersmischung ist nach unten und oben offen.

Løngangsstræde 21C | S-Bahn: Hauptbahnhof | Tel. 33 11 64 53 | www.mojo.dk | Mo–Sa 20–5 Uhr

KINOS

56 Filmhuset & Cinemateket ▶ S. 41

57 Grand Teatret G 5

Lieblingskino vieler Einheimischer in der City. Gutes (meist englischsprachiges) Programm in einem 100 Jahre alten Theaterbau mit viel Ambiente.

Mikkel Bryggers Gade 8 | Bus 5A, 6A, 12, 26: Rådhuspladsen | Tel. 45 33 15 16 11 | www.grandteatret.dk

THEATER UND OPER

58 Det Kongelige Ballet ▶ S. 39

59 Det Kongelige Teater ▶ S. 40

AKTIVITÄTEN

Havneringen (Hafenring) 

J 4–G 6

Der alte Hafen ist das neue Erlebniszentrum der Stadt. Mal mit Architektur aus dem 17. Jh., mal hypermodern und dann wiederum still in unberührt wirkender Natur. Der 13 km lange »havneringen« bietet die Möglichkeit zu Erkundungstouren auf dem Rad oder zu Fuß und überwiegend ohne störenden Autoverkehr.

www.visitcopenhagen.com/harbourcircle

FREDERIKSSTADEN

König Frederik V. ließ den vom Barock- und Rokokostil inspirierten Stadtteil nur für die Reichen bauen. Auch heute gilt Frederiksstaden mit dem Königsschloss Amalienborg als Mittelpunkt als Kopenhagens feinste Adresse.

Stein gewordene alte und neue Macht »Made in Denmark« lässt sich am besten in Frederiksstaden studieren. Hier, zwischen dem Kongens Nytorv und der Kleinen Meerjungfrau, residiert Königin Margrethe II. auf Schloss Amalienborg. Eine Straße weiter lenkt die Reederei A. P. Møller Mærsk, Dänemarks führender Industriekonzern, die größte Containerflotte der Welt. Im vornehmsten Stadtteil Kopenhagens sammeln sich längs der Bredgade die exklusivsten Kunstgalerien, teure Designmöbelgeschäfte sowie Auktionshäuser. Spötter meinen, Frederiksstaden sei so edel, dass man dort unmöglich ein Brot oder einen Liter Milch auftreiben könne. Dafür aber viel Sehenswertes.
Genauso war es gemeint, als König Frederik V. (1723–1766) den Architekten Nicolai Eigtved mit der Planung von Nykøbenhavn als neuem Stadtteil für die absolute Oberklasse beauftragte. Eigtved ließ sich von Barock-

◀ Wie Zinnsoldaten stehen die Häuser von Nyboder (▶ S. 80) in Reih und Glied.

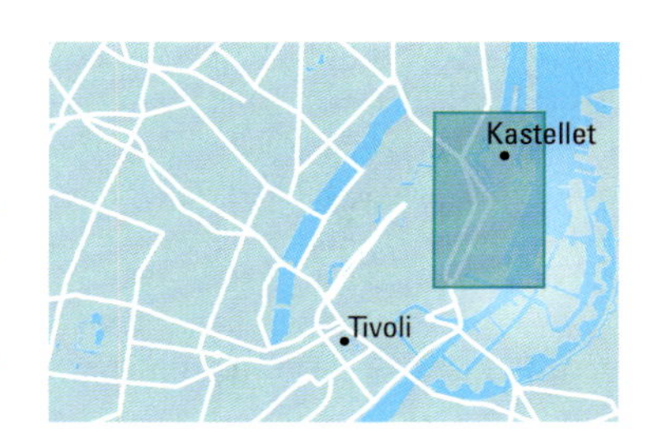

und Rokokobauten in Dresden und Paris inspirieren. Neben den vier Palaisbauten von Schloss Amalienborg mit dem offenen Schlossplatz in der Mitte bezeugt das vor allem die 60 m hohe Kuppel der Marmorkirche.

AUF DEM WEG ZUR MEERJUNGFRAU

Die freie Sicht von der Marmorkirche über den Schlossplatz und quer über den Hafen auf den Marinestützpunkt Frederiksholm galt immer als unantastbares Symbol für die durchdachte Architektur von Frederiksstaden. Aber der Schiffsreeder Mærsk Mc-Kinney Møller, 2012 im Alter von 98 Jahren gestorben, boxte durch, dass die von ihm gestiftete neue Oper mitten in diese Sichtachse platziert wurde. Dass die Oper auch an Größe das dänische Königsschloss in den Schatten stellt, missfällt vielen Dänen. Den 2 km langen Weg durch Frederiksstaden, vom Nyhavn bis zur Kleinen Meerjungfrau, direkt am Wasser oder parallel dazu im Stadtinneren, gehören zum (schönen) Pflichtprogramm eines Kopenhagen-Besuchs. Unterwegs ist auf wenig Platz viel Interessanteres zu bestaunen als die obligatorische Meerjungfrau. Neben Amalienborg und der Marmorkirche gehören dazu vor allem auch die bestens erhaltene gelbe Reihenhaussiedlung Nyboder aus dem 17. Jh. und die ländlichen Charme versprühende Festungsanlage Kastellet.

SEHENSWERTES

1 Alexander-Newskij-Kirche J3

Die drei Zwiebeltürme von Kopenhagens einziger russisch-orthodoxer Kirche sind royalen Verbindungen zu verdanken. Zar Alexander III. stiftete den Bau 1883 wegen der dänischen Herkunft seiner Frau Maria Feodorowna. Sie war 1847 als Prinzessin Dagmar in Kopenhagen zur Welt gekommen und floh nach der Oktoberrevolution 1917 aus Russland. Dagmar starb 1928 in ihrer dänischen Heimat.

Bredgade 53 | Metro: Kongens Nytorv | www.ruskirke.dk

2 Amaliehaven J4

Zwischen Schloss Amalienborg und dem Hafen sprudelt ein großer runder Springbrunnen in der Mitte des kleinen Stadtparks Amaliehaven. Der streng rechtwinklig angelegte Park

wurde 1983 nach einem Entwurf des belgischen Landschaftsarchitekten Jean Delogne gebaut. Die vier frei stehenden Bronzeskulpturen sowie eine Wandskulptur stammen vom Italiener Arnoldo Pomodoro. Genau wie die Oper auf der anderen Seite des Hafenbeckens ist der Amaliehaven eine Schenkung des 2012 gestorbenen Schiffsreeders Arnold Mærsk Mc-Kinney Møller an die Stadt.
Toldbodgade | Metro: Kongens Nytorv

3 Amalienborg Slot J 3/4

Wer das richtig nette und zugleich ein bisschen naiv-operettenhafte Dänemark erleben möchte, stelle sich am 16. April um 12 Uhr mittags auf den Amalienborg-Schlossplatz. Tausende Dänen schwenken dann hier ihre rotweißen Fähnchen, um Königin Margrethe II. zum Geburtstag zu gratulieren. Die populäre Regentin winkt garantiert pünktlich und garantiert strahlend vom Balkon ihres Schacks-Palæ (auch Christian-IX's-Palæ genannt) zurück.

An allen anderen Tagen wird genauso pünktlich, aber mit großem Ernst um 12 Uhr die große Wachablösung zelebriert. Vorher um 10 Uhr und danach alle 2 Std. ab 14 bis 22 Uhr gibt es zwischen Ostern und November kleinere Wachwechsel. Sie sind weniger spektakulär, dafür kann man sie aus nächster Nähe verfolgen.

Die Statue mit König Frederik V. in der Mitte des Schlossplatzes gestaltete der Franzose Joseph Saly (1717–1776). Eigentlich sollten in die vier identischen Rokokobauten nach der Fertigstellung 1760 vier Adelsfamilien mit den deutschen Namen Schack, Brocksdorff, Levetzau und Moltke einziehen. Als aber Schloss Christiansborg 1794 niederbrannte, etablierte sich das Königshaus hier.

Wenn die Regentin anwesend ist, wird stets die dänische Flagge »Dannebrog« auf ihrem Palais gehisst. Als Nachbar hat Kronprinz Frederik 2010 mit Ehefrau Prinzessin Mary samt den inzwischen vier Kindern das nordöstliche Brockdorffs-Palæ (Frederik-VIII's-Palæ) nach einer aufwendigen Instandsetzung bezogen.

Das Levetzaus-Palæ (Christian-VIII's-Palæ) nutzen Frederiks Bruder, Prinz Joachim samt Familie, sowie Margrethes Schwester, Prinzessin Benedikte, wenn sie in Kopenhagen ist. Hier können Besucher im Erdgeschoss im Amalienborg-Museum einen Teil der historischen Sammlung des Königshauses bewundern. Der vierte Bau, Moltkes- oder Christian-VII'-Palæ genannt, wird dank seinem großen Rokokosaal für repräsentative Anlässe genutzt.
Amalienborg | Metro: Kongens Nytorv | kongeligeslotte.dk | Schlossmuseum Jan.–April, Nov., Dez., Di–So 11–16, Mai–Mitte Juni tgl. 10–16, Mitte Juni–Mitte Sept. tgl. 10–17, ab Mitte Sept., Okt. tgl. 10–16 Uhr

Mit Königin Margrethes Leibwache unterwegs

Gehen Sie den täglichen Gang der Königlichen Leibgarde zum Schloss. Jeden Tag zwischen 11.27 und 11.32 Uhr Abmarsch von der Kaserne und eine halbe Stunde später Ankunft zur Wachablösung vor Schloss Amalienborg (▶ S. 13).

Døveskolen
Garnisons
Kirkegård
Mødrehjælpen
Mandals gade
Stavangergade
Langeliniebro
Louisiana Museum of Modern Art
Hovedvej
Langelinievej
Gittervej
Lystbådehavnen
Kristiania-gade
Trondhjemsgade
Østbanegade
Bergensgade
Søfarts Monument
Bernadottes Allé
Den Lille Havfrue (Kleine Meerjungfrau)
DSB
Østerport
Gustafs Kirke
Oslo Plads
Folke
Kastellet
Langelinie
Kastellskirken
Den Frie
Langeliniepavillonen
Botanisk Museum
Skole
Vildandegade
Svanegade
Store Kongensgade
Grønningen
Krokodillegade
Delfingade
Nordre Tolbod
Gefionspringvandet
Nyboder
Suensonsgade
Elsdyrsgade
Skt. Albans Kirke
Smedelinien
Timiansg.
Haregade
Gernersg.
Toldbodens Bådehavn
Krusemyntegade
Skt. Pauls Pl.
Borgergade
Tigergade
Churchillparken
Frihedsmuseet
Esplanaden
Olfert Fischers gade
Sankt Pauls Gade
Fredericiagade
Vanførehjem
Bredgade
Østre Landsret
Designmusem Danmark
Kronprinsessegade
Klerkegade
Jug. Ak.
Amaliegade
Medicinisk-Historisk Museum
Sankt Ansgars Kirke
Sølvgade
Aleksander Newskij Kirke
Kirurg. Akademi
Toldbodgade
Adelgade
Frederikskirke
Christian VIII's Palæ
Frederik VIII's Palæ
Den Kongelige Afstøbningssamling
Frederiksgade
Amalienborg Slot
Dronningens Tværgade
Store Kongensgade
Christian VII's Palæ
Amaliehaven
0
240 m
Borgergade
Landgreven
Klassik
Odd Fellow Palæ
Amalienborg Plads
Nyhavn
© MERIAN-Kartographie
SEHENSWERTES
1 Alexander-Newskij-Kirche
2 Amaliehaven
3 Amalienborg Slot
4 Frederiks Kirke (Marmorkirke)
5 Gefion Springvand
6 Kastellet
7 Langeliniekaj
8 Nyboder
MUSEEN UND GALERIEN
9 Designmuseum Danmark
ESSEN UND TRINKEN
10 Toldboden
EINKAUFEN
11 Klassik
TopTen
5 Die Kleine Meerjungfrau
6 Nyhavn
Momente
5 Mit Königin Margrethes Leibwache unterwegs

4 Frederiks Kirke (Marmorkirke)

J3

Der klassizistische Bau war von Hofarchitekt Nicolai Eigtved Mitte des 18. Jh. als strahlender und prunkvoller Mittelpunkt des Adelviertels Frederiksstaden gedacht. Weil aber die Kassen der kleinen dänischen Monarchie nicht reichten, lag der Bau anderthalb Jahrhunderte halb fertig brach, bis der Geschäftsmann C. F. Tietgen sich erbarmte und die nötigen Mittel beisteuerte. Die volkstümliche Bezeichnung Marmorkirche hat ihren Ursprung in dem aus Norwegen viel zu teuer beschafften Baumaterial. Umkränzt wird die Kirche normalerweise von 14 Statuen, die bekannte dänische Theologen zeigen – unter ihnen Søren Kierkegaard. Durch den Metro-Ausbau ist die Umgebung der Kirche bis 2018 aber nur teilweise begehbar und arg verschandelt. Die Kuppel mit einer Höhe von 60 m bietet von einer Plattform aus eine herrliche Aussicht auf die Innenstadt, den Hafen und bei gutem Wetter über den Öresund bis nach Schweden.

Frederiksgade 4 | Metro: Kongens Nytorv | www.marmorkirken.dk | Mo–Do, Sa 10–17, Fr, So 12–17 Uhr

5 Gefion Springvand

J2/3

Der größte Springbrunnen (»springvand«) Kopenhagens fällt beim Flanieren zwischen Schloss Amalienborg und der Kleinen Meerjungfrau unweigerlich ins Auge. Die zwischen 1897 und 1908 errichtete, terrassenförmige Anlage soll darstellen, wie die Göttin Gefion die Insel Seeland (auf der Kopenhagen liegt) mit List und Tücke aus Schweden »herausreißt«: Laut der nor-

Wer eine gewaltige Statue als Kopenhagens Wahrzeichen erwartet, wird enttäuscht. Die Kleine Meerjungfrau (▶ MERIAN TopTen, S. 79) ist gerade mal 1,25 m groß.

dischen Mythologie bot ihr der schwedische König Gylfe so viel Land an, wie sie an einem Tag umpflügen könne. Gefion verwandelte flugs ihre vier Söhne in Ochsen und ließ sie ein gewaltiges Loch mitten in Schweden pflügen, das man heute als den Mälar-See kennt. Die gewonnene Landmasse platzierte sie zwischen Südschweden und der Insel Fünen.

Churchillparken | Metro: Kongens Nytorv, S-Bahn: Østerport

6 Kastellet  J2

Die gut erhaltene Festung, komplett umgeben von Wall und Wallgraben ist mindestens einen Spaziergang wert. Der niederländische Festungsbauer Henrik Rüse entwarf die streng geometrische Anlage, die bis heute von Gebäuden aus der Entstehungszeit 1662–1664 geprägt wird. Das Militär blieb auch, als das Kastell seinen eigentlichen militärischen Zweck längst nicht mehr erfüllen konnte.

Zwei Deutsche mit ganz unterschiedlichen Positionen in dänischen Geschichtsbüchern wurden hier gefangen gehalten: Vor seiner Hinrichtung 1772 saß Johann Friedrich Struensee, der aus Hamburg gekommene Arzt, Reformator und Liebhaber von Königin Caroline Mathilde, im Kastellet hinter Gittern. 1945, nach dem Ende des Zweiten Weltkriegs, war Werner Best, Hitlers Reichsbevollmächtigter im besetzten Dänemark, hier Gefangener. Auch er wurde zum Tode verurteilt, aber begnadigt und 1951 in die Bundesrepublik entlassen. Derzeit hat sich der militärische Geheimdienst Dänemarks in der alten Anlage häuslich eingerichtet. Daran denkt man beim Rundgang hier und auf dem Wall eher weniger: Die Stimmung ist so beruhigend. Nehmen Sie sich Zeit für einen ausgedehnten Spaziergang und eine Ruhepause auf dem Wall.

Besonders stimmungsvoll und ruhig ist es im Kastell und auf dem umliegenden Wall am Abend.

Gammel Hovedvagt | Metro: Kongens Nytorv, S-Bahn: Østerport | www.kastellet.info | tgl. 6–22 Uhr

7 Langeliniekaj  K2

Berühmt geworden ist Kopenhagens Hafenpromenade Langelinie als Heimstatt der Kleinen Meerjungfrau. Es lohnt sich auch, beim Gang aus der Stadt noch ein ganzes Stück weiterzugehen, bis es am Wasser ganz einfach nicht mehr weitergeht. An dem im 19. Jh. künstlich angelegten Langeliniekaj machen auch die Kreuzfahrtschiffe fest. Die Kopenhagener nutzen dieses Areal vor allem am Wochenende gern als Flaniermeile; mitunter herrscht dort regelrecht Volksfeststimmung. Der frühere Freihafen verwandelt sich in diesen Jahren zusehends in ein leicht mondän anmutendes Wohn- und Freizeitgebiet für Promis und gut betuchte Bürger. Prinzessin Mary beispielsweise wohnte am Langeliniekaj, als sie noch die australische PR-Managerin Mary Donaldson war. Das Angebot an Outlets, Cafés und Kneipen ist vor allem wegen der vielen Kreuzfahrttouristen rasant gestiegen.

Langelinie Allé | S-Bahn: Østerport

5 Lille Havfrue – Die Kleine Meerjungfrau K2

Die Standardbemerkung von zig Millionen bisherigen Besuchern der Klei-

nen Meerjungfrau lautet: »Wie klein die ist!« Ganze 1,25 m misst die Bronzefigur nach dem Märchen von Hans Christian Andersen und wiegt 175 kg. Seit dem 23. August 1913 thront sie auf einem Steinblock an der Langelinie knapp über dem Wasser.
Der Bildhauer Edvard Eriksen (1876–1959) modellierte die Figur, inspiriert von der damals berühmten Ballerina Ellen Price. Die wollte aber unter keinen Umständen nackt Modell sitzen. Eriksens Ehefrau Eline übernahm die delikate Aufgabe. Gut, dass sie nicht wissen konnte, wie oft »Witzbolde« der Statue später den Kopf oder einen Arm absägen oder sie einfach ins Wasser stoßen würden. 1964 verschwand der Kopf auf Nimmerwiedersehen, 1984 der rechte Arm und 1998 erneut das Haupt. 2003 stießen Frevler die Märchenfigur von ihrem Platz auf dem Felsen ins Wasser.
Sauer waren viele Kopenhagener, als das Wahrzeichen ihrer Stadt 2010 für ein komplettes Sommerhalbjahr zur Weltausstellung nach Shanghai verschwand. Dafür kommen jetzt immer mehr chinesische Touristen zum Langeliniekaj.
Langelinie | S-Bahn: Østerport

8 Nyboder  H/J 3

Noch immer muss man irgendwie mit der königlich-dänischen Marine verbandelt sein, um in einer der ältesten Reihenhaussiedlungen der Welt wohnen zu können. Nyboder heißt etwas frei übersetzt »Neue Buden«. Christian IV. wollte mit dem Bau ab 1631 nicht nur als fürsorglicher royaler Patriarch dastehen. Sondern auch sicherstellen, dass seine Seeoffiziere im Kriegsfall dank ihrer Wohnstätte in Hafennähe ruckzuck zur Stelle sein würden. Der König kann sein Werk vom eigenen Denkmal (einem von etlichen mit Christian IV. in Kopenhagen) am Rand der schmucklos-bizarren Siedlung (Ecke Øster Voldgade/Kronprinsessegade) betrachten.
Skt. Pauls Gade 24 | Metro: Kongens Nytorv, S-Bahn: Østerport | www.nybodersmindestuer.dk | Museum »Nyboder Mindestuer« So 11–14 Uhr | Eintritt 20 DKK, Führungen durch die Siedlung nach Vereinbarung

6 Nyhavn J 4

Kein Geringerer als Hans Christian Andersen lebte als Untermieter von 1848 bis 1865 im Haus Nr. 67 des Nyhavn und schrieb hier auch etliche seiner Märchen. Das hört man auch bei den Hafenrundfahrten. König Christian V. hatte den Stichkanal 1671 von Soldaten ausgraben lassen. Die Häuserzeile zwischen Kongens Nytorv und dem Haupthafen war wegen der verruchten Seemannskneipen von Beginn an keine feine Adresse. Das äußere Ambiente hat sich, jetzt ohne Seemänner, Hafenarbeiter oder leichte Mädchen, fast unverändert erhalten und Nyhavn zu einer der ganz großen Besucherattraktionen Kopenhagens werden lassen. Kneipe an Kneipe, Restaurant an Restaurant, Café an Café in den oft über 300 Jahre alten Häusern. Bei Sonne unwiderstehlich, aber auch voller Touristen. Wenn Sie dem Gedränge und den teils saftigen Preisen hier entgehen wollen, bringen Sie ein gekühltes Getränk mit, setzen sich damit auf die Kaimauer und genießen das rege Treiben und die Atmosphäre.

Nyhavn 1–71 | Metro: Kongens Nytorv | www.nyhavn.com

MUSEEN UND GALERIEN

9 Designmuseum Danmark ► S. 137

ESSEN UND TRINKEN

RESTAURANTS

10 Toldboden K2

Herrliche Aussicht – Die Lage in einem alten Zollgebäude mitten im Hafen und direkt am Wasser könnte besser nicht sein. Das große, voll verglaste Restaurant bietet zwischen April und September einen »Hafengrill«. Der Hit im Sommerhalbjahr ist der »Weekendbrunch« mit DJ-Musik, der bei Sonnenschein für ein volles Haus sorgt. Ein Besuch lohnt sich natürlich auch den Rest des Jahres – schon wegen der schönen Aussicht und der ganz und gar unkomplizierten Speisekarte mit Fleisch und viel frischem Fisch.

Nordre Toldbod 18–24 | S-Bahn: Østerport | Tel. 33 93 07 60 | www.toldboden.com | tgl. 11–24 Uhr | €€–€€€

EINKAUFEN

DESIGN

11 Klassik J4

Ein paar Schritte vom Kongens Nytorv finden Sie die reinste Schatzkammer aus der goldenen Zeit des dänischen Möbeldesigns der 1950er- und 1960er-Jahre. »Klassik« als Gebrauchtmöbelgeschäft einzuordnen wäre fast Majestätsbeleidigung. Hier bekommt man Sammlerobjekte und Kultur-Artefakte von hohem Niveau.

Bredgade 3 | Metro: Kongens Nytorv | www.klassik.dk | Mo–Fr 11–18, Sa 10–16 Uhr

Geschäfte, Cafés und Kneipen aufgereiht wie an einer Perlenschnur: Kein Wunder, dass der quirlige Nyhavn (► MERIAN TopTen, S. 80) Touristen in Scharen anzieht.

VESTERBRO

Vesterbro ist der trendigste unter den Stadtteilen rund um das Zentrum. Jede Menge Restaurants und Cafés erfüllen das Szeneviertel, in dem früher der Schlachterei-Großmarkt untergebracht war, mit urbanem Leben.

Schummrige Gassen mit Absteigen hinter dem Bahnhof? Nein, danke. Auch in Kopenhagen galt das lange so, ist aber Vergangenheit. Vesterbro zwischen Hauptbahnhof und dem Park Frederiksberg Have hat sich vom heruntergekommenen Ex-Arbeiterviertel mit Porno, Straßenstrich und Drogendealern zum gefragten Tummelplatz für die »Kreativen« und besonders auch junge Leute mit Kindern gewandelt. Den Halmtorvet (Strohmarkt) 200 m hinter Kopenhagens Bahnhof bevölkern nun statt Straßenprostituierter und ihrer Kunden die Besucher schicker Cafés und deren in aller Regel schwer beschäftigtes Personal: Vesterbro ist angesagt. Nirgendwo in Kopenhagen hat die Gentrifizierung, die Verdrängung alter, verschlissener Wohn- und Lebensverhältnisse durch neue und lebendigere, im Gefolge dann auch teurere, so durchgeschlagen wie hier. Es gibt in Vesterbro auch ein Symbol dafür: Wo früher auf dem Schlachterei-

◀ Einst Straßenstrich, jetzt eine grüne Oase: der Sønder Boulevard in Vesterbro.

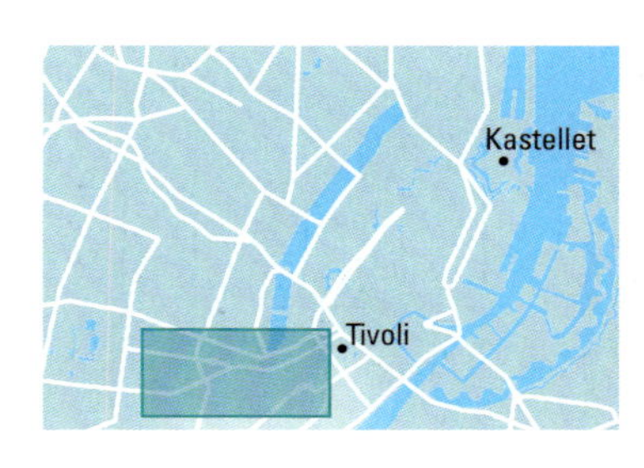

Großmarkt Kødbyen dänische Schweinehälften zerteilt und an Einzelhändler verteilt wurden, tanzen heute die 20-Jährigen und auch Ältere bis in den nächsten Morgen.
Wo sich früher arme, kinderreiche Familien in schlecht gebauten, engen Wohnungen drängten, leben heute nach trostlosen Übergangsjahrzehnten wieder Familien mit Kindern. Jetzt in der Regel mit guten Jobs und gutem Einkommen in durchsanierten, durch Zusammenlegung größer gewordenen Wohnungen mit attraktivem Umfeld.
Dabei hat Vesterbro erst mal wenig an den üblichen Attraktionen für eine Besichtigungstour zu bieten. Wie die Industrialisierung den Stadtteil und vor allem das angrenzende Valby geprägt hat, lässt sich im Carlsberg-Brauereimuseum studieren.

TANZHALLEN STATT BRAUEREI

Auch der Bierkonzern ist mit seiner Produktion aufs Land gezogen und hat Platz gemacht für modernes, urbanes Wohnen und Leben hier. In Carlsberg Byen auf dem früheren Brauereigelände werden teils neue Wohnungen gebaut, teils haben sich hier in den alten Hallen bereits Künstler in Galerien und den Dansehallerne (Tanzzentrum) breitgemacht.
An Vesterbro finden die meist jungen neuen Bewohner auch attraktiv, dass die neuen Strukturen die alten noch nicht ganz verdrängt haben. Auch nicht in Bahnhofsnähe mit allerlei schicken neuen Einrichtungen wie dem modernen Wellnesskomplex DGI-Byen. In diesem Teil Vesterbros finden Sie nach wie vor die größte Ansammlung billiger asiatischer Restaurants in Kopenhagen.
An der Istedgade, früher eine berüchtigte Vergnügungs- und Rotlichtmeile, reihen sich inzwischen interessante Läden, originelle Cafés und exotische Restaurants mit multikulturellem Charakter aneinander. Links und rechts der Straße sind seit den 1990er-Jahren dank durchgreifender Stadtteilerneuerung attraktive Wohngebiete entstanden. Aber nach wie vor bietet auf der Istedgade das Mændenes Hjem (Männerheim) Obdachlosen einen Platz zum Übernachten.

SEHENSWERTES
1 Carlsberg Byen
2 DGI-Byen mit Øksnehallen
3 Istedgade
4 Kødbyen
5 Skydebanehaven

MUSEEN UND GALERIEN
6 Tycho Brahe Planetarium

ESSEN UND TRINKEN
7 Kødbyens Fiskebar
8 Kul
9 Madklubben Vesterbro
10 WestMarket
11 Bang & Jensen
12 Central Hotel og Café Tullinsgade
13 Den navnløse
14 Lidkoeb

EINKAUFEN
15 Thiemers Magasin Boghandel
16 Designer Zoo
17 Lauras Bakery
18 Donn Ya Doll

KULTUR UND UNTERHALTUNG
19 Vega

SEHENSWERTES

1 Carlsberg Byen

Dänemarks berühmtestes Bier wird hier an der Grenze zum Stadtteil Valby seit 2008 nicht mehr gebraut. Anstelle abgerissener Fabrikteile entsteht der neue Stadtteil Carlsberg Byen (Carlsberg Stadt). Vom Glanz vergangener Bier-Epochen zeugen aber weiter die beeindruckende Industriearchitektur der Anlage und das Carlsberg Visitor Centre mit Informationen zur Brauereigeschichte. Es bietet einen interessanten, leicht romantisierenden Blick auf das Fabrikleben des 19. Jh. Ausgediente Carlsberg-Hallen beherbergen auch das neue Tanzzentrum Dansehallerne. Prominentester Bewohner auf dem historischen Brauereigelände ist Krimi-Autor Jussi Adler-Olsen.

– Gamle Carlsberg Vej 11 (Visit Carlsberg) | S-Bahn: Enghave | www.visitcarlsberg.dk | tgl. 10–17 Uhr | Eintritt 100 DKK (inkl. 1 Bier/Softdrink und Kutschenfahrt), Kinder 70 DKK
– Pasteursvej 20 (Dansehallerne) | S-Bahn: Enghave | www.dansehallerne.dk
C 6

2 DGI-Byen mit Øksnehallen F 6

Schwimmrunden in einem ovalen Bassin drehen und gegenüber Kopenhagens Hauptbahnhof ein entspannendes Bad nehmen: DGI-Byen mit dem Badeland Vandkulturhuset ist ein modernes großes Wellnesscenter mit angeschlossenem Hotel und Restaurant sowie einer Kletterwand am Eingang. Nebenan gehört auch eine sorgsam restaurierte frühere Schlachterhalle

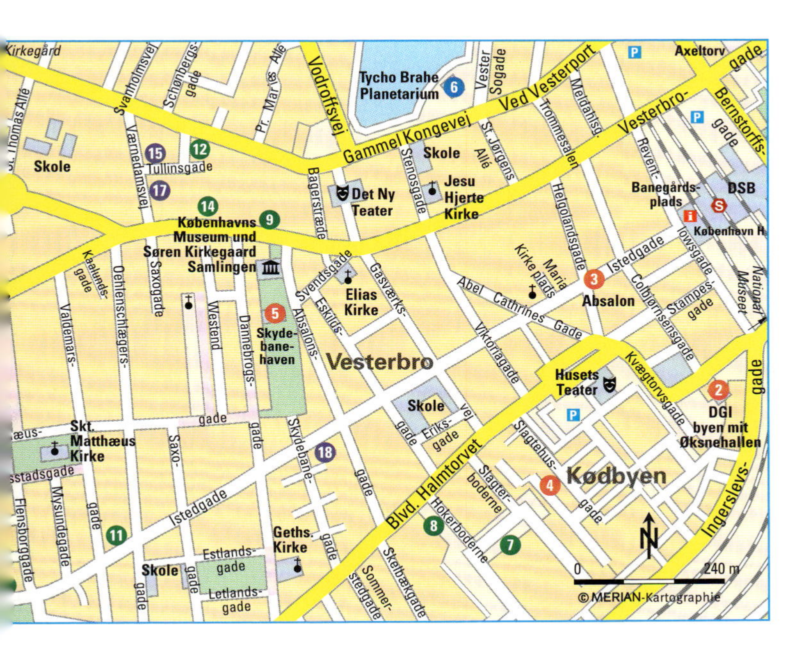

(»Øksnehallen«) für Ausstellungen, Modeschauen und Ähnliches dazu.
Tietgensgade 65 | S-Bahn: Hauptbahnhof | www.dgi-byen.dk | 6–19.30, Sa 8–19, So 8–18 Uhr | Eintritt 45 DKK bis 9 Uhr, danach 65 DKK, Kinder 30/45 DKK

3 Istedgade F5–E6

1969 lief in der Istedgade als Weltpremiere erstmals legal harter Livesex auf Bühnen. Heute wird die Straße ihrem Ruf als Porno- und Prostitutionsmeile höchstens noch zwischen dem Hauptbahnhof und dem Gasværksvej gerecht. Von da ab bis zum Enghavevej schaffen die Betreiber kleiner ethnischer Läden aller Art zusammen mit trendigen Straßencafés und Restaurants sehr lebendige Straßenatmosphäre. Vielleicht kann die Straße so auch wieder an stolze geschichtliche Traditionen anknüpfen. Im Zweiten Weltkrieg war die Widerstandsbewegung gegen die deutschen Besatzer hier besonders stark. »Die Istedgade ergibt sich nie«, eine Kampfparole aus dieser Zeit, die viele Dänen kennen.
S-Bahn: Hauptbahnhof

4 Kødbyen F6

Kopenhagens alter Fleisch-Großmarkt, die »Fleischstadt«, ist nur noch zur Hälfte in Funktion. Die andere Hälfte hat sich zum trendigen Sammelplatz für tanzende Nachtschwärmer, Modedesigner, Galeristen, Fitnessfreaks und Gastronomen gewandelt. Noch unfertig und etwas chaotisch mit einer manchmal wilden Mischung aus Alt und Neu. Kopenhagen hat keine zweite

Adresse mit so vielen neuen Gourmetrestaurants, Clubs, Bars und Cafés auf engem Raum zu bieten. Einige richtig gut besuchte Adressen wie das Restaurant Paté, Paté, nach der früheren Leberwurstfabrik hier benannt, haben auch schon spürbar an der Preisschraube gedreht.

Das Gelände besteht nach der jeweils dominierenden Farbe der Gebäude aus »den brune kødby« (braune Fleischstadt) vom Ende des 19. Jh. und »den hvide kødby« (weiße Fleischstadt) aus den 1930er-Jahren. Die meisten Galerien, Restaurants, Bars etc. finden sich in der weißen Zone, oft in direkter Nachbarschaft zu noch aktiven Betrieben des alten Großmarktes. Zum Reiz von Kødbyen gehört auch, dass hier tagsüber eher die Geschäftigkeit der Fleischereien dominiert und abends eine ganz andere Geschäftigkeit in den Bars, Restaurants oder Clubs.

Flæsketorvet 2 | S-Bahn: Hauptbahnhof | www.koedbyen.kk.dk

5 Skydebanehaven E 6

An der Istedgade Nr. 74–76 stehen Sie vor einer seltsamen hohen Mauer wie aus einem Ritterfilm. Durch das Portal betreten Sie einen kleinen Park mit großem Spielplatz, benannt nach der einstigen »Königlichen Schießbahn«. Familien mit Kindern freuen sich über Planschbecken, Klettergerüste und Gokarts, Flaneure über Parkbänke. Die 20 m hohe Mauer zur Istedgade wurde 1882 errichtet, damit Kugeln von der damaligen Schießanlage auch ja keinen Passanten treffen konnten.

Absalonsgade 12 | S-Bahn: Hauptbahnhof

Ausgerechnet im teilweise stillgelegten Schlachthofviertel hat sich die exquisite Kødbyens Fiskebar (► S. 87) angesiedelt. Spezialität ist … frischer Fisch!

MUSEEN UND GALERIEN

6 **Tycho Brahe Planetarium** ▶ S. 141

ESSEN UND TRINKEN

RESTAURANTS

7 Kødbyens Fiskebar

 F 6

Ausgesprochen beliebt – Eines der wenigen Kopenhagener Fischrestaurants findet sich ausgerechnet in der Fleischstadt Kødbyen. Dass die »Fischbar« populär ist, kommt nicht von ungefähr. Das Essen ist delikat, die Einrichtung kreativ. Bei Tischbestellung kann man eine bestimmte Aufenthaltsdauer zugeteilt bekommen.

Flæsketorvet 100 | S-Bahn: Hauptbahnhof | Tel. 32 15 56 56 | www.fiskebaren.dk | Di–Do 11.30–24, Fr, Sa 11.30–1 Uhr | €€€

8 Kul

 F 6

Ein Hauch USA – Nach dem Siegeszug der »neunordischen« Küche mit immer neuen Gourmetrestaurants strömen die Kopenhagener jetzt gern auch in anspruchsvolle, aber nicht unbedingt teure Speisetempel mit anderen Länderfahnen vor dem Eingang. Viel Lob von Restaurantkritikern hat Kul mit seiner US-inspirierten Speisekarte eingeheimst. In Kødbyen, dem »In«-Viertel auf dem Gelände des früheren Schlachterei-Großhandels, bietet das Restaurant vor allem Gegrilltes, an Wochenenden bis zwei Uhr morgens. Eine gute Adresse für alle, die den gleitenden Übergang von gutem Essen zu lockerer Partystimmung bevorzugen.

Høkerboderne 16B–20 | S-Bahn: Hauptbahnhof | Tel. 33 21 00 33 | www.restaurantkul.dk | Mo–Mi 12–15 und 18–23, Do–Sa 12–15 und 18–1, So 12–15 und 18–23 Uhr | €€€

9 Madklubben Vesterbro

 E 5

Trendig eingerichtet – Modern und einfach, lebendig und mit recht niedrigen Preisen hat sich Madklubben zu einer der populärsten Feinschmeckeradressen in Vesterbro entwickelt. Die Karte bietet einen Mix aus neu aufbereiteten Klassikern von Steaks über Pasta bis zu Burgern (der gehobenen Klasse) und Bratkartoffeln als Beigabe. Hier geht alles, auch in der offen einsehbaren Küche, ziemlich schnell.

Vesterbrogade 62 | S-Bahn: Vesterport oder Hauptbahnhof | Tel. 38 41 41 43 | www.madklubben.dk | So–Do 17.30–24, Fr, Sa 17–24 Uhr | €€

10 WestMarket

 D 6

Kopenhagens zweiter Sammelplatz für Gaumenfreuden ist weniger anspruchsvoll und weniger kostspielig als die populären Torvehallerne (▶ S. 71) mit all ihren Bio-Raffinessen. Mitten im Altstadtteil Vesterbro befinden sich in einer nüchtern und zweckmäßig umgebauten Einkaufsmall mehr als 60 Minirestaurants, Konditoreien, Take-Away- und andere Verkaufsstände für Ess- sowie Trinkbares unter einem Dach. Vom traditionellen dänischen Smørrebrød über die raffinierte neue Nordic Cuisine gibt es hier alle möglichen ethnischen Küchen und das meiste in für Kopenhagen moderater Preislage. Die Auswahl ist riesengroß und die Stimmung »jünger« als beim Konkurrenten Torvehallerne im Stadtzentrum, dem Eldorado für Kopenhagener mit den besser gefüllten Lohntüten.

Vesterbrogade 97 | Bus 6A: Enghavevej | www.westmarket.dk | tgl. 8–22 Uhr (Sa, So teils begrenzte Auswahl)

CAFÉS

11 Bang & Jensen E6

Das Café, das an eine Wohnstube erinnert, hat sich in der alten Stadtteilapotheke eingerichtet. Ein Teil der ehemaligen Einrichtung ist erhalten geblieben. Hier kann man günstig Kaffee trinken oder eine einfache Mahlzeit zu sich nehmen. Im Sommer ein idealer Platz, um das Treiben auf der Istedgade zu verfolgen.

Istedgade 130 | S-Bahn: Enghave | Tel. 33 25 53 18 | www.bangogjensen.dk | Mo–Fr 7.30–2, Sa 10–2, So 10–24 Uhr

12 Central Hotel og Café Tullinsgade E5

Ein romantisches Einzimmerhotel im ersten Stock (▶ S. 24) und im Erdgeschoss, so die Eigenwerbung, »das kleinste Café der Welt«. Das zauberhafte kleine Gebäude in der Tullinsgade mutet ein wenig wie das Hexenhaus aus »Hänsel und Gretel« an. Wer hier nicht übernachtet: Man kann hier auch nur einen Kaffee trinken. Der ist gut!

Tullinsgade 1 | S-Bahn: Hauptbahnhof | Tel. 26 15 01 86 | www.centralhotelogcafe.dk | Mo–Fr 8–18, Sa 10–17 Uhr

13 Den navnløse E6

Der Enghave Plads am Ende der Istedgade hat sich zu einem lebendigen Sammelpunkt gemausert, ist aber leider bis 2018 durch den Metro-Ausbau ziemlich zugebaut. Hier findet man einen der jüngsten Café-Darlings von Vesterbro. Ungezwungen eingerichtet mit allerlei Trödel, genau das Richtige für entspanntes Plaudern.

Enghave Plads 6 | S-Bahn: Enghave | Tel. 32 12 20 25 | Mo–Mi 9–23, Do, Fr 9–1, Sa 10–1, So 10–18 Uhr

BARS

14 Lidkoeb E5

Auf drei Stockwerken bietet die Cocktailbar für jeden Geschmack etwas. Unten entspannter dänischer Retro-Schick, in der Mitte eine intime Bar mit Balkon für Raucher und oben ein Refugium für Whisky-Freunde.

Vesterbrogade 72B | Bus: 6A Frederiksberg Allé | Tel. 33 11 20 10 | Mo–Sa 16–2, So 18–2 Uhr

EINKAUFEN

BÜCHER

15 Thiemers Magasin Boghandel E5

Der kleine Laden in einer der schönsten Ecken Vesterbros nennt sich »Delikatessen-Buchhandel«. Hier gibt es viele schöne lesbare »Delikatessen« (in Englisch) zu beschnuppern.

Tullinsgade 24 | S-Bahn: Vesterport und Hauptbahnhof | www.thiemers.dk | Sa 10–16, So 13–16.30 Uhr

DESIGN

16 Designer Zoo D6

Ein großes Geschäft mit handgefertigten, edlen Designerprodukten. Der schöne Schmuck zeichnet sich durch Originalität aus. Für Haus oder Wohnung finden sich Vasen, Schalen, Teppiche und Kissen. Miteinander vernetzte Designer betreiben den selbstironisch benannten Laden und arbeiten hier teilweise auch in ihren Werkstätten. Der Designer Zoo zeigt wechselnde Ausstellungen und arbeitet mit mehreren dänischen Designerschulen zusammen

Vesterbrogade 137 | S-Bahn: Hauptbahnhof | www.dzoo.dk | Mo–Do 10–17.30, Fr 10–18, Sa 10–15 Uhr

FEINKOST

17 Lauras Bakery E5

Die feine kleine Bäckerei mit angeschlossenem Café bietet klassische dänische Leckereien nach bewährten Oma- und vielleicht auch Opa-Rezepten. »Kanelsnegle«, die legendären Zimtschnecken, können Kinder hier auch selbst designen. Design ist »in« bei den Dänen, auch wenn es um Feinkost geht.

Værnedamsvej 4 | Bus 6A: Værnedamsvej | www.lauras Bakery.com | Mo–Fr 7.30–18, Sa 7.30–16 Uhr

MODE

18 Donn Ya Doll E6

Hier findet der Besucher viel dänisches und anderes skandinavisches Modedesign. Oft mit minimalistischem oder auch innovativem Zuschnitt. Schicke Accessoires wie Taschen, Sonnenbrillen und Modeschmuck.

Istedgade 55 | S-Bahn: Hauptbahnhof | www.donnyadoll.dk | Mo–Fr 11–18, Sa 10–16 Uhr

KULTUR UND UNTERHALTUNG

19 Vega D6

Kopenhagens beste Adresse für kleine und mittlere Rock-, Pop-, Hip-Hop-, Elektronik- und Indie-Konzerte. Das ehemalige Gewerkschaftshaus (»folkets hus«) im Retro-Stil der 1950er-Jahre verfügt über zwei Säle mit 1500 bzw. 500 Plätzen. Nach Mitternacht mutiert der kleine Saal Lille Vega zum Nachtclub. Im Erdgeschoss lädt vor Beginn der Konzerte (ca. 250 pro Jahr) die intime Ideal Bar zum Besuch ein.

Enghavevej 40 | S-Bahn: Enghave | www.vega.dk

Der Designer Zoo (▶ S. 88) – eine Plattform von sieben renommierten dänischen Designern für eigene Kreationen und für den heimischen Designer-Nachwuchs.

NØRREBRO

Nørrebro lässt niemanden kalt. Vor allem junge Leute zieht der kantige Multikulti-Stadtteil wegen der aufblühenden Café- und Ladenkultur an. Selbst Dänemarks berühmtester Friedhof lädt zu Erholung und fröhlichen Aktivitäten ein.

»Gefährlich« – dieses Adjektiv wird häufig mit Nørrebro in Verbindung gebracht. Dabei bietet der Multikulti-Stadtteil so viele verblüffende Gegensätze und ein pulsierendes Alltagsleben mit Ecken und Kanten wie kein anderes Viertel in Dänemarks alles in allem wohlgeordneter Hauptstadt. Aber Nørrebro ist in den Augen vieler Kopenhagener nun mal der gefährliche Stadtteil schlechthin. Da kann es schon vorkommen, dass der eine oder andere Kneipenbesitzer diesen schlechten Ruf mit einem Schuss Selbstironie kommerziell nutzt und seiner Bar einen gefährlich klingenden Namen gibt, auch wenn an Besuchen hier nun wirklich nichts gefährlich ist. Nørrebro hat sich vom armen Arbeiterquartier zum bunten Innenstadtviertel mit dem höchsten Migrantenanteil gewandelt. Zunehmend ziehen auch wieder einkommensstärkere junge Familien hierher. Angelockt vom zentrumsnahen Teil Nørrebros, der kräftig aufblüht.

◀ Kitsch, Trödel und Vintage-Chic bieten die Antikläden in der Ravnsborggade (▶ S. 96).

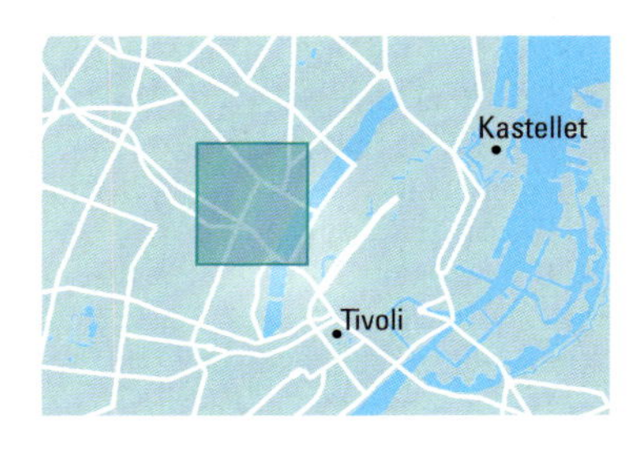

Man sagt dem Stadtteil nach, dass er die coolsten Straßenzüge Kopenhagens habe. Immer mehr Straßen, Plätze und Ecken dieses Viertels wie die Elmegade, die Jægersborggade und der Skt. Hans Torv gelten als höchst attraktiv mit ihrer quicklebendigen Mischung aus kleinen Ethno-Läden verschiedener Zuwanderergruppen, originellen Cafés, Bars, Vintage-Läden und auch schicken Restaurants.

PARISER FLAIR …

Als mein Freund Finn Jørgensen vor drei Jahrzehnten seine Wohnung 100 Meter vom Skt. Hans Torv bezog, war der Platz verkommen. Ein Schauplatz für etliche Pflasterstein- und Wasserwerfereinsätze beim Streit um besetzte Häuser oder Dänemarks EU-Mitgliedschaft. Finn seufzte oft, seine Frau Mette hatte die häufige Randale vor der Haustür satt und wollte wegziehen. Das ist Vergangenheit, heute wirft hier niemand mehr Steine. Auf dem schick gewordenen Platz herrscht die reinste Pariser Straßencafé-Stimmung.
Aber Nørrebro ist widersprüchlich geblieben, wie Finn bestätigt: »Klar, auf der anderen Seite der Nørrebrogade beginnt eine ganz andere Welt, die wir selten betreten.« Rund um die S-Bahnstation im »äußeren« Nørrebro bestimmt der große Anteil an Migranten das Bild: begleitet von sozialen Problemen, unqualifizierten Schulabschlüssen und hoher Arbeitslosigkeit. Und heimische Rockerbanden konkurrieren mit Jugendgangs aus Migrantenfamilien um kriminelle Einnahmequellen.

… UND EIN CHARMANTER FRIEDHOF

Gleich um die Ecke überrascht Nørrebro dann wieder als Heimstatt des charmantesten Friedhofs, den ich kenne. Der parkartige Assistens Kirkegård ist zu Recht eine der großen Besucherattraktionen Kopenhagens. Persönlichkeiten von europäischen Rang sind hier beigesetzt. Sie können sich hier auf einen Ort voll entspannten Friedens freuen. Schön ist auch ein Spaziergang längs der »søerne« (Seen), wie die alten Kopenhagener Feuerwehrteiche vollmundig genannt werden. Nehmen Sie die »Sonnenseite« ohne Autoverkehr (»peblinge dossering«).

SEHENSWERTES

1 Assistens Kirkegård D/E 2/3

Hier liegen der Märchendichter Hans Christian Andersen (1805–1875) und der Theologe Søren Kierkegaard (1813–1855) begraben. Der Ort ist mehr als ein Friedhof und ziemlich einzigartig. Schon im 19. Jh. konnten die Kopenhagener den »kirkegaard« (Friedhof) unbefangen als grünes Ausflugsziel für Picknick, Ballspiele und den Familienspaziergang nutzen. Das ist für Nørrebros berühmteste und beliebteste Touristenattraktion unverändert so geblieben. Hier sonnen sich Kopenhagener im Sommer im Parkteil des Geländes auch in Bikini oder Badehose. Die Krimilektüre und das Studienpensum kann man schon mal mit einem uralten Grabstein als Rückenlehne angehen.

Angelegt wurde der Friedhof 1760 außerhalb der Stadtmauer, weil drinnen kein Platz mehr für die Toten war, vor allem nicht für die Armen. Das Areal hat sich nach und nach ausgeweitet, während im Zentrum ein Friedhof nach dem anderen Bauzwecken zum Opfer fiel. Der Assistens Kirkegård, dessen Namen seine ursprüngliche »Aushilfsfunktion« ausdrückt, wurde

auch für gutbürgerliche Kreise immer populärer und schließlich zu Kopenhagens wichtigstem Friedhof.

Viele dänische Berühmtheiten haben hier ihre letzte Ruhe gefunden: Der aus Deutschland gekommene Komponist Friedrich Kuhlau (1786–1832); der Atomphysiker und Nobelpreisträger Niels Bohr (1885–1962); der 1954 in der DDR gestorbene Schriftsteller Martin Andersen Nexø, die aus den USA nach Dänemark ausgewanderten Jazzmusi-

Freizeitoase: Friedhof Assistens Kirkegård

Den berühmtesten Friedhof der Stadt können Sie genau wie die Kopenhagener auch für Freizeit und Entspannung nutzen. Hier sonnt man sich auf den Grünflächen zwischen den Gräbern, auch in der dafür am besten geeigneten Kleidung (▸ S. 14).

ker Ben Webster (1909–1973) und Kenny Drew (1928–1993) sowie der Krimischriftsteller Dan Turèll (1948–1993). Viel besucht und immer bunt und liebevoll geschmückt ist das Grab der populären dänischen Rapperin Natasja Saad. Sie starb 2007 bei einem Autounfall auf Jamaica mit nur 25 Jahren.

Das weit verzweigte grüne Gelände besteht aus einem aktiven Friedhofs-, einem Park- und einem Museumsteil. Es gibt Theateraufführungen, Jazzkonzerte und auch ein Informationszentrum zur Geschichte des Assistens Kirkegård.

Nørrebrogade | Metro und S-Bahn: Nørreport | www.assistens.dk | April–Sept. 7–22, Okt.–März 7–19 Uhr

2 Blågårds Plads/Blågårds Gade

E/F 3

Die Blågårds Gade, eine Seitenstraße der Nørrebrogade, und der Blågårds Plads sind Symbole für immer mehr

Kopenhagens Fahrradkultur als Zuschauer genießen

Die Dronning-Louise-Brücke zwischen dem Stadtzentrum und Nørrebro ist ein Eldorado für Sonnenhungrige und zugleich extrem stark befahren von den lässigen Kopenhagener Radlern. Ruhen Sie hier aus und genießen zugleich als Zuschauer das Fahrradparadies Kopenhagen (▶ S. 14).

Multikulti im Kopenhagener Stadtleben. Die einen sehen es positiv, andere eher negativ und wieder andere als spannendes Gemisch. Das vielfältige, bunte Angebot an Cafés, Läden, Kneipen, Musik und die Freiluftaktivitäten im Sommer gibt es so nirgendwo anders in Kopenhagen.

Zeitweise tat sich hier auch die Polizei enorm schwer im Kampf gegen Jugendgangs. Aus der Jüdischen Gemeinde kamen beispielsweise Klagen, man könne sich durch diese arabisch geprägte Ecke mit Kippa auf dem Kopf nicht gefahrlos bewegen. Ladenbesitzer hingegen müssen sich mit kriminellen Schutzgeldforderungen herumschlagen. Bei allen sozialen Problemen pulsiert hier unbestreitbar buntes Leben und Treiben. »Danmarks hottest ghetto« nennt selbstironisch eine Facebook-Gruppe die eigene Straße und den Platz. Ein Besuch in der für Autos gesperrten Straße und auf dem Platz lohnt sich allemal und ist für Touristen unbedenklich.

Blågårds Gade/Blågårds Plads | Metro: Nørreport

3 Jægersborggade D2

»Lille Berlin«, Klein-Berlin, wird die Jægersborggade mitsamt anliegenden Seitenstraßen von Kopenhagenern begeistert genannt. Damit sind die positiven Veränderungen der Nachwendezeit im Osten gemeint. Wo jahrelang Rocker das Regiment führten, blüht heute ein buntes, heiteres Straßenleben mit Cafés, Bio-Delikatessenläden, alternativ angehauchten Modeshops und Schmuckdesignern. Die früheren »Herrscher« sind weiter da, aber sie führen kein Regiment mehr. Die Jægersborggade erzählt auch die Geschichte vom Sieg des Guten über das Böse. »Tschüss ihr Rocker, hallo ihr interessanten Weine von den Hängen des Vesuv«, formulierte Stadtkennerin Pernille Stensgaard diese Entwicklung in »Københavnerne«. Übrigens: Ein Sahnehäubchen in dieser Straße ist das Gourmetrestaurant Relæ.

Jægersborggade | S-Bahn: Nørrebro | Informationen über Geschäfte, Restaurants, Cafés etc. bei www.visitcopenhagen.com (englisch)

ESSEN UND TRINKEN

RESTAURANTS

4 Café Le Rouge D1

Multikulti – Das große Restaurant-Café in der Nørrebrohalle ist schon deshalb empfehlenswert, weil es die ausgeprägte Multikulti-Stimmung des Stadtteils auf freundliche und interessante Weise reflektiert. Die Hauptspeisen sind gut und günstig, aber nicht unbedingt originell zusammengestellt.

Dienstags von 17.30–20.30 Uhr lädt das Café zu einer Volksküche (»folkekøkken«) mit einem billigen Standard-Hauptgericht für 55 DKK. Wichtiger als

der Spareffekt ist die besonders lebendige Stimmung zu dieser Tageszeit.
Bragesgade 5 | S-Bahn: Nørrebro | Tel. 35 55 55 51 | www.cafelerouges.dk | Mo–Do 8–23.30, Fr 8–23, Sa 9–23, So 9–21 Uhr | €€

5 Kiin Kiin F2

Preisgekrönt – Nørrebros zweites Restaurant mit einem Michelinstern. Es überrascht mit seiner originellen Mischung aus Thai- und europäischen Gourmettraditionen. Hier zelebrieren die Gäste das Essen über 3 bis 4 Std. auf drei Etagen in elegant asiatisch gestaltetem Interieur. Das üppige, vielseitige Menü von Snacks in der Lounge über süßsaures Rindfleisch bis zum Bananenkuchen mit gesalzenem Kokoseis ist obligatorisch und kostet 975 DKK. Zwischen 17.30 und 19.30 Uhr kann man sich für gut die Hälfte durch ein Vier-Gänge-Menü schlemmen. Das Preisniveau ist für ein Kopenhagener Spitzenrestaurant niedrig.
Guldbergsgade 21 | Bus 5A: Elmegade | Tel. 35 35 75 55 | www.kiin.dk | Mo–Sa 17.30–24 Uhr | €€€€

6 Restaurant Relæ D2

Top und erschwinglich – Einer der zwei Michelinsterne für Nørrebro-Restaurants ist 2013 bei dem von Christian Puglisi, dem Ex-Küchenchef des Noma, betriebenen kleinen Restaurant gelandet. Mit dem großen Bruder teilt es sich die innovative, nordeuropäisch orientierte und ehrgeizige Kochphilosophie. Im Preisniveau liegt es um Lichtjahre niedriger. Ein Vier-Gänge-Menü gibt es für knapp 500 DKK.
Jægersborgsgade 41 | S-Bahn: Nørrebro | www.restaurant-relae.dk | Tel. 36 96 66 09 | Di–Sa 17–24, Fr, Sa auch 12–15.30 Uhr | €€€

7 Wascator E1

Etwas versteckt – Das Restaurant, früher ein Waschsalon, liegt an einer unscheinbaren Straße mit kleinen, billigen Wohnungen. Trotz der etwas versteckten Lage gehört es zu den einladendsten und beliebtesten Speisestätten im ganzen Stadtteil. Die hier lebenden Studenten haben die oft brechend volle »spiseri« (Speiserei), wie sie sich nennt, ins Herz geschlossen. Das Menü wechselt wöchentlich, nicht aber das für Kopenhagener Verhältnisse niedrige Preisniveau. Ob für Lammragout, allerlei Pasta-Kompositionen oder den großen Cheeseburger.
Refsnæsgade 22–24 | Bus 5A: Kapelvej, Bus 6A: Frederik Bajers Plads | www.was-cator.dk | Tel. 27 51 52 57 | Mo–Do 12–24, Fr, Sa 12–2 Uhr | €

CAFÉS

8 Taxa D2

An der Ecke Kronborg-/Stefansgade spielten früher die Taxifahrer Karten und tranken schlechten Kaffee. Heute ist davon der Name geblieben, der Kaffee aber viel besser. Das Publikum machen eher die Jungen und »Kreativen« aus. Günstig bekommt man raffinierte Burger, einen selbst komponierten Pariser Toast und unwiderstehliche heiße Schokolade mit Marshmallows. Einladend sind auch Einrichtung, Atmosphäre und die Sitzplätze im Freien.
Hørsholmsgade 30–32 | Bus 12: Borups Plads | Tel. 35 83 22 00 | www.facebook.com/cafetaxa | Mo–Do 8–23, Fr 8–1, Sa 10–1, So 10–22 Uhr

In der Jægersborggade (▶ S. 94), von den Einwohnern auch »Lille Berlin« genannt, fasziniert das Sammelsurium an Läden mit alternativem Touch.

BARS

9 Kind of Blue  F3

Eine moderne Bar mit leichtem Blues-Touch – wie schon der von einem Miles-Davis-Album entlehnte Name sagt. Das Lokal in der Ravnsborggade besitzt auch Retro-Chic, ohne dabei künstlich inszeniert zu wirken. Die Drinks sind von hoher Qualität, was hier auch entsprechend zelebriert wird. Manchmal gibt es Musik, manchmal ist es eher still. Es gibt Kerzenlicht und kuschelige Ecken. Für die Anwohner eine Lieblingsbar, wie man sie gern im Alltag in seiner Nähe hat.

Ravnsborggade 17 | Bus 5A: Ravnsborggade | Tel. 26 35 10 56 | www.kindofblue.dk | Mo–Mi 16–24, Do–Sa 16–2 Uhr

EINKAUFEN

ANTIQUITÄTEN

10 Antikläden in der Ravnsborggade  F3

Die Ravnsborggade ist Kopenhagens beste Adresse für Antiquitäten. Es fällt schwer, einzelne Geschäfte herauszuheben. Sie sollten sich Zeit für einen Gang durch mehrere Läden nehmen. Erfolgsaussichten gibt es bei der Jagd nach seltenen dänischen Antiquitäten,

Retro-Schätzen und skandinavischem Vintage-Design. Die Straße bietet auch ansprechende Modeläden und Cafés.
Ravnsborggade | Bus 5A: Ravnsborggade | www.ravnsborggade.dk

DELIKATESSEN

⑪ ro chokolade D 2

Dieser Laden hat sich auf feinste Schokolade und Konfekt spezialisiert. Er zieht Kundschaft von weit her an, die sich hier mit anspruchsvollen und köstlichen Süßwaren eindeckt. Von farbenfrohen Frucht-Ganachen bis zu raffinierten Champagnerkegeln.
Jægersborggade 25 | S-Bahn: Nørrebro | www.ro-chokolade.dk | Mo 11–17, Di–Fr 11–17.30, Sa 11–16 Uhr

HANDARBEIT

Place de Bleu nördl. E 1

Schönes Design und ein sozial orientiertes Geschäftskonzept zeichnen den Laden am Rand von Nørrebro aus. Frauen mit Migrationshintergrund nähen, stricken und sticken: Kissen, Teppiche, Teewärmer und anderes mehr für zu Hause. Das Design vereint nordischen Minimalismus mit arabischer Handarbeit. Keine Kitsch-Folklore, sondern anspruchsvolle Objekte. Das Konzept hat sich auch in Trendläden anderswo in Dänemark und im Ausland durchgesetzt.
Rentemestervej 80 | Bus 5A: Hulgårds Plads | www.placedebleu.dk | Mo–Fr 10–15 Uhr (Tel. 51 37 00 60, nach tel. Absprache auch später)

MODE

⑫ Acne Archives F 2/3

Das schwedische Label Acne ist in der globalen Modeszene angesagt. Entsprechend hoch sind die Preise. Für die Hälfte des Geldes kann man hier zuschlagen, denn der Laden ist ja »nur« ein Outlet. Das macht aber nichts, wenn der Zuschnitt und das Ambiente so originell sind wie hier.
Elmegade 21 | Bus 5A: Elmegade, Metro und S-Bahn: Nørreport | www.acnestudios.com/stores-copenhagen | Mo–Fr 11–18.30, Sa 10–17 Uhr

⑬ Tricotage D 2

Die Eignerinnen Karin Bjørneboe und Ida Anesdatter Schmidt entwerfen selbst die schlicht-elegante Baumwollkleidung, die hier angeboten wird. Neben originellen T-Shirts, Kleidern und Cardigans findet man hübschen Schmuck, modische Accessoires und eine gute Auswahl exklusiver Cremes. Die dänischen Designerinnen über ihre Ware: »Schöne Basics, leicht zu tragen und aus nachhaltigen Materialien gefertigt«.
Jægersborggade 15 | S-Bahn: Nørrebro | www.tricotage.dk | Mo/Di/Do/Fr 11–17.30, Sa 11–15 Uhr

KULTUR UND UNTERHALTUNG

Batida Kindertheater nördl. E 1

Kopenhagens bestes Kindertheater gibt es bereits seit 1985. Originell und ohne viel (dänische) Worte, dafür mit Witz, Musik und Tanz (für alle Altersgruppen). Kinder in Kamerun, Brasilien, Kuba, Nordkorea, Vietnam, im Iran und Finnland haben bei Tourneen des international renommierten Ensembles schon über die umwerfende Musik-Posse »Ouvertüre« mit neun Batida-Schauspielern gelacht.
Rentemestervej 25A | Bus 5 A: Provstevej | Tel. 38 10 36 09 | www.batida.dk

ØSTERBRO

Østerbro ist der ruhigste, grünste, wasserreichste und auch bevölkerungsreichste Stadtteil direkt am Rand des Kopenhagener Zentrums. Alles ist hier ein wenig nobler als bei den Nachbarn in Vesterbro und Nørrebro.

In Østerbro zeigen nicht dicke, teure Autos den bemerkenswerten Wohlstand an, sondern dicke, teure Fahrräder. Nirgendwo sonst gibt es so viele dreirädrige »Christiania-Cykler«, Stückpreis um die 2000 Euro. In deren vorgebauten Transportkästen kann man die eigenen Kinder ökologisch vorbildlich, gesund und gemütlich zum Kindergarten oder in die Schule radeln. Sollte doch jemandem das nötige Kleingeld fehlen, hilft die Stadtteilverwaltung gerne: »Du kannst gratis ein Lastenrad leihen, wenn du umziehen oder groß einkaufen willst. Oder einfach eine Tour in den Wald mit den Kleinen vorhast.« So nachzulesen auf www.miljopunktosterbro.wordpress.com. Glückliches Østerbro!
Während der viel ärmere Nachbarstadtteil Nørrebro unter der Last aller nur denkbaren Integrationsprobleme ächzt, daraus aber auch Leben und Kraft schöpft, sorgt hier die Bausubstanz für Ruhe und eine ziemlich

◀ Ein schönes, zentral gelegenes Revier für Jogger: der Sortedams-See (▶ S. 100).

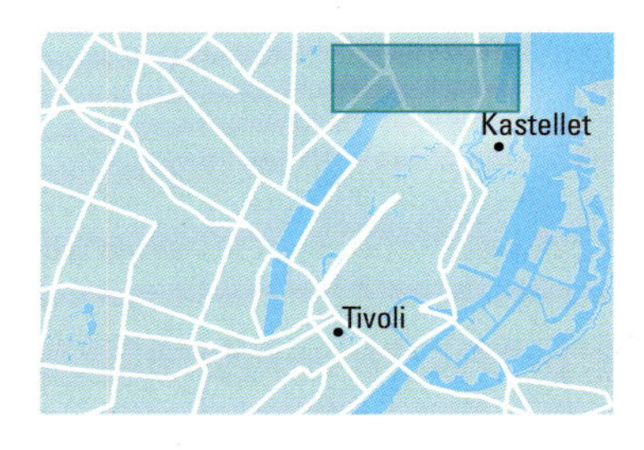

homogene Bevölkerungsstruktur: Das innere Østerbro, angrenzend an Frederiksstaden, den feinsten Teil der Innenstadt mit Schloss Amalienborg, wurde im 19. Jh. für das Bürgertum gebaut. Der äußere Teil entstand als Arbeiterviertel erst ab Ende des 19. Jh. und bietet ebenfalls viel besseren Wohnstandard als die anderen »brokvarterer« (Brückenviertel) Nørrebro und Vesterbro.

Deshalb ist Wohnen in Østerbro auch heute ein bisschen teurer als anderswo. Das ruhig-gepflegte und erfreulich luftige Straßenbild ist geprägt von der gut gesicherten Mittelklasse, darunter auch viele junge Familien. Für alle gilt: Hier ist man lässig, gepflegt und zivilisiert. Auch am **Svanemølle-Stadtstrand** 1, einer neuen Freizeitattraktion mit viel herbeigekarrtem Sand.

Helle Thorning-Schmidt lebte als Dänemarks erste Frau an der Regierungsspitze mit zwei Töchtern und dem britischen Ehemann in »Kartoffelrækkerne« (»Die Kartoffelreihen«), einer ländlich-idyllischen Reihenhaussiedlung in Østerbro. Die 1966 geborene Sozialdemokratin – weltoffen, gewandt, erfolgreich – passt gut in diesen ruhigen Stadtteil.

RUHIGER UND NÄHER AM WASSER

Wer hier eintaucht, wird wenig harte Brüche erleben. Østerbro ist viel luftiger und ruhiger als die »Bro«-Stadtteile Vesterbro und Nørrebro. Der Stadtteil schließt mit dem Botanischen Garten, dem klassischen Park Kongens Have und dem sehenswerten Statens Museum for Kunst nahtlos an den royalen Teil von Kopenhagens Zentrum an. Am Wasser liegt man auch. Im Sommer bietet Fælledparken, der weitläufige Stadtpark, Platz für Freizeitvergnügen und reges Treiben.

Zu Østerbro gehören am Rand des Fælledparken auch das Rigshospitalet, Dänemarks Zentralkrankenhaus, und in der Nachbarschaft das Nationalstadion Parken. Wenn dort die dänische Nationalelf oder der örtliche FC Kopenhagen (FCK) gegen eine übermächtig scheinende Fußballgroßmacht gewinnt oder Bruce Springsteen »Born to Run« singt, breiten sich Lärm und tosendes Leben auch über diesen sonst eher ruhigen Teil Kopenhagens aus.

Beim Bier in der gemütlichen Kellerbar Søernes Ølbar, am Sortedams Sø, habe ich bei einem Fußballspiel der Champions-League gestaunt: Als die Kopenhagener Elf völlig überraschend zum 1 : 1 gegen Juventus Turin ausglich, gab es nur einen kurzen, maßvollen Anstieg des Geräuschpegels vor dem Großbildschirm. Schnell herrschte wieder entspannte Ruhe im Bierkeller. So eine Ansammlung gepflegter, zivilisierter und ausgeglichen wirkender Fußballfans findet man in Kopenhagen nur auf Østerbro.

SEHENSWERTES

1 Bopa Plads — nördl. H 1

Østerbros quirligster Platz mit buntem Café- und Straßenleben. Seinen Namen hat er von der bekanntesten dänischen Widerstandsgruppe gegen die nationalsozialistischen Besatzer aus Deutschland 1940–1945. Die »Borgerlige Partisaner« waren überwiegend Kommunisten. Als die Stadtverwaltung vor ein paar Jahren kommerziell interessantere Neubauten hier durchsetzen wollte, erzwangen Proteste der Anwohner den Rückzug. Der Bopa Plads bleibt, wie er ist.

Bopa Plads/Løgstørgade 8 | S-Bahn: Nordhavn, Bus 1A: Århusgade

2 Brumleby — G 1

1853 ließ der Ärzteverband die Reihenhaussiedlung errichten, um zu zeigen, dass man auch für ärmere Menschen besser bauen kann als in den überbevölkerten und gerade von Cholera heimgesuchten älteren Stadtvierteln. Heute ist die denkmalgeschützte Siedlung als romantische ländliche Idylle in der Großstadt einen Spaziergang wert. Außer, wenn aus dem benachbarten Nationalstadion Parken das Geschrei von Fußballfans oder Rockmusik herüberdröhnt. Am Sonntag (11–15 Uhr) hat ein kleines Museum geöffnet.

Brumleby (Zugang von Østerbrogade oder Østerallé) | Bus 1A: Lille Triangel, S-Bahn: Østerbro | www.brumleby.dk

3 Fælledparken — F/G 1

Die größte grüne Lunge im Kopenhagener Stadtgebiet, ein echter Volkspark,

zieht Familien, Junge wie Alte an. Hier wird gepicknickt, gejoggt, getrommelt, gefeiert und gekickt – auch auf etlichen dafür angelegten Spielfeldern. Der Café-Pavillon ist im Sommer stark frequentiert, für die Kinder gibt es einen Spielplatz. Am 1. Mai ist der Platz mit Zehntausenden Menschen gefüllt, dann wird gefeiert. Die Ansprachen von Gewerkschaftern, Sozialdemokraten und Linkssozialisten zu diesem Tag der Arbeiterbewegung werden nach wie vor gehalten, aber das Interesse daran nimmt immer mehr ab.

Bus 1A: Triangel, S-Bahn: Østerbro

4 Nordhavn

nördl. K/J 1

Kopenhagens Nordhafen wandelt sich von einem heruntergekommenen Industriegebiet zu einem hypermodernen, ökologisch durchgeplanten Wohn- und Dienstleistungs-Stadtteil. Hier lohnt sich eine Tour kreuz und quer mit dem Fahrrad. Architektonisch spektakulär haben die Vereinten Nationen sich mit einer achtzackigen UN-Stadt (FN-Byen) etabliert. Ein Stück weiter draußen erwartet ein aus dem Nichts, sprich Wasser entstandener Riesen-Kai mit Platz für drei Kreuzfahrtschiffe Abertausende Besucher.

Endgültig Leben einhauchen sollen diesem völlig neuen Stadtteil Wohnungen für 40 000 Menschen. Der Ausbau ist in vollem Gang. Zum alten Teil des Nordhafens gehört das schöne Einrichtungshaus Paustian (▶ S. 47).

Nordre Toldbod 7 | S-Bahn: Nordhavn

5 Østerbrogade G/H 1

Die großzügig breit angelegte Hauptverkehrsader des Viertels ist auch Haupteinkaufsstraße. Lang gestreckt zwischen Stadtzentrum und dem Villenviertel Hellerup, bietet die Østerbrogade vor allem gediegene Qualität. Mode, Möbeldesign, Wein- und Fischhändler – hier ist das Angebot ausgerichtet auf das anspruchsvolle Publikum von Østerbro.

Østerbrogade | Bus 1A, 14: Triangel, S-Bahn: Østerport

6 Parken G 1

Dänemarks modernes Nationalstadion, ohne Leichtathletik-Laufbahn, bietet 40 000 Zuschauern Platz und verfügt über ein Schiebedach. Neben Fußballspielen finden hier Open-Air-Konzerte statt. Über die Akustik dabei wird oft geklagt – von zahlenden Zuhörern drinnen, aber auch von den unfreiwillig mithörenden Anwohnern dieses Stadions mitten in der Stadt. Etwa 30 000 Zuschauer sollen dabei gewesen sein, als etwa am heutigen Standort des Stadions am 28. April 1772 der deutsche Arzt und Reformer Johann Friedrich Struensee sowie der ebenfalls zum Tode verurteilte Höfling Graf Enevold von Brandt hingerichtet wurden (▶ S. 167).

Øster Allé 50 | Bus 1A: Trianglen, S-Bahn: Østerbro | www.parken.dk

1 Svanemølle Strand nördl. J/K 1

Østerbros noch junger Stadtstrand ist bei gutem Wetter immer gut besucht. Die Aussicht auf den Öresund sowie die frisch gebaute Wohnhaus-Skyline zur Linken und das leicht betagte Svanemølle-Kraftwerk zur Rechten ist schon sehr urban. 2010 ließ die Stadt den 130 m langen Strand auf 4000 m² anlegen. Kompakt also, und kompakt kann man auch die Menschenfülle hier nennen, wenn die Sommersonne über Østerbro lacht.

Strandpromenaden 30 | S-Bahn: Svanemøllen

MUSEEN UND GALERIEN

7 Enigma ▶ S. 137

ESSEN UND TRINKEN

RESTAURANTS

8 Enigma Kantina G 1

Kontaktfreundlich – Das Herzstück des geschmackvoll modernisierten alten Posthauses ist die Enigma Kantina mit ihren langen Esstischen für Brunch, Mittagessen, Kaffee und Kuchen sowie Warmes am Abend. Claus Meyer, der Urvater der neuen nordischen Küche, hat auch hier wieder seine Hand im Spiel. Ein integrierter Designshop und ab 2018 auch ein neues »Kommunikationsmuseum« schaffen zusätzliche Reize.

Øster Alle 1 | Bus: 1A Trianglen | www.enigma.dk | Mo–Do 11–21, Fr 8–18, Sa, So 10–16 Uhr | €€/€€€

9 Geranium nördl. G 1

Originell und stylish – Meisterkoch Rasmus Kofoed hat das Geranium in die Weltspitzenklasse befördert. Mit drei Michelinsternen ist das berühmte-

re Noma (nur zwei) überholt. Der Starkoch hat sich die von außen wenig charmante Stadionanlage Parken als Lokalität ausgesucht. Das Interieur des Restaurants im 8. Stock wartet mit durchgestyltem Design auf, Gästen bietet es originelle kulinarische Kreationen. Schön ist die Aussicht auf den Fælledparken. Auch das Essen ist eine Augenweide, erfinderisch und auf raffinierte Weise einfach. Beim Preis gehört das Geranium ebenfalls zur Kopenhagener Spitzenliga.
Per Henrik Lings Allé 4, 8 | Bus 1A: Gustav Adolfs Gade | Tel. 69 96 00 20 | www.geranium.dk | Mi–Sa 12–15.30, 18.30–24 Uhr | €€€€

10 Gourmandiet H1

Fleischliche Genüsse – Zu einem der besten ökologischen Schlachter- und Delikatessengeschäfte Kopenhagens gehört dieses kleine Restaurant. Es hat nur an drei Abenden in der Woche geöffnet. Die Küche konzentriert sich auf Fleischgerichte. Man kann sich hier satt und glücklich essen mit vorzüglichen Beefsteaks, Entrecôte, T-Bone-Steaks, saftigen Tournedos und Côte de bœuf, alles in mittlerer Preisklasse. Auch Frokost und sonntags Brunch.
Rosenvængets Allé 7A | Bus 1A: Trianglen | Tel. 39 27 10 00 | www.gourmandiet.dk | Do–Sa 17.30–24 Uhr | €€€

11 Under Uret G3

Exponierte Lage – Ein guter Tipp für die Mittagspause: Under Uret (»Unter der Uhr«), in bester Lage beim Botanischen Garten und nahe dem Statens Museum for Kunst, serviert klassische dänische Smørrebrød – die dick und

Gleich mit drei Michelinsternen punktet das Gourmetrestaurant Geranium (▶ S. 102).
Die kulinarischen Kreationen von Starkoch Rasmus Kofoed verwöhnen Gaumen und Auge.

auf altmodische Weise raffiniert belegten Brote in gehobener Qualität. Auch das hausgemachte Schokoladendessert ist nichts für Kalorienzähler und das klassisch einfache Interieur eine Zeitreise in die 1920er-Jahre.

Øster Farimagsgade 4 | Metro: Nørreport | Tel. 28 35 35 10 | www.underuret.dk | tgl. 11.30–16 Uhr | €€€

CAFÉS

12 Pixie + Bopa — nördl. H 1

Die beiden Café-Zwillinge schaffen auf dem kleinen, aber feinen Bopa Plads ein für Østerbro einzigartiges Feeling, fast ein wenig wie in Paris. Man bekommt Kaffeeklassiker in guter Qualität zu (für Kopenhagen) günstigen Preisen. Was Besucher vor allem anzieht, ist die Atmosphäre. Drinnen und im Sommer auch draußen spürbar – bis spät in die Nacht (vor allem von Do–Sa).

Bopa Plads/Løgstørsgade 2 und 8 | S-Bahn: Nordhavn
– Pixie: Tel. 39 30 03 05 | www.cafepixie.dk | Mo–Do 8–24, Fr 8–4, Sa 10–4, So 10–23 Uhr
– Bopa | Tel. 35 43 05 66 | www.cafebopa.dk | Mo–Mi 9–24, Do 9–1, Fr 9–5, Sa 10–5, So 10–23 Uhr

BARS

13 TAP10 — nördl. H 1

Die moderne »nordische Bierkultur« aus zehn Zapfhähnen mischt sich hier mit gediegener Cocktailkultur. Weil die Bar ganz in der Nähe des dänischen Nationalstadions liegt, wird auch schon mal Fußball geschaut. Mit Niveau!

Østerbrogade 122 | Bus: 1A Gustav Adolfs Gade | Di–Do 16–24, Fr 14–2, Sa 12–2 Uhr

EINKAUFEN

DESIGN

14 Normann Copenhagen — H 1

Erst Kino, dann Plattenladen und jetzt eines der schicksten Designgeschäfte der Stadt. Der gewaltige, etwas eigentümlich geformte Raum ist ganz in Weiß gehalten und randvoll mit eigenen und anderen Designprodukten. Fast schon wie ein kommerzielles Museum und eine Hommage an einen postmodernen, individualistischen und hyperästhetischen Lebensstil.

Østerbrogade 70 | Bus 1A: Århusgade | www.normann-copenhagen.com | Mo–Fr 10–18, Sa 10–16 Uhr

MODE

15 Moshi Moshi — H 1/2

Der wohlklingende japanische Gruß als Ladenname signalisiert freundlich-entspannte Einkaufsstimmung. Moshi Moshi zeigt die skandinavische Vorliebe für klare Linien und luftige Sommerfreuden in sanften Farben. Neben den überwiegend dänischen Designernamen findet die Besucherin hier internationale Mode von Isabel Marant, Acne, Forte Forte und andere Label. Ein paar Häuser weiter, auf Haus Nr. 40, betreiben Stine Grouleff und Rikke Rasmussen auch einen kleinen Schuhladen gleichen Namens. Und nebenan bietet Moshi Moshi Mind bequeme Freizeitkleidung mit überwiegend eigenem Design.

Dag Hammarskjölds Allé 40 | Bus 1A: Lille Triangel, S-Bahn: Østerport | www.moshimoshi.dk | Mo–Fr 11–18, Sa 11–15 Uhr

16 Pour Quoi — H 1

Dieses Geschäft hat ein ganz eigenes Flair. Die Begeisterung der Inhaberin

für feminine französische Mode zeigt sich in todschicken Stilettos, glitzernden Pailletten und eleganten Kleidern.
Nordre Frihavnsgade 13 | S-Bahn: Nordhavn | pourquoi.dk (Facebook) | Mo–Fr 10–18, Sa 10–14 Uhr

KULTUR UND UNTERHALTUNG

THEATER

Østre Gasværk Teater — nördl. H 1

Der ehemalige Gaskessel in Østerbro ist schick hergerichtet und bietet dem Publikum Platz in einem Halbkreis um die Bühne. Neben TV-Talkshows finden auch Konzerte, Theateraufführungen und erfolgreiche Musicals statt, bei denen die Sprache meistens keine Barriere ist. Seit einigen Jahren auch aufwendig produzierte »Theaterkonzerte«.
Nyborggade 17 | S-Bahn: Nordhavn | Tel. 45 39 27 91 11 | www.gasvaerket.dk

KINO

17 Park Bio

H 1

Nur einen Kinosaal gibt es hier, dafür ein gehobenes Programm mit meist englischsprachigen Filmen. Das stilvolle Foyer mit Café schmücken Palmen. Jeden Freitag um 10.30 Uhr wird der jeweils gerade laufende Hauptfilm im »Baby Bio« gezeigt. Mütter und/oder Väter können ihre Kleinsten entweder in den Saal mitnehmen oder im Kinderwagen lassen und während der Vorstellung vom Personal beaufsichtigen lassen. Im Saal gibt es etwas mehr Licht und etwas weniger Sound als sonst. Intelligent ausgedachtes Konzept, das vom Publikum gut angenommen wird.
Østerbrogade 79 | Bus 1A: Århusgade | S-Bahn: Østerport | Tel. 35 38 33 62 | www.park-bio.dk

Østre Gasværk Teater (▶ S. 105): Der ehemalige Gaskessel in Østerbro hat sich herausgeputzt und bietet mehr als 800 Zuschauern Platz.

FREDERIKSBERG

Kopenhagens konservativster Stadtteil, nach König Frederik IV. benannt, hat eine einzige Erhebung weit und breit: den 18 m hohen Hügel namens Valby Bakke! Frederiksberg lockt überdies mit dem Zoo und mit Theaterluft.

Konservativer geht es nicht in Kopenhagen. Frederiksberg begann vor 150 Jahren als Landrefugium für Blaublütige und hat bis heute seine Rechte als selbstständige Stadt bewahrt. 1711 ließ sich König Frederik IV. auf Valby Bakke (Valby Höhe), der einzigen Erhebung weit und breit, sein Sommerschloss errichten. Weil der 18 m hohe Hügel dem Monarchen wohl ziemlich mächtig vorkam, versah er die Gegend mit einem eigenen Namen und dem deutschen Wort für eine richtige Erhebung: Frederiksberg war geboren.

Dem Regenten folgten andere Dänen mit Macht und Geld, die zwischen dem weitläufigen Schlosspark Frederiksberg Have und Kopenhagen Landhäuser und geräumige Wohnungen bezogen. Die Dominanz des gehobenen Bürgertums in solidem, geräumigem und relativ teurem Wohnraum, gern mit einer Kammer für Bedienstete, prägt Frederiksberg im-

◀ Blühende Idylle vor der einstigen Sommerresidenz (▶ S. 154) König Frederiks IV.

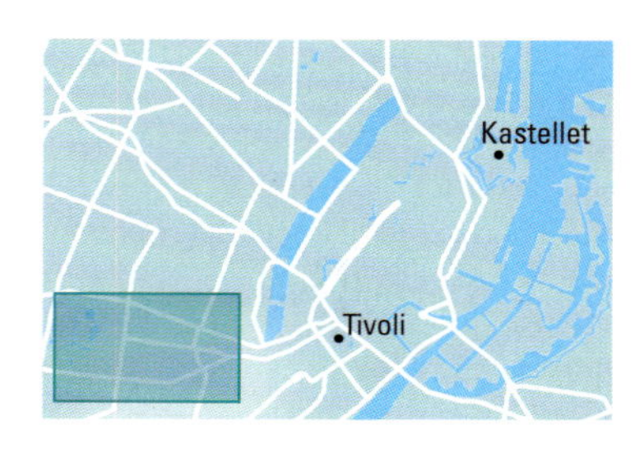

mer noch. Zu sehen ist das sowohl in der Einkommensstatistik wie auch auf dem Gammel Kongevej, der langen Haupteinkaufsstraße. Hier dominieren die etwas edleren kleinen Modegeschäfte.
Stolz heißt es auf www.frederiksberg.dk, man sei durch die Ansammlung von gleich vier Theatern auf der Frederiksberg Allé und der angrenzenden Pile Allé ein Bühnenzentrum wie »das Westend in London und der Broadway in New York«.

THEATER, KNEIPEN UND ZOO

Gehörig übertrieben, aber immerhin sorgen die Theater mit allerlei Bars und Restaurants tatsächlich für Ambiente. Ein abendlicher Ausflug hierher lohnt sich, auch wenn es Frederiksberg hinsichtlich attraktiver Angebote mit den Nachbarstadtteilen Vesterbro und Nørrebro sonst nicht aufnehmen kann. Hauptattraktionen sind der 1859 gegründete und damit älteste Zoo Dänemarks auf dem Valby Bakke, gefolgt vom Stadtpark Frederiksberg Have. Heute leben im Gegensatz zu früher auch wieder mehr Familien mit Kindern in Frederiksberg.

SEHENSWERTES

1 Frederiksberg Have — B/C5

Hier unternahm Hans Christian Andersen Bootsfahrten. Der romantische Park im englischen Stil am Fuß von Frederiksberg Slot, dem einstigen Sommerschloss des dänischen Königshauses, hat ein eigenes Kanalsystem mit Bootsverleih. An Sommerwochenenden lädt der Park zum Picknicken und vielen Gratis-Open-Air-Konzerten. Im Winter lockt eine Eisbahn.

Frederiksberg Runddel | Bus 26: Frederiksberg Runddel, Metro: Frederiksberg | www.slks.dk | tgl. ab 6, je nach Jahreszeit bis 17 oder spätestens bis 23 Uhr

2 Frederiksberg Slot — C6

Das 300 Jahre alte Schloss diente König Frederik IV. (1671–1730) als Sommerresidenz. Es beherbergt seit 1869 eine Militärschule und ist für Besucher nur begrenzt zugänglich. Die Schlosskapelle ist jedoch immer geöffnet. Zum Park hin hat man von der Spitze des Valby-Hügels eine weite Aussicht auf Kopenhagen. Die Stadt ist ja fast komplett flach und hat nur wenige Hochhäuser.

Roskildevej 28 | Bus 6A: Zoologisk Have, Metro: Frederiksberg | www.kongelige slotte.dk | Führungen an jedem letzten Sa im Monat um 11 und 13 Uhr, außer im Juli und Dez. | Eintritt 50 DKK, Kinder frei

3 Søndermarken B/C 6

Der 62 ha große Park ist bei einheimischen Joggern beliebt. Er bietet Dänemarks erste »interaktive Laufroute« mit allerlei technischen Finessen. Sie können über 2,5 km einem »digitalen Hasen« hinterherlaufen, dessen Geschwindigkeit Sie vorab selbst bestimmen. Mit allerlei einfallsreichen Klettergerüsten auch ein Spaß für Kinder. Unter dem Park liegen riesige Wasserreservoirs, von denen ein Teil vom unterirdischen Museum Cisternerne (▶ S. 135) genutzt wird.

Søndermarken | Bus 6A: Zoologisk Have, Metro: Frederiksberg | www.slke.dk | durchgehend geöffnet

4 Værnedamsvej E 5

»Die Lieblingsstraße der Kopenhagener«, da sind sich viele einig. Klein und schmal ist die Straße auf der Grenze zwischen Frederiksberg und Vesterbro. Hier vereinen sich das Exklusive und das etwas Raue aufs Schönste. Viel Leben, kunterbunt, vielfältig, kurzum: Lokalkolorit. Dazu Cafés, Geschäfte, Büros und eine attraktive Gastroszene. Fast ein wenig wie in Paris.

Værnedamsvej | Bus 9A: Værnedamsvej

Nachmittagstänzchen in Petersens Familienhave 8

Traditionell dänisch essen, trinken und nachmittags draußen auch ein Tänzchen wagen können Sie im altmodischen Familienrestaurant Petersen. Es ist egal, ob man Tanzschritte beherrscht, gerade mal zehn oder 75 Jahre alt ist und kurze oder lange Hosen anhat (▶ S. 14).

5 Zoologisk Have B 6

Der Tierpark lockt auch mit einem Kinderzoo (»børnezoo«), in dem die Kleinen Ziegen und Kaninchen streicheln oder sich als wilde Katzen schminken lassen können. Nur zum Anschauen hingegen sind die Tiere im neuen Elefantenhaus, dazu Löwen, Eisbären, Affen, Pinguine etc. Unfreiwillig in die Schlagzeilen der Weltpresse geriet 2014 Zoodirektor Bengt Holst, als er die Junggiraffe Marius wegen drohender Inzucht töten ließ und zum Zerlegen des toten Tiers Schulkinder einlud. Das 2008 eröffnete Elefanten-

haus entwarf Stararchitekt Norman Foster, den man in Deutschland vor allem durch die Konstruktion der Berliner Reichstagskuppel kennt.

Roskildevej 32 | Bus 6A: Zoologisk Have, Metro: Frederiksberg | www.zoo.dk | Jan., Feb. 10–16, März Mo–Fr 10–16, Sa, So 10–17, April, Mai Mo–Fr 10–17, Sa, So 10–18, Juni 10–18, Juli–Mitte Aug. 10–20, Rest Aug. 10–18, Sept. Mo–Fr 10–17, Sa, So 10–18, Okt. 10–17, Nov., Dez. 10–16 Uhr | Eintritt 180 DKK, Kinder 100 DKK

MUSEEN UND GALERIEN

6 Cisternerne ▸ S. 135

ESSEN UND TRINKEN

RESTAURANTS

7 Familiehaverne C6

Hausmannskost – Die kleinen Familiengärten (»de små familiehaver«) nennt sich die Ansammlung von drei nebeneinanderliegenden Sommerrestaurants an der Pile Allé. In Hansens Gamle Familiehave, M. G. Petersens Gamle Familiehave und Krøgers Familiehave gibt es seit 1850, vorzugsweise im Freien, traditionelle dänische Hausmannskost und auch sonst viel Tradition. Die Restaurants atmen durch und durch dänische Ess-, Trink- und

Versammlungskultur, ähnlich wie vor 50 oder auch 100 Jahren. Eine Erlebnisreise in die Vergangenheit.
Pile Allé 10, 16, 18 | Bus 6A: De Små Haver, Metro: Frederiksberg | www.hansenshave.dk, www.petersensfamiliehave.dk, www.kroegershave.dk |
– Hansens Gamle Familiehave ganzjährig 11–24 Uhr | €€
– Petersens Familiehave: Ostern 12–19, April Mo–Fr 12–19, Mai–Mitte Sept. tgl. 11–23 Uhr
– Krøgers Have: ab Ostern 11–19, April So–Do 11.30–19, Fr, Sa 11.30–21, Mai Mo–Sa 11.30–21, So 11.30–19, Juni–Aug. Mo–Do 11.30–21.30, Fr, Sa 11.30–22, So 11.30–20 Uhr

8 Mielcke & Hurtigkarl C5

Edel und experimentierfreudig – In einem der 400 Jahre alten Parkpavillons am Eingang von Frederiksberg Have liegt eines der nobelsten Restaurants der dänischen Metropole. Wunderbar von außen, ein bisschen märchenhaft drinnen, mit Terrassenplätzen im Sommer. Das Essen ist eine Neuinterpretation nordeuropäischer und französischer Kochkunst und dabei originell. Dänische Restaurantkritiker urteilen einhellig begeistert.
Frederiksberg Runddel 1 | Bus 26: Frederiksberg Runddel, Metro: Frederiksberg | Tel. 38 34 84 36 | www.mhcph.dk | Di–Sa ab 18 Uhr | €€€€

CAFÉS

9 Alléenberg (Psykopaten) C5

Alle Altersgruppen feiern hier traut miteinander bis in den frühen Morgen. Es herrscht eine lockere Stimmung, was bei gemeinsamem Gesang mit Klavierbegleitung noch verstärkt wird.

Das Interieur des Granola (▶ S. 111), ein Mix aus Café und Brasserie, ist vom Genre des Film Noir inspiriert. Alles ist stilecht, auch die Lampen und Tapeten.

Allégade 4 | Bus 26: Frederiksberg Runddel, Metro: Frederiksberg | Tel. 33 25 44 42 | www.alleenberg.dk | Di–Sa 21–5 Uhr

⑩ Café Intime ▶ S. 29

⑪ Granola  E5

Das gemütliche Café-Restaurant serviert auch leckere Sandwiches. Eigentümer Leif Thingved hat als Szenograf beim Film gearbeitet, was sich auch bei der Innenausstattung dieser vom Film Noir inspirierten Brasserie bemerkbar macht. Mittleres Preisniveau und anheimelnde Atmosphäre. Das Licht stammt von alten Industrielampen aus England, die Tapeten sind Funde aus einem französischen Antiquariat.

Værnedamsvej 5 | Bus 6A: Værnedamsvej | Tel. 33 25 00 80 | Mo–Fr 7–24, Sa 9–24, So 9–16 Uhr

EINKAUFEN

MODE

⑫ Isaksen  D5

Modedesign mit Inspiration aus Grönland bieten Rita Isaksen und ihre Tochter Nickie. Ein Kopenhagener Geheimtipp unter jung gebliebenen Modekäuferinnen mit Sinn für Minimalismus und elegante Formgebung.

Gammel Kongevej 143 | Bus 9A: Amicisvej, Metro: Frederiksberg | www.isaksendesign.dk | Mo–Fr 10–18, Sa 10–15 Uhr

KULTUR UND UNTERHALTUNG

THEATER UND MUSIK

⑬ Betty Nansen Teatret  D5

Das private Theater hat sich durch die Zusammenarbeit mit dem US-Multikünstler Robert Wilson und dessen Musikpartner Tom Waits auch international einen Namen gemacht. Oft finden sich im Repertoire Stücke, die auch ohne Dänischkenntnisse von Interesse sind. In der Nähe des Theaters gibt es viele Restaurants, Bars und Cafés.

Frederiksberg Allé 57 | Bus 26: Frydendalsvej, Metro: Frederiksberg | www.bettynansen.dk | Tel. 70 27 27 72

Forum E4

Kopenhagens traditionsreichste Veranstaltungshalle ist für Konzerte wegen der schlechten Akustik nur bedingt zu empfehlen. Bis zu 10 000 Zuschauer finden hier Platz. An Wochenenden öffnen sich die Tore häufig auch für Messen oder große Flohmärkte.

Julius Thomsens Plads 1 | Metro: Forum | www.forumcopenhagen.dk

---

Wollen Sie‘s wagen?

Grüne Welle für die Radler statt für die Autofahrer, fest installierte Fahrradpumpen an der Wegstrecke, überall Schutz vor dem motorisierten Verkehr, tempofördernder Bodenbelag: Testen Sie im Fahrrad-Eldorado Kopenhagen eine der vielen neuen »Autobahnen« von den Vororten ins Zentrum. Oder umgekehrt. Die Albertslund-Route zum Beispiel führt durch Frederiksberg. »Cykel-Supersti« (Fahrrad-Superweg) nennt die Stadtverwaltung die Neuerung. Sie soll Pendler auch bei etwas längeren Wegen vom Auto weglocken. Auf 25 km Länge können Sie hier auch mal auf Pedalen alles aus sich herausholen.

www.cykelstierdk, auch als App

CHRISTIANSHAVN MIT CHRISTIANIA UND HOLMEN

Als König Christian IV. im 17. Jh. den Stadtteil Christianshavn erbauen ließ, hatte er als Vorbild Amsterdam vor Augen. Erst seit 1971 existiert der Freistaat Christiania, während Nachbar Holmen schon 300 Jahre lang als Marinestützpunkt diente.

Hochzeit haben die Dänin Ellen Holm und ich Zuwanderer in Christianshavn, Strandgade 46, gefeiert. Ganz früher war das mal das Haus des Reeders und Sklavenhändlers Andreas Bjørn (1703–1750). Wenn ich heute, drei Jahrzehnte und sechs Umzüge später, hier vorbeikomme, kommt so sicher wie das Amen in der Kirche der innere Seufzer: »Warum bloß wohnen wir hier nicht mehr?«
Christianshavn, im 17. Jh. durch Landaufschüttung vor dem Kopenhagener Zentrum aus dem Wasser gezaubert, ist eine Perle. Die Stimmung am Kanal in der Mitte und vor den vielen uralten Häusern im rechtwinklig angelegten Straßennetz sollten Sie auch bei einem kurzen Kopenhagen-Besuch ganz bestimmt schnuppern.

◀ Picknick am Wasser: Christianshavns Hafenfront ist ein beliebtes Ausflugsziel.

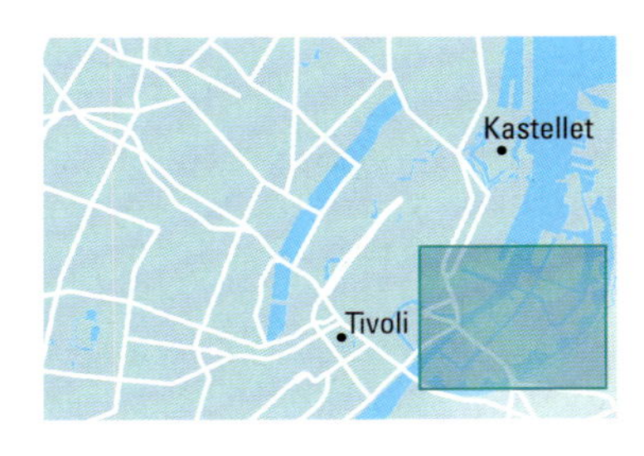

10 Min. zu Fuß vom Parlamentssitz Christiansborg über die Knippelsbro – schon ist man links oder rechts der lärmigen Torvegade abgetaucht in Kopenhagens idyllischsten Stadtteil. Bis heute hat Christianshavn sein äußeres Bild aus den ersten beiden von vier Jahrhunderten weitgehend bewahrt. Gebaut wurde ab 1618 auf Geheiß von König Christian IV. (1577–1648) nach dem Vorbild Amsterdams und mit Plänen des Niederländers Johan Semp.

Mehrfach radikal geändert hat sich die Zusammensetzung der Christianshavner. Zuerst prägten Pioniere wie besagter Sklavenhändler Bjørn aus der Strandgade den Stadtteil mit ihren Geschäftsaktivitäten, zu denen auch der Bau diverser Lagerhäuser am Hafen gehörte. Es folgten Hafenarbeiter, Seeleute und bis vor einem halben Jahrhundert auch Werftarbeiter. Heute dominieren gut bezahlte Regierungsbeamte, Architekten mit ihren Büros und andere mit dem entsprechenden Einkommen für den teuer gewordenen Wohnraum von Kopenhagens sogenanntem Klein-Amsterdam.

CHRISTIANIA: ANZIEHUNGSPUNKT UND ZANKAPFEL

Die Anziehungskraft für die neue Mehrheit hier hat der »**Freistaat Christiania**« 8 am Rand von Christianshavn sicher erhöht. 40 Jahre nach der Erstürmung des verlassenen Kasernengeländes durch Linke, Hippies und alle möglichen Aussteiger wirbt Kopenhagens Touristenzentrale mit Christiania als einer der meistbesuchten Sehenswürdigkeiten der Stadt nach der Kleinen Meerjungfrau und dem Tivoli. Die Großkommune mit fast 1000 Bewohnern ist zwar in die Jahre gekommen, aber existiert nach wie vor. Schwer zu beantworten ist die Frage, was dabei von der libertären, anarchistischen und auch fröhlichen Kraft dieser Großkommune bis heute überlebt hat. Schauen Sie sich einfach selbst um – zu sehen gibt es in Christiania in jedem Fall viel Erstaunliches.

Neue Nachbarn hat den »Christianittern« die Öffnung des angrenzenden früheren Marinestützpunkts Holmen gebracht. Dieser war bis zum Ende des Kaltens Krieges 300 Jahre lang für Normalbürger gesperrt. Heute sind hier Ausbildungsstätten wie die international anerkannte Architektenschule und die dänische Filmschule angesiedelt. Auch zwei Jahrzehnte nach der Öffnung ist von brodelndem Leben für die Bewohner wenig zu spüren.

Neues und viel Lebendigeres sprießt kräftig auf Refshaleøen noch ein kleines Stück weiter nördlich. Hier arbeiteten rund 10 000 Menschen, bis die B&W-Werft 1996 dichtmachte. Noch ist Refshaleøen vornehmlich ein heruntergekommen anmutendes Sammelsurium aus verlassenen Fabrikhallen und Lagerstätten. Aber es rührt sich etwas, wie immer mehr (schwer beheizbare) Ateliers, ein riesiger Flohmarkt und auch erste Wohnungsneubauten zeigen.

Dass Refshaløen das nächste »In«-Viertel unter Kopenhagens ohnehin trendigen Stadtteilen sein würde, wurde im Herbst 2013 jedem klar: Danmarks Radio entschied sich, das Mega-Event Eurovision Song Contest im Mai 2014 in der riesigen ausgedienten B&W-Werfthalle zu veranstalten. Gefreut haben wird das den US-Koch Matthew Orlando, der sich mit seinem Spitzenrestaurant Amass in altem Werftgemäuer eingerichtet und einen Namen gemacht hat. Achtung: Nur noch 2017 sind auf »Papierøen« der beliebte Street Food Market und die sehenswerte Galerie Copenhagen Contemporary geöffnet. Dann wird hier neu gebaut.

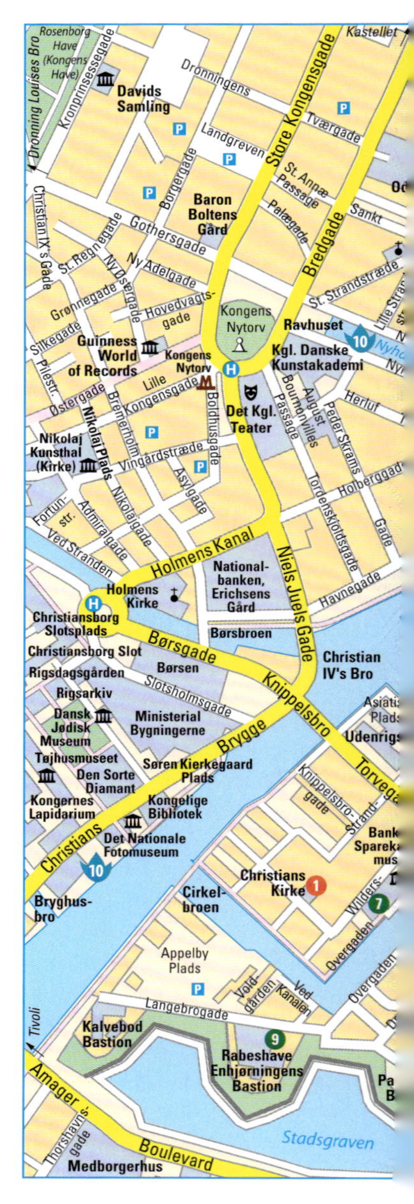

SEHENSWERTES
1 Christians Kirke
2 Nordatlantens Brygge
3 Oper (Operahuset)
MUSEEN UND GALERIEN
4 Dansk Arkitektur Center (DAC)
ESSEN UND TRINKEN
5 Færgecafé
6 Era Ora
7 Kadeau
8 Noma
9 Rabes Have
10 Restaurant 108
11 Bådudlejningen
12 DAC & Café
13 Eiffel Bar
EINKAUFEN
14 Kvindesmedien
KULTUR UND UNTERHALTUNG
15 Oper (Operahuset)
TopTen
7 Vor Frelsers Kirke
8 Christiania
Momente
9 Picknick bei den Hippies in Christiania
10 Die Beine am Wasser baumeln lassen
11 An der Strandgade mit tollem Blick gut essen
Den Kongelige Afstøbningssamling
Frederik VIII's Palæ
Amalienborg Slot
Christian XI's Palæ
Amaliehaven
Kvæsthusgraven
Kvæsthusbroen
Toldbodgade
Skuespilhuset
Dokøen
Orlogsværftvej
Operahus
Dokøvej
Takkeltoftvej
Proviant-broen
Papirøen
Indrehavns-broen
Grønlandske Handels Plads
Trangravs-broen
Trangravsvej
Trangraven
Nordatlantes Brygge
Krøyers Plads
Strandgade
Butterfly 3 Way-broen
Bodenhoffs Plads
Arsenaløen
Arsenalvej
Spejdermuseet
Frederiks Bastion
Christianshavns Kanal
A. Bjørns Gade
Burmeistersgade
Brobergsgade
Wilders Plads
Søkvæst-huset
Den Grå Hal
Refshalevej
Sofie Hedevigs Bastion
Haveforeningen Kløvermarken
Haveforeningen Kløverblomsten
4. Redan
Børne-teateret
Christiania Kirken
Badehuset
Skole
Loppen
Christianshavn
Christianshavns Gymnasium
Christiania
Ulriks Bastion
Vor Frelsers Kirke
Voldboligerne
Kløvermarksvej
Kløvermarkens Idrætsanlæg
5. Redan
Løvens Bastion
Kaninøen
Torvegade
Amagergade
Elefantens Bastion
Haveforeningen Vennelyst
Ravelinen
6. Redan
Kloakpumpestation
Herjedalgade
Genbrugs-plads
Christmas Møllers Plads
Vermlandsgade
Markmandsgade
København Lufthavn
St. Møllevej
Kollegium
0 240 m
© MERIAN-Kartographie

SEHENSWERTES

1 Christians Kirke J5

Der Rokokobau hieß nach der Einweihung im Jahr 1759 ursprünglich Frederiks Tyske Kirke und diente der beachtlich starken deutschen Gemeinde als Gotteshaus. Heute kennen viele Kopenhagener die Christians Kirke vor allem wegen ihres umfang- und abwechslungsreichen Konzertprogramms: Das Repertoire reicht von Kirchenmusik über Klassik bis hin zu Gospel und Jazz. Ein Blick in den Veranstaltungskalender lohnt sich.

Ziemlich trist eingekeilt ist die Kirche allerdings an drei Seiten vom Hauptsitz des Finanzkonzerns Nordea und von Wohnungsneubauten.

Christianshavn | Strandgade 1 | Metro: Christianshavn | www.christianskirken.dk

8 Freistaat Christiania J/K5

»Fristad«, wie sich Christiania auf Dänisch nennt, heißt korrekt übersetzt »Freistadt«. Viele sagen aber auch »Freistaat«, weil sich die Christianitter selbst so verstanden haben. Denn mit der Erstürmung des verlassenen Kasernengeländes am Rand von Christianshavn 1971 verbanden die damaligen Besetzer schon den Anspruch, hier eine von jeder staatlichen Einmischung freie, alternative Gemeinschaft nach eigenen Regeln aufzubauen. Vier Jahrzehnte später gibt es Fristaden Christiania immer noch. 800 Menschen leben hier. Die dänische Staatsmacht hat nach und nach ihren Frieden mit der Existenz der autofreien Großkommune mitten in der Großstadt gemacht. Umgekehrt zahlen die Bewohner längst auch Steuern, Strom und Müllabfuhr.

Neue Zeiten: Nach dem Start des Freistaats Christiania 1971 (▶ S. 113) verteidigen die Christianitter ihre Idylle jetzt gegen neue Durchfahrtsstraßen für Räder.

Beim Besuch auf dem 34 ha großen Gelände werden Sie sehr schnell sehen, warum Christiania trotz aller Kompromisse auf beiden Seiten immer ein Zankapfel sein wird. Originelle, im positiven Sinn alternative Aktivitäten wie in der Christiania Smedie (Schmiede) mit den hier entwickelten und in der ganzen Stadt verbreiteten Lastendreirädern lagen auf bizarre Weise Seite an Seite mit dem wenig freundlichen Haschisch-Markt auf der Pusher Street. Die Polizei hat diesen abstoßenden, extrem unfreundlichen, von kriminellen Geldschneidern beherrschten »Green Light District« 2016 geräumt. Zur Erleichterung vieler Christianitter, die sich aber auch an diese wichtigste Einnahmequelle in ihrem Freistaat gewöhnt hatte. Zumindest in finanzieller Hinsicht.

Ganz anders ist die Stimmung beim Rundgang durch die beinahe ländlich wirkende Idylle mit fantasievoll zusammengezimmerten Behausungen, aber auch verfallen wirkenden Häusern. Gehen Sie unbedingt auf den Wall am Rand des Geländes und schauen sich die hier auf eigene Faust und originell gebauten Prachthäuser am Wallgraben an.

Im Zentrum des Geländes zieht das Café Månefiskeren im Sommer vor allem jüngere Leute zum Chillen an. Konzerte im kleinen Loppen oder der größeren Grå Hal sind wegen der guten Atmosphäre populär. Auch das nach wie vor kollektiv betriebene Christiania-Restaurant Spiseloppen genießt einen ausgesprochen guten Ruf (mittlere Preislage). Man muss sich erst mal durch das wenig einladende Treppenhaus kämpfen – und wird dann positiv überrascht. Mit über einer Million Besucher pro Jahr gehört Christiania zu den Topattraktionen Kopenhagens. Führungen (Informationen: www.rundviseren.dk) sind nur durch Christianitter selbst möglich. Im Sommer beginnen sie in der Regel um 15 Uhr und kosten 40 DKK.

Christianshavn | Bådmandsstræde 43 | Metro: Christianshavn | Internetseite www.christiania.org 2017 auf Facebook verlegt

Picknick bei den Hippies in Christiania

Für den Abschluss des Rundgangs im »Freistaat Christiania« empfehle ich ein Picknick am Wallgraben mit Blick auf Amager. Eine versteckte Landidylle mitten im Zentrum, direkt am Wasser und mit Christiania-»Hippie«-Häusern als Kulisse (▶ S. 14).

2 Nordatlantens Brygge J5

Das 250 Jahre alte Lagergebäude am Hafen war früher Umschlagplatz für den Handel der Dänen mit ihren nordatlantischen und arktischen Besitzungen Island, Grönland und den Färøer-Inseln. Heute zeigen die selbstständig gewordenen Isländer und die nur teilselbstständigen Grönländer und Färinger in diesem Speicher stolz ihre heimische Kultur und Gegenwartskunst. Das Restaurant Noma im Erdgeschoss als berühmtester Untermieter ist 2017 nach Christiania weitergezogen.

Christianshavn | Strandgade 91 | Bus 2A: Knippelsbro, Metro: Christianshavn | www.nordatlantens.dk

3 Oper (Operahuset) K4

Viele Kopenhagener Bürger finden den im Januar 2005 eingeweihten Opern-Neubau auf der alten Marineinsel Holmen »innen hui und außen pfui«. Der 2013 verstorbene Architekt Henning Larsen musste sich diversen Diktaten des steinreichen und mächtigen Reeders Mærsk Mc-Kinney Møller (1913–2012) unterwerfen, der als Zahlmeister das letzte Wort haben wollte und behielt. Er setzte unter anderem die Lamellenbekleidung der Fassade zum Hafen hin durch, die gern als »Kühlergrill« verhöhnt wird und dem Architekten die Lust an diesem Prestigebau komplett vergällt hat. Einhellig gelobt werden dagegen die Akustik und die architektonische Gestaltung mit spektakulärer Beleuchtung des isländischen Künstlers Olafur Eliasson. Das beste Transportmittel zu der hier nicht gerade günstig platzierten Oper ist der Havnebus, der als schwimmender Bus Kopenhagens Hafen kreuz und quer befährt.

Holmen | Ekvipagemestervej 10 | Bus 9A: Operaen, Boot: Havnebus ab Nyhavn | www.kglteater.dk

7 Vor Frelsers Kirke J5

400 Stufen, davon 150 im Freien auf einer immer enger werdenden Treppe, führen zur besten Aussicht auf Kopenhagens Zentrum. Wer es die 90 m ganz nach oben auf den Turm der Erlöserkirche geschafft hat, sieht über sich eine vergoldete Weltkugel und darauf eine Christusfigur. Die Barockkirche wurde 1696 eingeweiht, der Turm ein halbes Jahrhundert später. Dass der Architekt Laurids de Thurah sich aus

Wer die 400 Stufen zum Aussichtsturm der Vor Frelsers Kirke (▶ MERIAN TopTen, S. 118) erklommen hat, wird mit einem Traumblick auf Stadt und Öresund belohnt.

Gram über die angeblich gegen die Anordnung von König Frederik V. (1723–1766) falsch herum gezwirbelte Außentreppe von derselben in die Tiefe gestürzt haben soll, ist frei erfunden. Historisch verbürgt dagegen sind zwei Kopenhagen-Besuche des französischen Schriftstellers Jules Verne 1864 und 1881, einschließlich seiner Turmbesteigung. Das brachte dem Turm eine Erwähnung im Verne-Klassiker »Reise zum Mittelpunkt der Erde« ein. Sehenswert ist auch das Innere der Kirche mit ihrem für dänische Verhältnisse pompösen Barockaltar.

Christianshavn | Sankt Annægade 29 | Metro: Christianshavn | www.vorfrelserskirke.dk | März–April und Okt.–Mitte Dez. Mo–Sa 10–16, So 10.30–16, Mai–Sept. Mo–Sa 9.30–19, So 10.30–19 Uhr

MUSEEN UND GALERIEN

4 Dansk Arkitektur Center (DAC)

▶ S. 136

ESSEN UND TRINKEN

RESTAURANTS

5 Christianshavns Færgecafé J5

An einer der schönsten historischen Ecken Kopenhagens wird anspruchsvolle traditionelle Kochkunst serviert. Hin und wieder abends auch mit jazziger Livemusik. Zu den Besonderheiten gehören selbst gebrannte Schnäpse, die man als »5er-Menü« durchkosten kann. Am Kai gegenüber ist die »Christianshavnerfærgen« verankert – das pittoreske Schwesternrestaurant auf einer alten Fähre.

Christianshavn | Strandgade 50 | Metro: Christianshavn | Mo–Sa 11.30–16, Mo–Do 18–21, Fr, Sa 18–22, So 11.30–17.30 Uhr | €€€

6 Era Ora J5

Mediterrane Kochkunst – Wer in Kopenhagen richtig gut italienisch essen gehen will und dafür bezahlen kann, kommt hierher. Man vergisst hier alle Klischees von Mammas Spaghettisoßen und gibt sich der edelsten, höheren und auch neuen Kochkunst aus Italien hin. Das Restaurant gehört zu den Stars der Kopenhagener Gastroszene und hat einen Michelinstern. Die Preise für Wein, in besseren Kopenhagener Restaurants meistens gepfeffert, werden auf der Homepage diskret verschwiegen.

Christianshavn | Overgaden Neden Vandet 33B | Metro: Christianshavn | Tel. 32 54 06 93 | www.ero-ora.dk | Mo–Sa 12–16.30 und 18.30–24 Uhr | €€€€

Die Beine am Wasser baumeln lassen

Im Sommer setze ich mich mit Freunden gern zu einem Schwätzchen auf eine Hafen- oder Kanalmauer. Wir lassen die Beine baumeln und erzählen uns was. Es gibt viele schöne Plätze dafür: in Christianshavn, in Nyhavn, auf der Islands Brygge, an der Nationalbibliothek Sorte Diamant, vor der Oper oder dem Schauspielhaus, am Gammel Strand oder am Frederiksholms Kanal (▶ S. 15).

7 Kadeau J5

Bornholm-Flair – Die Filiale des gleichnamigen Gourmetrestaurants an der Südküste Bornholms lockt mit leckeren Mahlzeiten aus topfrischen Zutaten von der Ostseeinsel. Bornholm

ist schön – wer nicht die Zeit zur Überfahrt hat, kann diese »cuisine du terroir«, wie man regional orientierte Küche in Fachkreisen nennt, hier in großstädtischer Umgebung genießen.
Christianshavn | Wildersgade 10 | Metro: Christianshavn | Tel. 33 25 22 23 | www.kadeau.dk | Mo–Sa 18.30–24, Sa auch 12–16 Uhr | €€€€

An der Strandgade mit tollem Blick gut essen

Einen fantastischen Blick auf Innenstadt und den Hafen bis zum Schloss bietet das Café des Architekturmuseums DAC. Genießen Sie diese Aussicht und essen dazu ein Stückchen dänischen Kuchen, den man hier »Wienerbrød« nennt (▶ S. 15).

8 Noma ▶ S. 28

9 Rabes Have

Frokost ist angesagt – Das betont traditionell orientierte dänische Mittagsrestaurant liegt idyllisch in der stillen Langebrogade. Die Zeit scheint hier stillzustehen – sowohl mit Blick auf das außen renovierungsbedürftige Gebäude und die Einrichtung. Hier dreht sich alles um das traditionelle »frokost« (Mittagessen), nicht zuletzt mit den urdänischen »smørrebrød«.
Christianshavn | Langebrogade 8 | Metro: Christianshavn | Tel. 32 57 34 17 | Mi–Sa 11–20 Uhr | €€

10 Restaurant 108

Schöne Lage – Der kleine, aber eigenständige Bruder des weltberühmten Noma. Wer neugierig auf raffinierte »neunordische« Cuisine ist, aber kein Vermögen ausgeben mag, ist hier richtig.
Christianshavn | Strandgade 108 | Metro: Christianshavn | Tel. 32 96 32 92 | www.108.dk | tgl. 17–24 Uhr | €€/€€€

CAFÉS

11 Bådudlejningen — J 5

Seltsamerweise hat Kopenhagen nicht so viele Cafés und Restaurants mit Aussicht auf das Wasser. Reichlich davon gibt es auf dieser Holzplattform auf dem Christianshavn-Kanal mit dem übersetzten Namen »Bootsverleih«. Man kann hier tatsächlich ein Ruderboot mieten. Oder sich in dem kombinierten Café-Restaurant über das idyllische Ambiente freuen.
Christianshavn | Overgaden Neden Vandet 29 | Metro: Christianshavn | Tel. 32 96 53 53 | www.baadudlejningen.dk | April–Mitte Sept. tgl. 10–24 Uhr

12 DAC & Café — J 5

Meistens spricht man über schöne Stadtaussichten von oben. In der Horizontalen findet sich die schönste Aussicht auf Kopenhagen in einem kleinen Vorbau des Architekturmuseums: Er ist auf drei Seiten sowie nach oben voll verglast und gehört zum Café des Architekturmuseums DAC (▶ S. 136). Unbedingt vorher reservieren!
Christianshavn | Strandgade 27B | Bus 2A: Knippelsbro, Metro: Christianshavn | Tel. 32 64 54 66 | www.dac.dk | Mo–Fr 11–17, Mi 11–21, Sa, So 10–17 Uhr

BARS

13 Eiffel Bar — J 5

Nichts für zarte Gemüter, es wird nämlich kräftig geraucht. Das Publikum ist

recht gemischt: Ältere und Jüngere von nebenan, Touristen. Trotz der Unterschiede: Man versteht sich. Das Bier ist hier für Kopenhagener Verhältnisse übrigens sagenhaft billig.
Christianshavn | Wildersgade 58 | Metro: Christianshavn | Tel. 32 57 70 92 | www.eiffelbar.dk | tgl. 9–3 Uhr

EINKAUFEN

DESIGN

14 Kvindesmedien K 5

Drei Däninnen aus dem Freistaat Christiania präsentieren in ihrer »Frauenschmiede« erstklassige eigene Designprodukte vom riesigen Metallregal und anderen Möbelstücken bis zum handlich kleinen Souvenir für daheim. Schmiede und Shop sind vollständig integriert. Bei Interesse: Hier kann man nach Maß bestellen.
Christiania/Christianshavn | Mælkevejen 83E | Metro: Christianshavn | Mo–Fr 9–17, Sa 11–15 Uhr

KULTUR UND UNTERHALTUNG

15 Oper (Operahuset) ▶ S. 40

AKTIVITÄTEN

Amager Skibakke (Skipiste) 

östl. K 3

Mitten in ihrer flachen Stadt bekommen die Kopenhagener 2018 eine ganzjährig befahrbare Skipiste. Architekt Bjarke Ingels hat sie auf das Dach einer ultramodernen Müllverbrennungsanlage gepflanzt. Wer nicht Ski fahren will, kann hochspazieren und den Blick aus 85 m Höhe genießen.
Amager | Kraftværksvej 31 | Bus: 37 Amagerværket | Infos zu Eröffnung, Öffnungszeiten und Preisen: www.a-r-c.dk

Ein Stern am Gourmethimmel Kopenhagens: Im mediterran inspirierten Restaurant Era Ora (▶ S. 119) wird hohe Kochkunst zelebriert.

NICHT ZU VERGESSEN!

Außerhalb des Zentrums

Vor den Toren der Stadt, im Großraum Kopenhagen, lenken weitere Sehenswürdigkeiten das Augenmerk auf sich. Die bekannteste ist sicher das Kunstmuseum Louisiana, aber auch das Aquarium, Schloss Kronborg oder das benachbarte Roskilde freuen sich über Besuch.

Kopenhagen gibt sich immer als Millionenmetropole aus. Dabei leben in der eigentlichen Stadt nur knapp 600 000 Menschen. Eingerechnet wird, damit man für Storkøbenhavn (Groß-Kopenhagen) auf die allgemein zirkulierende Zahl von 1,2 Millionen Einwohnern kommt, das gesamte Umland. Dank der gut funktionierenden Verkehrsverbindungen ist alles hier ohne stundenlange Anfahrt und ohne Strapazen erreichbar. Egal ob Sie im Norden bis zum Hamlet-Schloss Kronborg in Helsingør vorstoßen, in westlicher Richtung den Dom von Roskilde ansteuern oder das spektakuläre neue Aquarium Blå Planet auf dem Inselstadtteil Amager, südöstlich des Zentrums, im Visier haben. Oder vielleicht auch weiter Richtung Osten über den Öresund ins schwedische Malmö fahren.

◀ Badefreuden verspricht der Amager Strandpark (▶ MERIAN TopTen, S. 123).

Keine Sekunde zögere ich bei der Entscheidung, welche Himmelsrichtung ab Zentrum die lohnendste für Erkundungen außerhalb der Stadt ist: Richtung Norden, immer entlang der Öresund-Küste, erwartet den Besucher eine ganze Perlenkette an Attraktionen. Allen voran **Louisiana** 9, das einzigartige Museum für moderne Kunst. Am Weg liegen auch der Vergnügungspark Bakken im Dyrehave-Park, das (Museums-) Haus der Schriftstellerin Karen (Tanja) Blixen, das Hamlet-Schloss Kronborg und das Schifffahrtsmuseum in Helsingør.

AQUARIUM UND ARCHITEKTUR

Kopenhagens schönsten Strand findet man in der entgegengesetzten Richtung. Der Stadtteil Amager lockt neben dem künstlich und großzügig angelegten **Amager Strandpark** mit einem der spektakulärsten Neubauten der letzten Jahre: Im Inneren des futuristisch geschwungenen, metallic-silbern glänzenden Aquariumsbaus Den Blå Planet (▶ Blauer Planet, S. 124) sind Hammerhaie und draußen vor der Tür die elegant geschwungene **Öresundbrücke** zum schwedischen Malmö zu bewundern. Empfehlenswert ist auch ein Einblick in die international hoch gelobten Wagnisse der neuen dänischen Architektur. In dem seit 2000 neu entstandenen Stadtteil Ørestad, einem Teil Amagers, können Sie diese an spektakulären Bauten wie dem Konzerthaus des Dänischen Rundfunks, dem kühn gerundeten Studentenwohnheim Tietgenskollegiet oder der terrassenförmig angelegten Wohnanlage Bjerget studieren (▶ Führung, S. 124). Sie liegt am weitläufigen Naturschutz- und Naherholungsgebiet Amager Fælled, das früher militärisch genutzt wurde.

SEHENSWERTES

1 Amager Strandpark ▶ S. 125, b 3

Ob Sie eine gelungene architektonische Leistung bestaunen, am Wasser spazieren gehen oder baden wollen: Der Amager Strandpark, nur 5 km vom Stadtzentrum entfernt und mit der Metro ruckzuck erreichbar, lohnt einen Besuch. Über drei Brücken gelangt man zu dem 5 km langen Badestrand auf einer Amager vorgelagerten künstlichen Insel. Für Kinder gibt es sehr schöne geschützte Bademöglichkeiten in einer Lagune. Die 2005 eröffnete Anlage mit gut durchdachter Infrastruktur ist von den Kopenhagenern als Erholungsgebiet begeistert angenommen worden. Im Sommer breitet sich hier beinahe Riviera-Stimmung aus, wenn das Wetter mal mitspielt.

Amager | Øresundsvej | Metro: Amager Strand | www.amager-strand.dk (auch mit Veranstaltungshinweisen)

Ins Hafenbecken hüpfen

»Pack die Badehose ein« gilt in Kopenhagen auch für Hafenrundgänge. Weil das Wasser wieder sauber ist, hat die Stadtverwaltung an der Islands Brygge und anderswo kostenlos nutzbare »havnebade«, Hafenbäder, eingerichtet. (▶ S. 15).

Bakken

▶ S. 125, b 2

Der vor mehr als 400 Jahren eröffnete Vergnügungspark im riesigen Dyrehave-Park wirbt damit, dass er »der älteste der Welt und der lustigste in Dänemark« sei. Das soll wohl auch eine Spitze gegenüber dem Konkurrenten Tivoli im Herzen Kopenhagens sein. Tatsächlich ist hier vieles anders: der Stil rustikaler und volkstümlicher, die Umgebung viel grüner und – Eltern aufgepasst! – das Kostenniveau deutlich niedriger. Man zahlt keinen Eintritt in den Park und kann sein mitgebrachtes Picknick im Grünen verzehren.
Klampenborg | Dyrehavevej 62 | S-Bahn: Klampenborg | www.bakken.dk | Ende März–Ende Aug. tgl. 12–22/23/24 Uhr | Eintritt frei

Den Blå Planet

▶ S. 125, b 3

Direkt am Öresund, als Nachbar des Flughafens Kastrup und im futuristischen Design hat Nordeuropas größtes Aquarium 2013 die Pforten geöffnet. Besucher sollen in der fünfarmig angelegten Anlage des Blauen Planeten das Gefühl haben, dass sie selbst sich unter der Wasseroberfläche bewegen, wenn ein Hammerhai über ihnen durch das azurblaue Riesenbecken gleitet. Neben dem technischen Aufwand und dem versprochenen »Erlebnis«-Hype sind auch die Eintrittspreise beachtlich. Am Wochenende ist mit langen Warteschlangen vor der Kasse zu rechnen.
Kastrup | Jacob Fortlingsvej 1 | Bus 5A: Den Blå Planet, Metro: Kastrup | www.denblaaplanet.dk | Di–So 10–17 Uhr | Eintritt 170 DKK, Kinder 95 DKK

Neue Kopenhagener Architektur

Kopenhagen hat in den letzten 20 Jahren einen Bauboom erlebt. Spektakuläre Gebäude bietet die zentrumsnahe Insel Amager mit dem auf der grünen Wiese geplanten und noch längst nicht fertiggestellten neuen Stadtteil Ørestad. Hier hat u. a. der Architekt Bjarke Ingels ambitionierte Wohnprojekte wie »8tallet«, »VM Bjerget« und die »VM Husene« entworfen. Sie liegen im Grünen, an Ausflugsgebieten, die sich für Spaziergänge oder Radtouren anbieten. Ingels' jüngster Geniestreich auf Amager: der »Skibakke«, die Skipiste auf dem Dach einer neuen Müllverbrennungsanlage (▶ S. 18, 121).
Unter www.visitcopenhagen.dk finden Sie Architekturführungen durch »das neue Kopenhagen«. Informationen dazu gibt es auch beim Dänischen Architekturzentrum DAC (▶ S. 136). Die Führungen bringen Sie zu architektonisch interessanten Errungenschaften wie der Badeanstalt Islands Brygge im Hafenbecken, der gegenüberliegenden, hypermodernen Hafenpromenade Kalvebod Bølge, dem Schauspielhaus am Nyhavn, der Oper und dem Neubau der Nationalbibliothek Sorte Diamant.

Grundtvigskirke nördl. D1

Eine moderne gotische Kirche aus gelbem Sandstein hat der Architekt Peder Vilhelm Jensen-Klint (1853–1930) entworfen. Der gewaltige Bau im Stadtteil Bispebjerg mit Platz für fast 2000 Menschen wurde 1940 nach fast 20 Jahren Bauzeit eingeweiht. Benannt ist die Kirche nach dem Theologen und Dichter N. F. S. Grundtvig (1783–1882). Die Stühle, entworfen von Klints Sohn Kaare, wurden unter der Bezeichnung »Kirchenstuhl 4133« zu Klassikern des modernen dänischen Möbeldesigns.

Bispebjerg | På Bjerget 148 | Bus 6A: Bispebjerg Torv | www.grundtvigskirke.dk | Di–Sa 9–16, So 13–16 Uhr

Kronborg Slot ▶ S. 125, b 1

William Shakespeare hat alles frei erfunden, als er den Dänenprinzen Hamlet auf Schloss Kronborg leben und kämpfen ließ. Der historische Hamlet ist hier nie gewesen. Macht nichts, sagen sich die Besucherscharen aus aller Welt und strömen nach Helsingør, um einen Hauch von Geschichte und Weltliteratur zu erhaschen. Das nur 4 km von der schwedischen Küste entfernte Schloss mit seinen Barock- und Renaissance-Artefakten in gewaltigen Sälen ist auch ohne den historischen Hamlet-Touch sehenswert. Kronborg, im 15. Jh. im Stil der Nordischen Renaissance erbaut und in der jetzigen Gestalt (nach einem Brand) aus dem Jahr 1637 erhalten, beherbergt in seinen Katakomben auch das für Dänen wichtige Denkmal von Holger Danske: Er schläft, so der Mythos, so lange, bis Dänemark in Gefahr gerät und er helfen muss. Jeweils im August wird im Innenhof eine aktuelle, internationale Hamlet-Inszenierung aufgeführt.

Helsingør | Kronborg 2C | S-Bahn und Regionalbahn: Helsingør | www.kronborg.dk | Jan.–März, Nov., Dez. Di–So 11–16, April, Mai, Okt. tgl. 11–16, Juni–Sept. tgl. 10–17.30 Uhr | Eintritt 75 DKK, Kinder 30 DKK

9 Louisiana Museum für moderne Kunst ▶ S. 125, b 1

Louisiana ist mit seiner Lage direkt am Öresund, der architektonischen Gestaltung von Gebäuden und Park und

Im Louisiana Museum (▶ MERIAN TopTen, S. 126) fesseln nicht nur die Kunstwerke. Auch die Lage am Öresund und die Architektur der Anlage sind ein Traum.

last but not least dank seiner Ausstellungen selbst ein Kunstwerk. Selten ist der Einklang von Landschaft, Architektur und Kunst so vollendet gelungen wie im kleinen Humlebæk. Die eigene Sammlung (mehr als 300 Exponate) mit Bildern, Statuen und Installationen von großen Namen wie Giacometti, Moore, Baselitz, Richter, Lichtenstein usw. und die Sonderausstellungen von Matisse über Klee, Warhol bis hin zum Fotografen Andreas Gursky bewegen sich auf höchstem Niveau. Für die Lousiana-Ausstrahlung genauso wichtig ist auch das muntere, entspannte Treiben der Besucher im Sommer auf dem Rasen des Louisiana-Parks. Im Schatten einer Henry-Moore-Statue können Sie ein Picknick machen und haben einen schönen Blick auf den Sund.

1958 startete der Unternehmer Knud W. Jensen (1916–2000) das Museum mit Beständen seiner privaten Kunstsammlung. Er hatte einem dänischen Landsmann, Alexander Brun, dessen Villa für sein Museum abgekauft und übernahm auch gleich den Namen Louisiana. Der hatte nichts mit den US-Südstaaten zu tun, sondern mit den Ehefrauen des Vorbesitzers: Alle drei hießen Louise.

Wenn Sie noch ein wenig Zeit haben, verlassen Sie Louisiana zum Öresund hin, gehen ans Wasser und genießen von der Badebrücke (neben dem Clubhaus des Ruderclubs Humlebæk) ungestört die Aussicht über das Wasser nach Schweden.

Humlebæk | Gammel Strandvej 13 | S-Bahn/Regionalbahn: Humlebæk | www.louisiana.dk | Di–Fr 11–22, Sa, So 11–18 Uhr | Eintritt 125 DKK, Kinder frei
35 km nördl. von Kopenhagen

Roskilde Domkirke

▶ S. 125, a 3

Dänemarks wichtigstes Gotteshaus, die 1280 im gotischen Stil fertiggestellte Backsteinkathedrale mit ihren schlanken Türmen, liegt im kleinen Roskilde, das im Mittelalter dänische Hauptstadt war. Damit war dann mit Beginn der Neuzeit auch Schluss, weil der Fjord zu flach für die immer größeren Schiffe war. Geblieben ist die Hauptrolle des imposanten Doms, der seit 1995 zum UNESCO-Weltkulturerbe zählt. 38 Königinnen und Könige wurden hier seit dem 15. Jh. zur letzten Ruhe gebettet – und auch für die (glücklicherweise noch quicklebendige) Königin Margrethe II. samt Ehemann Prinz Henrik sind bereits Grabstätten vorbereitet. Nirgendwo sonst in Dänemark und eben auch nicht im benachbarten Kopenhagen lässt sich die fast 1000-jährige Geschichte der dänischen Monarchie so hautnah studieren wie in diesem Gemäuer der Backsteingotik.

Roskilde | Domkirkestræde 10 | Regionalbahn: Roskilde | www.roskildedomkirke.dk | April–Sept. Mo–Sa 10–18, So 13–18, Okt.–März Mo–Sa 10–16, So 13–16 Uhr | Eintritt 60 DKK, Kinder frei
35 km westl. von Kopenhagen

Freiluftgym für Kleine und Große auf dem Lüders-Parkhaus

nördl. J 1

Kostenloser Fitnessspaß mit tollem Hafenblick im neuen Stadtteil Nordhavn. Auf dem Dach des Lüders-Parkhauses kann man auf weichem Asphalt sprinten oder Trampolinspringen. Auch an kinderfreundliche Kletter- und Spielgeräte wurde gedacht.

Nordhavn | Helsinkigade 30 | S-Bahn: Nordhavn | durchgehend geöffnet

Im Fokus
Kopenhagen als Filmkulisse

Dänische Kinofilme und nicht zuletzt TV-Serien wie »Kommissarin Lund« sind international erfolgreich. Kopenhagen als Kulisse spielt dabei eine wichtige Rolle. Mal finster, mal als schickes Designmekka und früher auch als Ganovenparadies für die Olsenbande.

Natürlich haben Kopenhagener mit Geld und Einfluss schon versucht, Woody Allen nach seinen Filmen voller schönster Stadtansichten von New York, Paris, Barcelona und London zu einem Projekt in ihre Stadt zu locken. Es gab nur eine höfliche Absage. Die geschäftstüchtigen Dänen wissen aus Erfahrung genau, wie stark solche Filme, wenn sie ein durchschlagender Erfolg sind, das Bild einer Stadt prägen können. Gerade wieder haben sie das mit dem erstaunlichen internationalen Erfolg eigener TV-Serien wie »Kommissarin Lund – Das Verbrechen«, »Die Brücke – Transit in den Tod« und »Borgen – Gefährliche Seilschaften« bewiesen. Kopenhagen spielt als Kulisse in diesen ziemlich raffiniert durchgestylten Serien eine wichtige Rolle. Lise Lotte Frederiksen macht Führungen zu Schauplätzen. Der meistgefragte ist die seltsam dreieckig geformte Polizeizentrale unweit des Tivoli. Der Bau aus dem Jahr 1924 habe es den Zuschauern von »Kommissarin Lund« ganz besonders angetan mit der »nach außen hässlichen faschistischen Architektur und der schönen neo-

◀ Die drei der »Olsen-Bande« (▶ S. 130) stoßen an: 1968 gedreht und sehr populär.

klassizistischen Gestaltung innen«. Der nach meinem Geschmack draußen wie drinnen fürchterlich abweisende Bau passt zur düsteren Grundstimmung in der Serie mit »Kommissarin Lund«. Wenig heller fällt sie in der »Brücke« aus, einer dänisch-schwedisch-deutschen Krimiserie mit der 15 km langen Öresundverbindung aus Tunnel und Brücke zwischen Kopenhagen und Malmö als Titelgeber.

SEELENLOSE ORTE CONTRA WONDERFUL COPENHAGEN

»Sarah Lund und die Brücke sind ja fast apokalyptisch angelegt. Sie zeigen dauernd den Flugplatz Kastrup, alle möglichen Parkhäuser, den S-Bahnhof Nørreport und andere seelenlose Orte«, seufzt Frederiksen. »Da ist Kopenhagen immer grau.« Dagegen vermittle die Politserie »Borgen« ein viel freundlicheres Bild: »Hier radeln immer alle, die idyllischen Innenstadtgassen werden viel gezeigt.« »Borgen« ist die allen Dänen geläufige Abkürzung für Schloss Christiansborg, den Parlaments- und Regierungssitz.

Die Hauptfiguren der populären TV-Serie – von der so sympathisch scheiternden Regierungschefin Birgitte Nyborg (Sidse Babett Knudsen) bis zu allen möglichen schrägen Journalisten – bewegen sich in mit schönstem und teurem dänischen Design ausgestatteten Büros, Wohnungen oder Cafés. Da sind immer Arne-Jacobsen-Stühle, die legendären PH-Lampen und aktuell angesagte dänische Originalkunst an den Wänden zu bewundern. »Es grenzt ein bisschen an Wonderful Copenhagen«, meint Lise Lotte Frederiksen.

Womit wir beim Ursprung der gewollten oder ungewollten Filmwerbung für die dänische Hauptstadt gelandet sind. »Wonderful Copenhagen« sang 1952 begeistert der Hollywoodstar Danny Kaye als Hans Christian Andersen in einem kitschigen Hollywoodfilm über den Märchendichter. Dass Kaye dafür die Pappmaché-Kulissen des kalifornischen Studios nicht verlassen musste, tat dem durchschlagenden Effekt keinen Abbruch. Für die **Kleine Meerjungfrau** 5 am Langeliniekaj hat dieser Film das Leben radikal verändert. Erst von nun an war die Bronzefigur nach dem gleichnamigen Andersen-Märchen eine internationale Berühmtheit. Vorher hatten sie eigentlich nur Einheimische gekannt.

»Wonderful Copenhagen« setzte sich als genialer Reklameslogan für die Stadt massiv und auf Dauer durch. Schönster Beweis ist das »Wonderful

Copenhagen«-Poster mit dem glücklichen Polizisten, der den kompletten Verkehr mit ausnahmslos glücklich lachenden Kopenhagenern stoppt, damit eine Enten-Mama und ihre sieben Küken unbeschadet über die Straße watscheln können. Sie finden es in allen Souvenirshops.

EINE EIGENE STRASSE FÜR DIE OLSENBANDE

Kinogänger aus DDR-Zeiten werden sich daran erinnern, wie stark die dänischen Ganovenfilme mit der Olsenbande ihr Bild von Kopenhagen geprägt haben. Keine andere westliche Filmserie war im Osten so populär wie die zwischen 1968 und 1982 gedrehten Streifen mit dem ewig scheiternden Trio Egon, Benny und Kjeld. Zum Leidwesen der drei spielt auch hier die Polizeizentrale immer wieder eine Hauptrolle. Fans dieser Serie pilgern immer mal wieder zum Statsfængsel Vridsløselille im Vorort Albertslund. Bandenchef Egon Olsen, gespielt von Ove Sprogøe (1919–2004), durfte das finstere Staatsgefängnis aus dem 19. Jh. zu Beginn jedes Films verlassen. Am Ende der Dreharbeiten musste er oft wieder dorthin zurück. Als Sprogøe 2004 starb, beschloss der Stadtrat die Umbenennung der Straße vor dem Gefängnistor von Fængselsvej in Egon-Olsen-Vej. Glückliche Dänen!

ANSICHTEN VON FRÜHER

Ich sehe die charmanten, harmlosen Filme nach wie vor gerne, auch weil sie immer wieder viele Sehenswürdigkeiten von der Kleinen Meerjungfrau über die Alte Börse und das Kaufhaus Magasin du Nord bis zum Rundetårn samt Umgebung vor rund 40 bis 50 Jahren ins Bild bringen. Man freut sich, dass fast alles beim Alten geblieben ist und dass immer die Sonne scheint.

Diese Filme mit den sympathischen Kleinkriminellen zeigen auch ein Kopenhagen, das durch den Bauboom der letzten 20 Jahre mit astronomisch gestiegenen Immobilienpreisen zu verschwinden droht: Egon, Benny und Kjeld planten ihre seltsamen Coups oft in irgendwelchen windschiefen Schuppen am Südhafen, wo man es mit festen Arbeitszeiten nicht so genau nahm und auch schon vor 12 Uhr mit einem »Hof«, dem Carlsberg-Bier, anstieß. Heute ist diese Welt weitgehend verschwunden, verdrängt von ökologisch korrekten, in aller Regel recht teuren Wohnungsneubauten.

Lars von Trier, Dänemarks berühmtester Filmregisseur, hat Kopenhagen als Filmkulisse vergleichsweise sparsam genutzt. In der TV-Serie »Riget«, deutsch »Hospital der Geister«, führte er Mitte der 1990er-Jahre das größte und berühmteste Krankenhaus der Stadt als Ort finsterer Machenschaften der Ärzte vor. Es spukte auch gewaltig im Rigshospital am Blegdamsvej. Von Trier ließ Krankenwagen wie von Geisterhand durch die graue Stadt steuern und zeigte Kopenhagen oft im Dunkeln aus der Vogelperspektive. »Danskjävlar!« (Dänenpack), brüllte dabei vom Flachdach des Krankenhauses ein schwedischer Chefarzt in seiner eigenen Sprache Richtung Öresund. Dieser Zugereiste jedenfalls hatte sich nicht vom »Wonderful Copenhagen« einlullen lassen.

Von Trier hat seinen festen Kopenhagener Arbeitsplatz bei der eigenen Produktionsgesellschaft Zentropa im westlichen Vorort Hvidovre, 10 km vom Zentrum entfernt. Hier haben sich auf einem früheren Kasernengelände einige der international erfolgreichen dänischen Filmgesellschaften und ihre Regisseure einquartiert. Von Trier saust gerne auf seinem Golf Cart durch die Gegend.

Auch Ex-James-Bond Pierce Brosnan machte bereits Bekanntschaft mit Kopenhagen und krachte in »All You Need Is Love« (2012) am Flugplatz in das Auto seiner dänischen Filmpartnerin Trine Dyrholm.

Weitere bekannte Filme, in denen Kopenhagen als Schauplatz eine Rolle spielt:

– **Topas** (1969) Thriller von Alfred Hitchcock, mit Bildern aus der Königlichen Porzellanmanufaktur, heute Royal Copenhagen, und dem damals sehr bekannten Designgeschäft Det Permanente.

– **Fräulein Smillas Gespür für Schnee** (1997), Verfilmung des Thrillers von Peter Høeg durch Bille August. Die Aufnahmen stammen vor allem aus Christianshavn.

– **Die Königin und der Leibarzt** (2012) Spielfilm über den aus Altona nach Kopenhagen zugewanderten Arzt und Reformer Johann Friedrich Struensee mit Mads Mikkelsen in der Titelrolle. Struensee, als Arzt und Berater von König Christian VII. geholt, später Liebhaber von dessen Ehefrau Caroline Mathilde, wurde 1772 im Østerfælled (heute Fælledparken) vor Zehntausenden von Zuschauern geköpft und gevierteilt. Der Film zeigt das barock geprägte Kopenhagen – allerdings oft mit Aufnahmen aus Dresden.

– **The Danish Girl** (2016) Die Kopenhagener Malerin Gerda Wegener ließ ihren Ehemann in Frauenkleidern für ihre Bilder posieren, weil das eigentlich vorgesehene Modell ausgeblieben war. Für den transsexuellen Ehemann war diese Zufallserfahrung jedoch Auslöser für einen Lebenswandel. Als er sich 1930 der weltweit ersten operativen Geschlechtsumwandlung unterzog, stand Gerda Wegener zu ihm. Der Film mit Eddie Redmayne in der Hauptrolle nimmt es historisch nicht so genau, ist jedoch sehr berührend und zeigt sehr hübsch Kopenhagen, wie es vor 90 Jahren aussah. Dass im Film dann tatsächlich Berge im flachen Dänemark vorkommen – Schwamm drüber.

MUSEEN UND GALERIEN

Kopenhagens Kunsttempel begeistern auch Museumsmuffel, zumal sie auf kurzen Wegen erreichbar sind wie die Ny Carlsberg Glyptotek und das Statens Museum for Kunst. Und manche, wie das Louisiana Museum, sind sogar selbst ein Kunstwerk.

Riesige, weltbekannte Museen vom Format eines Pariser Louvre oder der Vatikan-Museen in Rom hat Kopenhagen nicht zu bieten. Gut, könnte man denken, so muss hier niemand stundenlang um Einlass anstehen und nach dem Rundgang erschöpft im Hotel ein Fußbad gegen die Blasen nehmen. Die Intensität eines Museumsbesuchs hat ja auch nicht unbedingt mit Quadratmeterzahl und Bekanntheitsgrad zu tun. Deshalb wird hier mutig das **Louisiana Museum für moderne Kunst** 9 auf eine Stufe mit den ganz großen europäischen Kunsttempeln gestellt, was Einzigartigkeit und Ausstrahlung angeht. Louisiana ist als architektonisches Meisterwerk mit immer sehenswerten Ausstellungen in wunderschöner Umgebung zu Recht des meistbesuchte Museum Kopenhagens. Es gehört zu einem Besuch der Stadt genauso dazu wie bestimmte Namen mit großem Klang zu einer Paris- oder Rom-Reise.

◀ Bauchig wie ein Wal: der Neubau des Kunstmuseums Ordrupgaardsamlingen (▶ S. 139).

Für das Louisiana Museum sollten Sie auf jeden Fall einen halben Tag veranschlagen. Die **Ny Carlsberg Glyptotek** 10 und das Statens Museum for Kunst (Nationalgalerie), die beiden wichtigsten Kunstmuseen im Zentrum, sind leicht auch zu Fuß zu erreichen und nehmen weit weniger Zeit in Anspruch. Kleiner als diese beiden, aber eine Museumsperle ist die Davids Samling, direkt am Kongens Have, mit viel islamischer Kunst. Wer die Kopenhagener und die dänische Geschichte studieren möchte, sollte das Nationalmuseum als beste Adresse für die Landesgeschichte und das Kopenhagener Stadtmuseum (Københavns Museum) für die Stadtgeschichte auf das Programm setzen. Es öffnet nach einem Umzug 2018 wieder seine Pforten (www.cphmuseum.dk).

ES GIBT VIEL KÖNIGLICHES ZU SEHEN

Für Royalisten allerlei Sehenswertes findet sich mit dem einleitenden »De/Det/Den Kongelige …« in Museumsnamen: die Königlichen Repräsentationsräume auf Schloss Christiansborg, die Königlichen Reitställe am selben Ort, die Königlichen Insignien samt Kronjuwelen auf Schloss Rosenborg und die Königlichen Sammlungen im Amalienborg-Museum im gleichnamigen Schloss, der Residenz von Margrethe II.
Allen gemeinsam ist eine überwiegend romantisierende Darstellung der heimischen Monarchie. Ganz andere, in vielerlei Hinsicht realistischere Bilder von der Vergangenheit in Kopenhagen und draußen vor den einstigen Wallanlagen liefern das Arbejdermuseet (das Arbeitermuseum unweit Nørreport/Torvehallerne) und das Frilandsmuseet (Freilichtmuseum) in Lyngby mit seinen alten Dorf- und anderen Bauernhäusern.

MUSEALE FREUDE AM DESIGN

Fast so sehr wie von all dem »kongelige« ist Kopenhagen vom »Danish Design« geprägt. Der Erfolg heimischer Möbelschöpfer, Architekten und anderer moderner Formgeber hat das Designmuseum (früher Kunstindustrimuseet in Frederiksstaden) und das DAC (Dansk Arkitekturcenter) entstehen lassen. Denken Sie daran, dass originelle Kopenhagener Designerläden wie **Illums Bolighus** 2, Paustian, Klassik und Hay Cph/Hay House hier auch viel zu bieten haben – ohne dass man unbedingt kaufen muss. 2018 öffnet das gewaltige neue Architektur- und Designzentrum Blox am Hafen seine Pforten für interessierte Besucher.

Die Eintrittspreise für Kopenhagener Museen bewegen sich zwischen 0 und knapp 200 DKK. Staatliche Museen wie das Statens Museum for Kunst und das Nationalmuseum bieten durchgehend freien Eintritt. Ebenfalls kostenfrei ist der Besuch der privaten Davids Samling. Viele Museen gewähren einen Tag in der Woche freien Eintritt. Bei mehreren Museumsbesuchen während eines Kopenhagen-Aufenthaltes ist die Copenhagen Card zu empfehlen, mit der neben 75 Museen auch die öffentlichen Nahverkehrsmittel kostenlos genutzt werden können.
Eine komplette Liste der Museen in Kopenhagen und Umgebung finden Sie in Englisch auf Wikipedia unter »List of museums in and around Copenhagen«. Recht umfassend ist auch die Liste von Museen mit freiem Eintritt für Inhaber der Copenhagen Card (▶ S. 178) auf www.copenhagencard.de

Arbejdermuseet G 4

Dänemark war im 20. Jh. stark sozialdemokratisch geprägt. Das Arbeitermuseum zeigt dies und dazugehörende Kultur in einem überschaubaren Rahmen. Wer eine ordentliche Portion der in Kopenhagen allgegenwärtigen Monarchie aufgenommen hat, kommt hier auf andere Gedanken. Das Museum zeigt auch, wie sich in Dänemark Arbeiterschaft, Bürgertum und Königshaus meist friedlich geeinigt haben.

Indre By | Rømersgade 22 | Metro: Nørreport | www.arbejdermuseet.dk | tgl. 10–16 und Mi 10–19 Uhr | Eintritt 75 DKK, Kinder frei

Arken ▶ S. 125, b 3

Kopenhagens zweite lohnenswerte Adresse für moderne Kunst nach Louisiana liegt im südlichen Vorort Ishøj in Strandnähe. 1996 eröffnet, machte Arken erst Schlagzeilen wegen seiner kühnen architektonischen Gestaltung durch den damals unbekannten Noch-Studenten Søren Robert Lund. Es folgten unfreiwillige Schlagzeilen, als die erste Direktorin Anna Castberg sich als lupenreine Hochstaplerin entpuppte. Sie hatte ihren Lebenslauf mit erfundenem Doktortitel und fiktiven Jobs geschmückt. Arken präsentiert aus der eigenen Sammlung vor allem Arbeiten von zeitgenössischen Künstlern mit internationalem Ruf wie dem Chinesen Ai Weiwei und dem Briten Damien Hirst, für den es einen eigenen Saal gibt. Bunt die Mischung bei den Ausstellungen mit Namen von Friedensreich Hundertwasser über Andy Warhol bis Emil Nolde. Besonders erfolgreich war in den letzten Jahren die Präsentation von Werken der Mexikanerin Frida Kahlo und, ganz anders, mit Werken der fleißig malenden Königin Margrethe II. Das Publikum strömte in die Ausstellungen, die Kritiker blieben höflich.

Ishøj | Skovvej 100 | Bus 300S: Strandparkstien, S-Bahn: Ishøj Station (in beiden Fällen anschließend recht langer Fußmarsch von 1,5–2 km) | www.arken.dk | Di–So 10–17, Mi 10–21 Uhr | Eintritt 115 DKK, Kinder frei

Blox H5

Das weltweite Interesse für zeitlos schönes Design aus Dänemark und seine kreativ-mutigen Architekten bilden das Fundament: Blox, ein einerseits wild verschachtelter, andererseits linear klarer Prachtbau am Hafen, soll diese Perlen aus dem Norden vorzeigen und auch symbolisieren. Nach einem Entwurf des Niederländers Rem Kohlhaas ist eine eigene »City in der Box« in vielen Glaskästen entstanden. Mit Ausstellungszentrum für Architektur, Design und andere urbane Aktivitäten, gläsernen Einkaufspassagen und viel offener Fläche zum Hafenbecken wie auch zur historischen Altstadt hin.

Indre By | Frederiksholms Kanal 30 | Bus: diverse, Rådhuspladsen | www.blox.dk | Eröffnung für Frühjahr 2018 geplant

Christiansborg Slot ► S. 60

Cisternerne B/C6

Aus einem riesigen Wasserreservoir ist ein originelles unterirdisches Kunstmuseum geworden. Die Zisternen gegenüber Schloss Frederiksberg mit einer Fläche von 4400 m² wurden Mitte des 19. Jh. als nach oben offenes Bassin gemauert, 1891 mit Beton abgedeckt und seit 1933 nicht mehr genutzt. Heute können Besucher in das Gemäuer hinabsteigen und raffiniert beleuchtete Kunst sowie Dänemarks einzige Tropfsteinhöhle anschauen. Erde und Grün über der Betondecke sorgen für dieses spezielle Phänomen. Im Hochsommer beträgt die Durchschnittstemperatur hier 16 Grad. Ein guter Tipp für heiße Tage. An anderen sollte man sich besser warm anziehen.

Das Museum Arken (► S. 134) hat die moderne Kunst in den Kopenhagener Westen gebracht. Besucher strömen zu den Ausstellungen mit Werken von Nolde, Warhol und Kahlo.

Frederiksberg | Søndermarken | Bus: 6A: Zoologisk Have | www.cisternerne.dk | Dez., Jan. 11–14, Feb. 11–15, März, Okt. tgl. 11–17, April, Sept. 11–18, Mai, Aug. 11–19, Juni, Juli 11–20 Uhr | Eintritt 60 DKK, Kinder frei

Dansk Arkitektur Center (DAC)

J5

Ein ehemaliger Hafenspeicher beherbergt Kopenhagens Ausstellungszentrum für moderne Architektur. Das DAC bietet Ausstellungen, meistens mehrere parallel, zu architektonischen Entwicklungen generell und in Kopenhagen sowie Dänemark speziell. Hier kann man auch Stadtführungen zu neueren Architektur-Schwerpunkten wie dem Hafen oder dem Stadtteil Ørestad buchen. Wer Bücher zum Thema Architektur in Kopenhagen sucht, ist im DAC-Buchladen an der richtigen Adresse. Ein Plus ist das Café (▶ S. 120) im ersten Stock mit schönem Blick auf den Hafen.

Christianshavn | Strandgade 27B | Metro: Christianshavn | www.dac.dk | tgl. 10–17, Mi 10–21 Uhr | Eintritt 40 DKK, Kinder frei, Mi 17–21 Uhr für alle frei

Dansk Jødisk Museum

H5

Das kleine Museum, das über 400 Jahre Geschichte der Juden in Dänemark zeigt, ist in einem Seitenflügel der alten Nationalbibliothek (▶ S. 63) untergebracht. Das Innere hat Daniel Libeskind gestaltet, der auch beim Bau des Jüdischen Museums in Berlin architektonisch federführend war. Für ihn stand bei der Konzeption die Rettung fast aller gut 7000 dänischen Juden vor dem Holocaust im Zentrum. Die däni-

Seite an Seite im Designmuseum (▶ S. 137): berühmte Kreationen dänischer Gestalter, darunter international anerkannte Größen wie Arne Jacobsen und Kaare Klint.

schen Juden überlebten vor allem, weil ihnen viele Mitbürger halfen.

Indre By | Proviantpassagen 6 | Metro: Kongens Nytorv, S-Bahn: Hauptbahnhof | www.jewmus.dk | Juni–Aug. Di–So 12–17, Sept.–Mai Di–Fr 13–16, Sa, So 12–17 Uhr | Eintritt 60 DKK, Kinder frei

Davids Samling H3

Hinter einer eher unscheinbaren Wohnhausfassade am Kongens Have entfalten sich Glanz und Raffinesse islamischer Kunst aus 1000 Jahren. Die Sammlung des 1960 gestorbenen Anwalts C. L. David gehört zu den größten und umfassendsten in Europa. Kenner wissen das, aber für das breite Publikum hat das Privatmuseum in zwei alten Patrizierhäusern immer ein bisschen im Schatten gestanden. Zu Unrecht. Der Reichtum an künstlerischen Schätzen und die dezent-elegante Innengestaltung begeistern auch mich. Kopenhagens einziges privates (und finanziell gut gepolstertes) Kunstmuseum gewährt freien Eintritt. Davids Samling zeigt neben dem islamischen Schwerpunkt auch europäische Kunst und Kunsthandwerk aus dem 17. und 18. Jh. sowie etwas jüngere dänische Kunst.

Indre By | Kronprinsessegade 30–32 | Metro: Kongens Nytorv | www.davidmus.dk | Di–So 10–17, Mi 10–21 Uhr | Eintritt frei

Designmuseum Danmark J3

Das frühere Kunstindustriemuseum zeigt die Arbeit heimischer Designklassiker wie Poul Hennigsen, Kaare Klint (▶ Grundtvigskirke, S. 125) und Arne Jacobsen zusammen mit heimischem und ausländischem Kunsthandwerk. Das Museum von überschaubarer Größe ist in einem Rokokobau aus den Jahren 1752–1757 untergebracht. Hier wurde Kopenhagens erstes öffentliches Krankenhaus eröffnet, in dem 1855 der Theologe und Philosoph Søren Kierkegaard starb. Ein Kleinod ist der nach vier Seiten geschlossene grüne Innenhof (mit Café), der auch so heißt: »Grønnegården«.

Frederiksstaden | Bredgade 68 | Bus 1A: Fredericiagade, Metro: Kongens Nytorv, S-Bahn: Østerport | www.designmuseum.dk | Nov.–März Di–So 11–17, Mi 11–21, April–Okt. Di–So 10–18, Mi 10–21 Uhr | Eintritt 100 DKK, bis 26 Jahre frei

Enigma G1

Ein altes Posthaus dient seit 2017 als hochmodernes Kommunikationsmuseum. Seinen Namen hat es von der Dechiffriermaschine der deutschen Kriegsmarine, die man hier neben vielen Stationen der Postgeschichte bestaunen kann, von Briefmarken bis zum Spiel mit der virtuellen Kommunikation unserer Tage. Die dazugehörende »Kantina« ist zu empfehlen.

Østerbro | Øster Allé 1 | Bus: 1A Trianglen | www.enigma.dk | Mo–Do 11–21, Fr 8–18, Sa, So 10–16 Uhr

Experimentarium  nördl. J1

Spielerisch mit eigenen Experimenten in die Wunder von Technik, Naturwissenschaft und Mathematik eintauchen: Mit dem Anfang 2017 neu eröffneten Museum im Vorort Hellerup hat Kopenhagen eine Weltklasseattraktion für Familien mit Kindern zu bieten, die gern selbst aktiv sind.

Hellerup | Tuborg Havnevej 7 | Bus: 1A oder 21 Tuborg Blvd., S-Bahn: Hellerup |

www.experimentarium.dk | Mo–Fr 9.30–17, Sa, So 10–17 Uhr | Eintritt 195 DKK, Kinder 115 DKK

Frilandsmuseet ▶ S. 125, b 2

Für einen Ausflug in die ländliche Vergangenheit Dänemarks bietet sich das Freiluftmuseum im Vorort Kongens Lyngby an. Rund um wiederaufgebaute Bauernhäuser, Landarbeiterhütten und Werkstätten aus den letzten drei Jahrhunderten können Besucher in den Sommermonaten allerlei Aktivitäten aus der Vergangenheit bestaunen oder dabei mitmachen. Vermittelt wird teils ein realistisches Bild vom harten Landleben der letzten Jahrhunderte, teils auch eine schön anzuschauende bäuerliche Idylle. Bringen Sie auf jeden Fall etwas zum Picknicken in der schönen Umgebung mit.

Kongens Lyngby | Kongevejen 100 | S-Bahn: Sorgenfri | www.natmus.dk | Ostern 10–16, Mai, Juni, Mitte Aug.–Ende Okt. Di–So 10–16, Juli–Anfang Aug. Di–So 10–17 Uhr | Eintritt frei

Københavns Museum G 5

Das Stadtmuseum tritt 2018 nach mehrjähriger Pause und Umzug von Vesterbro ins Zentrum direkt neben dem Rathaus mit ehrgeizigen Plänen neu an. 1100 m² Ausstellungsfläche sind zwar nicht die Welt, aber Kopenhagens Stadtgeschichte ist durch viele Ausgrabungsfunde beim Bau der Metro noch spannender geworden. Die Museumsplaner haben modernste und aufwendige Technik bei ihrer Vermittlung angekündigt.

Indre By | Stormgade 18 | Bus: 1A Rådshuspladsen | www.cphmuseum.dk | Eröffnung für 2018 geplant

9 Louisiana Museum für moderne Kunst ▶ S. 126

Nationalmuseum G 5

Dänemarks Kulturgeschichte wird in den eleganten Sälen des Prinsens Palæ aus dem 18. Jh. präsentiert. Neben der eigenen Frühgeschichte bis zu den Wikingern zeigt das Nationalmuseum in seinem Hauptgebäude auch viel zur Kolonialgeschichte Grönlands und eine breit gestreute ethnografische Sammlung (Nord-, Süd- und Mittelamerika, Afrika, Asien, Ozeanien). Der geschichtliche Überblick zu Dänemark erstreckt sich bis zur letzten Jahrtausendwende. Das Museum unterhält zahlreiche Filialen in anderen Häusern, von denen das Freiheitsmuseum (zum Widerstand gegen die deutschen Besatzer Dänemarks 1940–1945) nach einem Brand 2013 bis auf Weiteres geschlossen wurde.

Indre By | Ny Vestergade 10 | www.natmus.dk | S-Bahn: Hauptbahnhof | Di–So 10–17 Uhr | Eintritt 75 DKK, Kinder frei

10 Ny Carlsberg Glyptotek G 5/6

Der Name täuscht. Weder geht es hier um Bier, noch zeigt das Museum nur Antikes wie die Namenspatin Glyptothek in München. In den schönen lichten Sälen der Kopenhagener Glyptotek (ohne »h«) finden Sie eine große Sammlung aus der Antike mit ägyptischer, griechischer, römischer und etruskischer Kunst. Daneben sind Bilder heimischer und französischer Impressionisten wie Monet, Degas und Renoir sowie Postimpressionisten wie Gauguin, Manet und auch van Gogh zu sehen. Von Degas und dessen Lands-

Neben Malereien der frühen Moderne zeigt die Ny Carlsberg Glyptotek (▶ MERIAN TopTen, S. 138) eine eindrucksvolle Sammlung antiker Kunst aus dem Mittelmeerraum.

mann Rodin präsentiert das Museum zahlreiche Statuen. Gestiftet hat es 1902 der Bierbrauer Carl Jacobsen (1842–1914). Die Glyptotek ist unbedingt einen Besuch wert – auch schon wegen des Palmengartens unter der hohen, lichtdurchfluteten Kuppel. Besonders anziehend ist das Museum am eintrittsfreien Dienstag. Im Sommer lockt die große Dachterrasse.

Indre By | Dantes Plads 7 | Bus 1A: Glyptoteket, S-Bahn: Hauptbahnhof | www.glyptoteket.dk | Di–So 11–18, Do 11–22 Uhr | Eintritt 95 DKK, Kinder frei, Di für alle frei

Ordrupgaardsamlingen nördl. H 1

Das Kunstmuseum südlich des Dyrehave-Parks zeigt vor allem französische und dänische Kunst aus dem 19. sowie 20. Jh. u. a. mit Werken von Gauguin, Degas, Renoir, Cézanne und Monet. Es hat 2005 einen architektonisch interessanten neuen Anbau bekommen. Nach einem Entwurf der im Irak geborenen Architektin Zaha Hadid (1950–2016) lehnt sich die 1150 m² große Halle wie ein riesiger Wal an das alte Museumsgebäude. Auf die Sonderausstellungen in diesem Neubau mit oft erstaunlich ehrgeizigem Zuschnitt sollten Sie achten. Für an dänischer Architektur und Möbeldesign Interessierte zeigt die Sammlung auf einem Nachbargrundstück das komplett erhaltene Haus des Architekten Finn Juhl (1912–1989). Kunst im Freien bietet der Park.

Charlottenlund | Vilvordevej 110 | Bus 388: Vilvordevej, S-Bahn/Regionalbahn: Klampenborg | www.ordrupgaard.dk | Di, Do, Fr 13–17, Mi 13–21, Sa, So 11–17 Uhr | Eintritt 110 DKK, Kinder frei

Statens Museum for Kunst H3

In Dänemarks Nationalgalerie hat bereits Bob Dylan seine Bilder ausgestellt. Das war allerdings eine Ausnahme, denn diese Einrichtung ist seit dem 18. Jh. vor allem ein Sammelplatz für den staatlichen Kunstbesitz aus über 700 Jahren. Das Museum zeigt seine großen Bestände europäischer Kunst von 1300–1800 sowie Dänisches und Nordisches (1750–1900), französische Kunst von 1900–1930 sowie dänische und internationale Kunst von 1900 bis heute. Das 1896 erbaute Museum hat gut 100 Jahre später durch einen verglasten Anbau an Attraktivität gewonnen. Dank dieses Neubaus ist die Moderne mit herausragenden heimischen Namen wie Per Kirkeby und Asger Jorn stärker vertreten. Von dem in Dänemark sehr bekannten Emil Nolde gibt es nur im Nolde-Museum Seebüll mehr Gemälde zu sehen als hier.

Indre By/Østerbro | Sølvgade 48–50 | Metro und S-Bahn: Nørreport | www.smk.dk | Di–So 11–17, Mi 10–20 Uhr | Eintritt 110 DKK, Kinder frei

Thorvaldsens Museum H5

Dänemarks berühmtester Bildhauer Bertel Thorvaldsen (1770–1844) hat fast ein halbes Jahrhundert lang im fernen Rom Skulpturen fabriziert. Er wurde damit zu einem herausragenden Vertreter der neoklassizistischen Bildhauerei in Europa. Nach seiner Heimkehr aus Italien 1838 bauten ihm die Kopenhagener dieses Museum fast wie einen antiken Tempel neben Schloss Christiansborg. Nach einem Entwurf des damals jungen und revolutionären Architekten Michael Gottlieb Bindesbøll (1800–1856) wurde es erst kurz nach Thorvaldsens Tod fertig. Das lichte und reich mit Deckenmalereien geschmückte Museum präsentiert neben Thorvaldsens eigenen Arbeiten auch dessen Sammlung antiker Kunst und zeitgenössischer Malerei. Der in Dänemark auch zu Lebzeiten hoch verehrte Künstler schenkte dem Land seinen kompletten Kunstbesitz. Thorvaldsen ist im Innenhof des Museums beigesetzt. Wenn Sie sich wundern, dass etliche Gipsstatuen im Museum nach 150 Jahren Staub und verunreinigter Luft so schmuddelig aussehen: Die Experten werden Ihnen versichern, dass es anders nicht geht.

Indre By | Bertel Thorvaldsens Plads | Metro: Nørreport oder Kongens Nytorv, S-Bahn: Hauptbahnhof | www.thorvaldsensmuseum.dk | Di–So 10–17 Uhr | Eintritt 60 DKK, Kinder frei, Mi für alle frei

Tøjhusmuseet H5

»21 Kriege, die Dänemark geformt haben« oder »Erleben Sie die Stimmung in einem dänischen Soldatencamp in Afghanistan«. So wirbt das Königliche Zeughausmuseum gegenüber Schloss Christiansborg für einen Besuch. Die Waffensammlung von der Renaissance, ab 1400, bis heute hat durch den Einsatz der Skandinavier bei den Kriegen in Irak und Afghanistan mächtig an Profil gewonnen. Wer gern historische Waffen anschaut, kommt hier auf seine Kosten. Das Vorbeidefilieren an einer endlosen Reihe von Kanonenrohren aus allen Jahrhunderten der Neuzeit und ornamental zusammengesetzten Maschinenpistolen als Wandschmuck mag manchen begeistern, ist aber vielleicht nicht jedermanns Sache.

Indre By | Tøjhusgade 3 | Metro: Kongens Nytorv | www.thm.dk | Di–So 12–16 Uhr | Eintritt frei

Tycho Brahe Planetarium F5

Kopenhagen hat neben dem 400 Jahre alten Observatorium auf dem legendären Rundetårn (▶ S. 65) ein hochmodernes Planetarium. Sie finden es in Vesterbro am Ende der »søer« (Seen). Benannt ist es nach dem berühmten Astronomen Tycho Brahe (1546–1601) und bietet auf einer 1000 m^2 großen Leinwand unter der Kuppel traumhaft schöne Bilder von Sternenhimmel und vom Universum. Gelegentlich laufen hier auch Filme von hochkarätigen Rockkonzerten (z. B. mit den Rolling Stones). Das Planetarium zeigt neben der Dauerausstellung »Das aktive Universum« auch Filme im spektakulären IMAX-Format und in 3-D. Immer ist auch für Kinder etwas im Programm. Das dazugehörige Café liegt idyllisch am Wasser und lädt zum Besuch ein.

Vesterbro | Gammel Kongevej 10 | S-Bahn: Vesterport, Hauptbahnhof | www.planetariet.dk | Mo–Do 9.30–19.10, Fr, Sa 10.30–20.30, So 10.30–19.10 Uhr | Eintritt 150 DKK, Kinder 99 DKK

Der abgeschrägte Rundturm beherbergt seit 1989 Europas größtes Planetarium (▶ S. 141), benannt nach dem dänischen Adeligen und Astronomen Tycho Brahe (1546–1601).

SPAZIERGANG

DIE ALTSTADT – AUS WASSER ENTSTANDEN

Der Spaziergang führt mitten ins Herz der Altstadt. Hier wandelt man auf Straßen, die vor weniger als 200 Jahren noch Sümpfe oder Kanäle waren, und kann nachvollziehen, dass erstaunlich viel Land in Kopenhagen dem Wasser abgerungen ist. Die zahlreichen historischen Bauten offenbaren lebendig die Stadtgeschichte. Im idyllischen Nyhavn wandelt man mehrfach auf den Spuren von Hans Christian Andersen. Und ein mittelalterliches Erdgeschoss wurde zu einem Kellerlokal mit kulinarischen Köstlichkeiten umfunktioniert.

◀ Anker am Nyhavn (▶ S. 143): Ein Ehrenmal für dänische Seeleute im Zweiten Weltkrieg.

START Nyhavn 1
ENDE Gråbrødre Torv
LÄNGE 2 km

Diesen Spaziergang sollten Sie am besten vormittags unternehmen, wenn der Nyhavn noch nicht so voller Menschen ist. Dann kommt sein geschichtlicher und architektonischer Reiz am besten zur Geltung.

Der Spaziergang beginnt am Ende des **Nyhavn** 3 vor dem **»Minde-Anker«** (Anker-Denkmal). Die Skulptur erinnert an die fast 2000 im Zweiten Weltkrieg im Dienst der Alliierten ums Leben gekommenen dänischen Seeleute. Schon der Blick auf das weiße Eckgebäude zeigt, wie viel Geschichte sich hier zusammenballt. Im Jahr 1753 als Schmiede gebaut sammelten sich in **Nyhavn Nr. 1** ein Jahrhundert später auswanderungswillige Dänen, weil sie hier eine Schiffspassage nach Amerika bekommen konnten. Heute ist in dem Haus das kleine behagliche Café Barock untergebracht.

Kopenhagens berühmteste Häuserzeile geht auf eine Idee **König Frederiks III.** zurück. Er starb im Februar 1670, sein ältester Sohn Christian V. ließ ein Jahr später von Soldaten einen **Stichkanal** vom Öresund quer durch das Sumpfgelände ausheben, damit Schiffsladungen schneller zum Kongens Nytorv in die damals kleine Stadt gelangen konnten. Heute sind hier alte, liebevoll restaurierte Schiffe und Boote vertäut, die in erster Linie als Touristenattraktion dienen.

Wenn Sie auf der nach Südosten gewandten »Sonnenseite« weitergehen, stoßen Sie schnell auf das blaue Haus **Nr. 9**. Es ist das älteste und am authentischsten erhaltene Gebäude am Nyhavn: 1681 gebaut, wie die schmiedeeisernen Ziffern zwischen den Fenstern des zweiten und dritten Stocks zeigen. Bis auf die Fensterfront im Erdgeschoss, hinter der sich ein Restaurant verbirgt, sieht alles noch so aus wie vor dreieinhalb Jahrhunderten.

Romantik mit Tücken

Im Haus **Nr. 13** lebte der deutsch-jüdische Zuwanderer **Abraham Marcus Hirschsprung** (1836–1908), der einen Tabakladen im Keller des vornehmen Hotel d'Angleterre (▶ S. 23) am Kongens Nytorv betrieb. Den Namen kennen die Kopenhagener, weil Hirschsprungs Sohn Heinrich als erfolgreicher Tabakfabrikant seine **Kunstsammlung** dem dänischen Staat schenkte. Sie wird heute im Museum Hirschsprungske Samling (Stockholmsgade 20, www.hirschsprung.dk, Di–So 11–16 Uhr, Eintritt 75 DKK, Kinder frei) gezeigt.

Versuchen Sie, auch einen Blick auf einen der Innenhöfe mit viel verwinkelter Romantik zu werfen, wenn das Portal geöffnet sein sollte. Das Romantische hat aber auch seine Schattenseiten. So erzählte ein Bewohner bekümmert von den Fußböden in einer engen, dunklen Wohnung hier: Unter Tischen und Stühlen müsse man mit besonderen Plattformen die allzu kräftige Neigung des Bodens ausgleichen.

Berühmtester Nyhavn-Bewohner war **Hans Christian Andersen** (1805–1875). Der Märchendichter quartierte sich hier, zwischen lärmenden Seeleuten und »einsamen Mädchen« im Haus **Nr. 67** von 1848–1865 ein. Es ist das vorletzte, recht schmale Wohnhaus vor der Hafenfront mit einem zum 71 Nyhavn Hotel (▶ S. 23) umfunktionierten Hafenspeicher.

Von hier aus stoßen Sie linker Hand auf das neue **Skuespilhus (Schauspielhaus)**. Bis 2008 war hier alles noch Wasser. Der Blick schweift über den Hafen auf das gegenüberliegende **Christianshavn**, die **Oper** und das ehemalige Marinegelände **Holmen**. Ins Auge fällt sofort die über 200 m lange, das Hafenbecken überspannende Brücke für Fußgänger und Radfahrer. Sie ist leider ästhetisch etwas missglückt, bedeutet aber für die Verbindung zwischen dem Zentrum und dem vorgelagerten Inselstadtteil Christianshavn eine Revolution. Auch zur Oper, die auf einer künstlichen Insel gelegen ist, gelangt man jetzt viel schneller und garantiert trockenen Fußes.

Gehen Sie nun ein kleines Stück zurück zur Holberggade und wechseln die Kanalseite. Von hier geht es wieder Richtung Kongens Nytorv auf der feineren, aber immer schattigen Seite des Nyhavn. Hier logierte der als Untermieter häufig umgezogene Dichter Hans Christian Andersen in der Nr. 20 (1834–1838) und von 1871 bis zu seinem Tod 1875 im Haus Nr. 18. Da war der Single schon so berühmt, dass ihn auch König Christian IX. (1818–1906) in den drei Kammern besuchen kam. Bis 1873 hatte Andersen nach hinten einen Blick auf den Botanischen Garten, der sich bis zur Holbergsgade erstreckte. Der Garten wurde später verlegt und die ab Holbergsgade beginnenden Hafenbecken zugeschüttet.

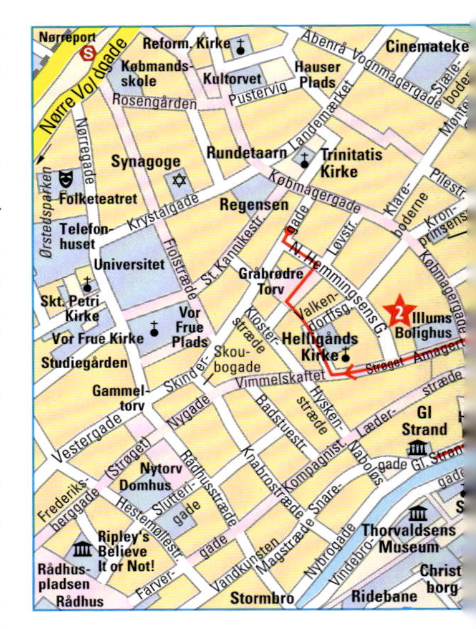

Von der weniger spannenden Seite des Nyhavn können Sie die volle Schönheit der farbenfrohen, lebendigen und ursprünglich wirkenden Häuserfront gegenüber genießen. Dabei galt der »Neuhafen« über mehrere Jahrhunderte durchweg als verlottert und war von den Planern auch als Sammelplatz für Angehörige »niederer Stände« gedacht.

Metro-Bau kostet königliche Einblicke

Ehe Sie Kongens Nytorv erreichen, machen Sie im letzten Gebäude nach links einen Abstecher auf den sehenswerten Innenhof des **Charlottenborg Palais**, des ältesten Gebäudes an diesem Platz. Gebaut Ende des 17. Jh. im niederländischen Barockstil für den unehelichen Königsspross Ulrik Frederik Gyldenløve (1638–1704), hat das Palais ab 1754 und bis heute als Dänemarks Kunst-

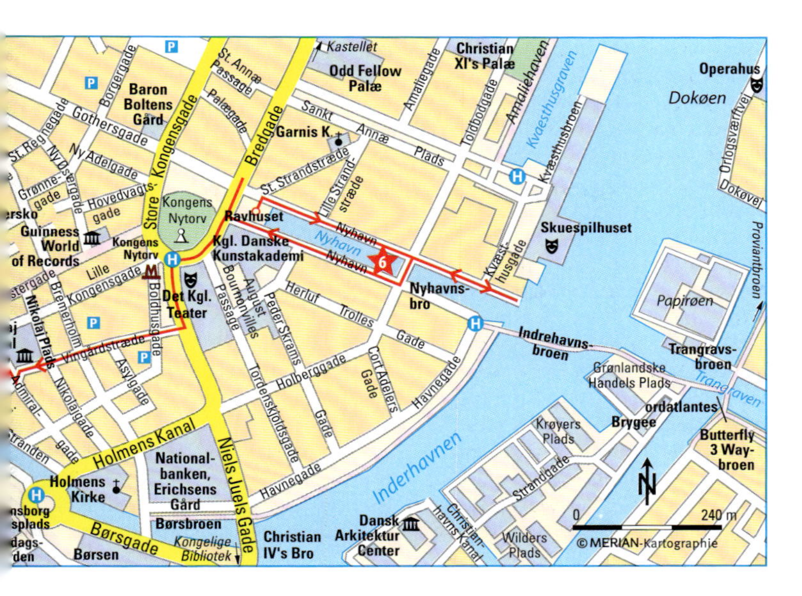

akademie gedient. Im hinteren Teil zeigt die **Kunsthal Charlottenborg** Ausstellungen zeitgenössischer Kunst. Beim Gang durch das Charlottenborg-Portal Richtung Kongens Nytorv wandeln Sie auf Holz: Das Getrappel der Pferde sollte für die hier arbeitenden Jungkünstler und ihre Professoren (darunter der Bildhauer Bertel Thorvaldsen, ▶ S. 140) gedämpft werden. Sie müssen nun beim Blick auf den **Kongens Nytorv** vielleicht Ihre Enttäuschung dämpfen. Der Platz aller Plätze in Kopenhagen ist bis 2018 durch den Metro-Ausbau böse amputiert. Weder kann man in der Mitte das 1688 errichtete **Denkmal** von König Christian V. (1646–1699) zu Pferde sehen noch die barocke **Gartenanlage** rund um den aus Blei gegossenen Monarchen.

Immerhin ist rechts an der Ecke zur Bredgade die prunkvolle barocke **französische Botschaft** im Thottske Palæ zu sehen. Es wurde 1760 zur jetzigen Form umgebaut.

Wir bewegen uns nach links und passieren zwischen Charlottenborg und dem Kongelige Theater das neoklassizistische **Harsdorffs Palæ** (1780). Der Architekt Caspar Frederik Harsdorff (1735–1799) wollte einen »Modellbau« für kommende Architektengenerationen schaffen und wohnte dann praktischerweise mit seiner Familie gleich selbst darin.

Über die architektonische Qualität des 1874 neu eröffneten **Kongelige Teater**, Dänemarks Nationaltheater (▶ S. 40), kann man geteilter Meinung sein. Links und rechts vor dem Eingang thronen in Bronze gegossen die heimischen Dichter Adam Oehlenschläger (1799–1850) und Ludvig Holberg (1684–1754).

Beim Überqueren der Straße am Kongens Nytorv gehen Sie auf Kopenhagens edelste Kaufhausadresse zu. Das **Magasin du Nord** wurde 1894 nach Pariser Renaissancevorbildern gebaut (ein bisschen Louvre, ein bisschen Rathaus). Heute gibt es hier gute Einkaufsmöglichkeiten für den mittleren bis gehobenen Bedarf. Wenn Sie für Ihren Spaziergang einen heißen Sommertag erwischt haben: In der Kelleretage des Edelkaufhauses gibt es bei angenehm kühlen Temperaturen Bars und Bistros mit Atmosphäre.

Sie verlassen den Kongens Nytorv zwischen dem Kaufhaus und dem neoklassizistischen Hauptsitz der Danske Bank und biegen in die Vingårdsstræde ein. Hier betrieb hinter dem Haus Nr. 6 König Hans (1455–1513) tatsächlich ein **Weingut** (dänisch: »vingård«). 1976 öffnete hier das französisch angehauchte Nobelrestaurant **Kong Hans Kælder**. Serviert wird in mittelalterlichen Kellergewölben, die es auch schon zu Zeiten des seligen Königs Hans gab. Damals allerdings noch nicht als Keller, sondern zu ebener Erde. Die Kopenhagener haben viel aufgeschüttet.

Achten Sie z. B. an der Ecke zwischen der Vingårdsstræde und der Asylgade auf die angeschrägten **Hauskanten**. Nach drei verheerenden Stadtbränden 1728, 1795 und 1807 wurde diese Bauweise Vorschrift, damit die Feuerwehr schneller in den engen Gassen um die Ecke kommen konnte.

Aus Sumpf wird Land

Sie gehen geradeaus weiter Richtung Nikolaj Plads. Beim Überqueren der Straße **Bremerholm** erinnert dieser Name auch wieder daran, wie stark Kopenhagen aus Wasser entstanden ist: 1510 war Bremerholm (Holm = Insel und Bremen wegen der Herkunft hier arbeitender Handwerker) ein Sumpfgebiet mit Kanälen sowie kleinen Inseln und wurde erst nach und nach durch Auffüllen zu Land. Hier hat die Stadtsanierung die gewachsene Struktur alter Gassen leider auch in Kopenhagen komplett zerstört.

Die Gassen rund um den **Nikolaj Plads** gehören zum Ältesten, was die Stadt zu bieten hat. Von dem noch vor ein paar Jahrzehnten blühenden Kneipen- und Nachtleben ist allerdings nicht mehr viel übrig. Der Platz selbst ist heute eine friedliche Oase, eine Idylle für Ruhesuchende im Großstadtlärm. Die **Nikolaj Kirke**, mit dem Turm aus dem Jahr 1592, ist schon seit Anfang des 19. Jh. als Gotteshaus nicht mehr »in Betrieb«. Seitdem hat sie unter anderem als Marinemuseum und Stadtbücherei gedient. Jetzt kann man hier Kunstausstellungen in der **Nikolaj Kunsthal** besichtigen oder im Restaurant **Maven** (»Magen« oder »Bauch«, ▸ S. 65) speisen. Im Sommer unbedingt empfehlenswert wegen der Lage: Man sitzt draußen wunderbar ruhig.

Stadtbrände und Karneval

Durch die sehr kurze Lille Kirkestræde betreten Sie den Højbro Plads mit einem Denkmal von Kopenhagens Gründerfigur **Bischof Absalon** (1128–1201) – hier als mittelalterlicher Ritter hoch zu Ross. Dahinter sehen Sie die **Christians Slotskirke** – einen der in Kopenhagen hoch geschätzten neoklassizistischen Bauten des Architekten C.F. Hansen (1756–1845). Die Kirche blieb von Großbränden im Gegensatz zum benachbarten Schloss verschont. Bis Pfingsten 1992 ein betrunkener Karnevalsteilnehmer eine Leuchtrakete von seinem Boot auf dem nahen Kanal abfeuerte. Der Volltreffer im Dachgestühl machte eine fünfjährige Instandsetzung nötig. Die Karnevalsfeiern fielen von da an tatsächlich weniger wild aus. Vom Absalon-Denkmal sollten Sie (trotz der Metro-Bauarbeiten) einen kleinen Abstecher auf den **Gammel Strand** mit seiner schönen historischen Häuserzeile machen. Der Straßenname bedeutet »Alter Strand« und zeigt, dass hier einst der Öresund begann, ehe die Kopenhagener nach und nach Land dazugewannen. Am Gammel Strand lag der erste Hafen, von dem Fähren zum schwedischen Skåne und zur Insel Amager ablegten. Hier wurde bis Ende der 1950er-Jahre frisch aus dem Öresund angelandeter Fisch in großem Stil verkauft. Heute ist Fisch in Kopenhagen kein billiges und bestimmt kein alltägliches Vergnügen.

Storch oder Kranich?

Der Spaziergang setzt sich vom Højbroplads fort zum Amagertorv, einem immer belebten Teil der Einkaufsstraße Strøget. 1795 wütete hier ein verheerender Brand, den der Schriftsteller Kim Leine in seinem fesselnden Roman »Ewigkeitsfjord« (▶ S. 177) beschrieben hat. Der lichte Platz mit dem **Storkespringvand** (Storchenbrunnen) ist heute nicht mehr der beliebte Treffpunkt für »Hippies« wie in vergangenen Jahrzehnten, dafür aber für Touristen und Straßenkünstler. Gestritten wird unter Kopenhagenern nach wie vor, ob die drei Störche auf dem Brun-

Das Kongelige Teater (▶ S. 40, 145) prägt seit 1748 den Kongens Nytorv. Seit dem Neubau der Oper und des Schauspielhauses wird hier vor allem Ballett gezeigt.

nen nicht in Wirklichkeit Kraniche sind. Bilden Sie sich am besten selbst eine Meinung.

Andere Anziehungspunkte am Brunnen sind: **Illums Bolighus** 2 als Mekka für Designprodukte, daneben in einem schönen, 400 Jahre alten Renaissancegebäude **Royal Copenhagen** mit erlesenem dänischem Porzellan und als direkter Nachbar davon der Georg-Jensen-Laden mit mindestens so erlesenem Schmuck.

Hinter dem Hauptportal von Royal Copenhagen finden Sie in einem unscheinbaren Hinterhof das zauberhafte Royal Smushi Café (▶ S. 29). Der **Amagertorv** selbst bietet in der Nähe des Brunnens mit den Cafés Europa und Norden Möglichkeiten zum Verschnaufen auch im Freien. Hier wimmelt es immer von Besuchern.

Sakrales und Profanes

Sie spazieren auf der belebten Einkaufsstraße weiter bis zur **Helligåndskirke** (Heiliggeistkirche) mit Resten einer Klosteranlage, die es hier ab 1295 gab. Sakrales und höchst Profanes existieren heute friedlich nebeneinander. Es werden weiter Gottesdienste abgehalten, und alle Passanten auf dem Strøget kennen die Buch-Ramschmärkte in einem Seitenflügel der Kirche. Gehen Sie ruhig auch mal auf die Jagd nach einem Bildband über Kopenhagen. Die Einheitspreise beim Nordischen Antikvariat bewegen sich täglich so weit nach unten, bis jedes Buch am letzten Verkaufstag nur noch 10 DKK kostet.

Von der Kirche aus verlassen wir den Strøget nach rechts auf der kleinen Valkendorfsgade. Wenn diese Gasse eine

Der Højbro Plads (▶ S. 146) mitten im Zentrum bietet eine typische Kopenhagener Häuserfront. Der Renaissancebau ist aber nur ein »Nachbau« vom Ende des 19. Jh.

Biegung nach rechts vollzieht, gehen Sie geradeaus weiter und nehmen einen tunnelartigen Durchgang zwischen den Eckhäusern. Am anderen Ende des Durchgangs öffnet sich vor Ihnen der **Gråbrødre Torv**, der schönste historische Platz in Kopenhagens Mittelalterstadt. Komplett in sich geschlossen, mit einer 100 Jahre alten Platane als grünem Schmuck. »Gråbrødre« (Graubrüder) ist der dänische Name für die Franziskanermönche, die hier 1238 mit der Errichtung des ersten Kopenhagener Klosters begannen. Sie verschwanden mit dem Sieg der Reformation 1536. Der Platz brannte 1728 komplett ab und wurde 1807 durch Bomben der britischen Flotte noch einmal teilweise zerstört.

Feuerhäuser und Fachwerk

Die schöne Häuserfront Nr. 1–11 an der südlichen und östlichen Seite ist in Kopenhagen bekannt als Sammlung der »**ildebrandshusene**« (Feuerhäuser). Sie wurden nach dem Großbrand 1728 neuen Bauregeln entsprechend gebaut. Unter anderem verbot man die Anwendung von Fachwerk an den äußeren Häuserfronten. Deshalb (und wegen der Brände) finden Sie an Kopenhagens Straßen wenig Fachwerkfassaden. Dafür aber häufiger, wenn Sie einen Hof betreten. Dort war diese billigere Bauweise auch nach den Stadtbränden weiter erlaubt. Warum Fachwerk im Hinterhof weniger gefährlich sein soll als an der Fassade, hat bislang jedoch noch niemand erklären können. Das könnte ein fauler Kompromiss gewesen sein, wie wir sie auch heute kennen, wenn nach Katastrophen »radikale Konsequenzen« versprochen werden, ehe dann doch wirtschaftliche Interessen nach und nach wieder die Oberhand gewinnen.

Imbiss unter der alten Platane

Das Café- und Restaurant-Milieu auf dem Gråbrødre Torv finde ich weniger überzeugend. Wenn Sie es auf den ersten Blick auch so sehen, besorgen Sie sich einfach etwas zu trinken und einen kleinen Imbiss und nehmen ihn auf einer der Bänke rund um die 100 Jahre alte Platane ein. Oder Sie entscheiden sich für einen schnellen Burger in der kleinen Bar Sporvejen (Straßenbahn). Das Lokal sieht von außen aus wie eine Straßenbahn und ist auch so eingerichtet.

P.S.: Eigentlich sollte der Spaziergang hier zu Ende sein. Vielleicht haben Sie aber noch Zeit und Lust auf eine lohnende kleine Zugabe? Dann verlassen Sie den Platz auf der Niels Hemmingsens Gade und biegen auf der Skindergade rechts ab. Am roten **Fachwerkhaus Nr. 8** aus dem Jahr 1733 gehen Sie durch das Portal auf den Innenhof. Haus und Hof haben fast unverändert Aussehen und Charakter aus dem 18. Jh. bewahrt. Bei aller farbenfrohen Fachwerkromantik bekommen Sie hier auch einen Eindruck von der Enge, in der die Vorfahren der Kopenhagener einst innerhalb des Stadtwalls leben mussten. Rechts der Blick auf den Rundetårn und links auf den Hof des 1689 gegründeten und nach wie vor für denselben Zweck genutzten Studentenwohnheims Elers' Kollegium erzeugen vielleicht auch bei Ihnen noch einmal dieses besondere Kopenhagener Geschichtsgefühl.

DAS UMLAND ERKUNDEN

Ein Barockpark rahmt das Wasserschloss Frederiksborg (► S. 154) in Hillerød ein.

ROSKILDE: VON DER GROSSEN NEUEN IN DIE KLEINE ALTE HAUPTSTADT

CHARAKTERISTIK: Roskilde lockt als Ausflug weit zurück in die dänische Geschichte, bis zu den Wikingern. Die Kleinstadt am malerischen Roskildefjord hat abwechslungsreichen Charme. **ANFAHRT:** Vom Kopenhagener Hauptbahnhof mit der Regionalbahn ca. 25 Min. bei häufigen Verbindungen. Das Einzelticket kostet je Strecke ca. 100 DKK, ein 24-Std.-Retourticket 130 DKK. Mit der Copenhagen Card ist der Transport kostenlos. Die Autofahrt ab Zentrum über die Holbæk-Autobahn dauert 30 Min. **DAUER:** Halbtages- oder Tagesausflug **EINKEHRTIPPS:** Wegen der schönen Aussicht auf Stadt und Fjord Restaurant Vigen, Baunehøjsvej 5, Roskilde, Tel. 46 75 50 08, April–Sept. tgl. 12–22 Uhr €€ **AUSKUNFT:** Roskilde Turistbureau, Stændertorvet 1, April–Sept. Mo–Fr 10–17, Okt.–März Mo–Fr 10–16, Dez. Mo–Fr 10–13 Uhr

Fangen wir mit der Geschichte an: Am schmalen Roskildefjord blühte bis zur Reformation Dänemarks Metropole. Im Jahr 960 ließ **König Harald Blauzahn** die erste Kirche, noch aus Holz, hoch oben auf einem Hügel errichten. Die Hauptstadtrolle hat Roskilde vor 600 Jahren verloren, auch weil der Fjord für die immer größeren Schiffe irgendwann zu flach war und Kopenhagen besser lag. Die mächtige **Domkirche**, die Sie nach zehn Gehminuten vom Bahnhof durch das Zentrum erreichen, beherbergt die Grabstätten von 39 dänischen Königen und Königinnen seit Beginn des 15. Jh.

Dom ▶ Hafen

Vom Dom gehen Sie hinab zum **Hafen**. Dank der Funde von fünf gut erhaltenen Wikingerschiffen ein spannendes Areal. Nach ihrer Restaurierung eröffnete im Jahr 1969 das eigens errichtete **Vikingeskibsmuseet (Wikingerschiffsmuseum)** am Rand des Fjords. Hier wird umfassend, anschaulich und interessant über die Geschichte und Bedeutung der Wikinger informiert. Hinzugekommen ist das Werkstatt-Areal **Tunet**. Sie können beim Nachbau von Wikingerschiffen zuschauen, den Geruch von frisch geteertem Eichenholz schnuppern und eine Wikinger-Probefahrt auf dem Fjord machen. Das Museum und die Werkstatt-Anlage samt dem kleinen Hafen mit Schiffsnachbauten finden übrigens auch Kinder und Jugendliche spannend.

Hafen ▶ Sagnlandet Lejre

Wenn Sie einen ganzen Tag einplanen wollen, sei Ihnen ein Abstecher zum 7 km entfernten **Sagnlandet Lejre (Land der Legenden)** ans Herz gelegt. In einer schönen, urwüchsigen Hügellandschaft stehen hier Rekonstruktionen von Behausungen aus der Stein-, Eisen- und Wikingerzeit. Im Sommer leben Dänen darin wie in grauer Vorzeit. Augenscheinlich erleben sie den mutigen Selbstversuch locker und entspannt. Kinder können lernen, mit Feuerstein ein Lagerfeuer zu entfachen, mit Steinen Mehl zu

mahlen oder in einem Einbaum zu rudern – auch für Erwachsene eine Herausforderung und ein großer Spaß.
Wenn das **Roskilde Rockfestival** (▶ S. 44) Anfang Juli vor den Toren der Stadt tobt, ist auch das Zentrum voll mit jungen Leuten, die auf der Jagd nach günstigem Biernachschub sind. Der Charme der von 50 000 auf über 120 000 »Einwohner« aufgeblähten Stadt fällt dann etwas einseitig aus. Wer in Roskilde lebt, löst das Problem, indem er im »Auge des Orkans« mitfeiert. Das Festival mit seiner unglaublich freundlichen Grundstimmung ist ein echter Hit.

INFORMATIONEN

Roskilde Domkirke ▶ S. 125, a 3

Roskilde | Domkirkestræde 10 | www.roskildedomkirke.dk | April–Sept. Mo–Sa 10–18, So 13–18, Okt.–März Mo–Sa 10–16, So 14–16 Uhr | Eintritt 60 DKK, Kinder frei

Sagnlandet Lejre ▶ S. 125, a 3

Lejre | Slangealleen 2 | www.sagnlandet.dk | an Ostern 10–17, Ende April–Ende Juni, Anfang Aug.–Ende Sept. Di–So 10–17, Ende Juni–Anfang Aug. und Mitte Okt. tgl. 10–17 Uhr | Eintritt 150 DKK, Kinder 95 DKK

Vikingeskibsmuseet (mit Tunet) ▶ S. 125, a 3

Zentrum für Schiffe und Bootsbau von der Antike bis ins Mittelalter, darunter fünf Wikingerschiffe.
Roskilde | Vindeboder 12 | www.vikingeskibsmuseet.dk | Mai–Okt. tgl. 10–17, Nov.–April tgl. 10–16 Uhr | Eintritt 130 DKK, Kinder frei

Im Dom von Roskilde (▶ S. 152) sind seit dem 15. Jh. alle dänischen Könige und Königinnen begraben. Auch Harald I. Blauzahn (958–987) hat hier sein Grab.

HILLERØD UND FREDENSBORG: AUF ZU DEN SCHLÖSSERN UND AB INS GRÜNE

CHARAKTERISTIK: Auch die dänischen Könige ließen sich Schlösser gern ins schönste Grün bauen. Besuche in Hillerød und Fredensborg nordwestlich der Hauptstadt bringen neben Eindrücken vom royalen Standard im Norden auch eine Atempause vom Großstadtlärm **DAUER:** Halbtages- oder Tagesausflug **ANFAHRT:** Mit der S-Bahn dauert die Fahrt nach Hillerød (Linie E) und Frederikssund (Linien C/H) jeweils 40–50 Min. Das Einzelticket je Strecke kostet ca. 100 DKK, ein Tages-Retourticket (»24 timers-billet«) 130 DKK. Mit der Copenhagen Card fährt man gratis. Zwischen Hillerød und Fredensborg verkehrt halbstündlich eine Lokalbahn mit 10 Min. Fahrtdauer. Mit dem Auto fahren Sie auf der Autobahn 16 bis Hillerød. Von dort führt die Bundesstraße 6 nach Fredensborg. Zurück auf der Helsingør-Autobahn (19/E 55). Gesamtlänge etwa 90 km **EINKEHRTIPP:** Spisestedet Leonora (am Frederiksborg Slot), Møntportvej 2, Hillerød, www.leonora.dk, Tel. 48 26 75 16, Mo–Fr 11.30–15.30, Sa, So 10–15.30 Uhr €€ **AUSKUNFT:** Hillerød Turistbureau, Frederiksværksgade 2A, www.visitnordsjaelland.com, Juni Do–Sa 10–16, Juli–Mitte Sept. Mo–Sa 10–16 Uhr

Wenn Sie sich Hillerød nähern, zeigt Ihnen schon das Stadtpanorama die Größe von Frederiksborg Slot. Mehr royalen Prunk als in diesem idyllisch von einem kleinen See umgebenen Bau im niederländischen Renaissancestil gibt es nirgendwo in Dänemark. Beeindruckend ist auch die Dimension des barocken Schlossparks und der prächtigen Säle.

Frederiksborg ▶ Fredensborg

Christian IV. ließ Anfang des 17. Jh. ein Schloss seines Vaters abreißen und es im niederländischen Renaissancestil neu und viel größer bauen. 1859 brannte **Frederiksborg Slot** bis auf die Grundmauern ab. Seitdem hat hier kein Royal mehr residiert. Nach dem 1884 abgeschlossenen Wiederaufbau fehlte Geld für die Inneneinrichtung. Der legendäre Carlsberg-Bierbrauer **J. C. Jacobsen** finanzierte sie unter der Bedingung, dass die Anlage zum nationalhistorischen Museum umfunktioniert werden sollte.

Als Museum zu 500 Jahren dänischer Geschichte präsentiert Frederiksborg Slot in seinen Sälen eine beeindruckende **Sammlung** von Möbeln und Gemälden. In der **Schlosskirche** beeindruckt vor allem die 400 Jahre alte **Orgel** des deutschen Orgelbauers Esaias Compenius des Älteren.

Dass Monarchien mit dem Verzicht auf Prunk und Pracht Sympathie gewinnen können, wird sich Ihnen vielleicht beim anschließenden Besuch von **Fredensborg Slot** im gleichnamigen Ort offenbaren. Neben dem Regentenpaar wohnt hier auch Kronprinz Frederik mit Prinzessin Mary und den gemeinsamen vier Kindern. »Klein und schnuckelig« empfindet man den Anblick, von der schönen Allee zwischen

Hauptstraße und der Einfahrt zu dem »Freizeit-Schloss« aus dem 18. Jh. Königin Margrethe fühlt sich hier in ihrer Sommerresidenz wohler als in ihrem Stadtschloss Amalienborg. Für Besucher ist es nur begrenzt und in geführten Gruppen zugänglich. Für alle zugänglich ist die große **Parkanlage** zwischen Schloss und dem **Esrum See**. Ein besonders schöner Blick auf die Anlage bietet sich bei einer **Bootsfahrt** (mit Bådfarten Esrum, von Mai–Sept. am So, Tel. 48 48 01 07).

In diesem Park hat sich 1993 Folgendes zugetragen: Königin Margrethe war die Dackeldame Zenobie entlaufen. Der Hof bat die Bevölkerung um Hilfe. Hunderte Dänen durchstreiften daraufhin den Schlosspark, schwenkten Würstchen und riefen »Zenobie«. Wegen der Duftmarke ließ die Königin an Bäumen »Schnüffeldepots« für ihren vierbeinigen Liebling anbringen. Auch das lockte den Dackel nicht zurück. Er blieb für immer verschwunden. Sie können bei Ihrem Fredensborg-Besuch auf andere kleine Hofhunde treffen, die hier Gassi geführt werden. Vorsicht: Der royale Zwergdackel Querida hat schon den Schlossgärtner gebissen.

INFORMATIONEN

Frederiksborg Slot ▶ S. 125, a 1

Hillerød | www.dnm.dk | April–Okt. tgl. 10–17, Nov.–März tgl. 11–15 Uhr | Eintritt 75 DKK, Kinder 20 DKK

Fredensborg Slot ▶ S. 125, b 1

Fredensborg | www.kongeligeslotte.dk | Führungen Juli–Mitte Aug., Eintritt 85 DKK, Kinder 40 DKK, Park jederzeit frei zugänglich

Schloss Fredensborg (▶ S. 154), das Frederik IV. im italienischen Stil erbauen ließ, ist bevorzugtes Domizil der Königsfamilie in den Sommermonaten.

HELSINGØR: IMMER AM WASSER ENTLANG ZU HAMLET

CHARAKTERISTIK: Helsingør ist Endpunkt einer sehr schönen Tour entlang der Öresundküste. Neben der Stadt mit dem Hamlet-Schloss und einem neuen Schifffahrtsmuseum warten unterwegs eine Menge Attraktionen **ANFAHRT:** Vom Kopenhagener Hauptbahnhof mit der Regionalbahn ca. 40 Min. bei häufigen Verbindungen. Das Einzelticket kostet je Richtung ca. 100 DKK, ein Tages-Retourticket (»24-timers billet) 130 DKK. Die Copenhagen Card ermöglicht kostenlosen Transport. Mit dem Auto dauert die Fahrt über die Küsten-Autobahn 40 Min., auf dem viel schöneren Strandvej (Straße 152) eine gute Stunde. Besonders empfehlenswert ist für diese Strecke (40 km) das Rad. Es kann für Teilabschnitte in der Bahn mitgenommen werden **DAUER:** Tagesausflug **EINKEHRTIPPS:** Restaurant Det nye Skotterup, Strandvejen 232C, Snekkersten, Tel. 49 22 50 60, www.detnyeskotterup.dk, März–Dez. tgl. 12–23, Jan./Feb. Do–So 12–23, Mi 17–23 Uhr €€ **AUSKUNFT:** Helsingør Turistbureau, Havnepladsen 3, www.visitnordsjaelland.dk, Juli, Aug. Mo–Fr 10–17, Sa 10–14, Sept.–Juni (mit Unterbrechungen) Mo–Fr 10–16 Uhr

Die arg strapazierte Weisheit »Der Weg ist das Ziel« passt gut zu dieser Ausflugsempfehlung. Helsingør ist ein lohnendes Ziel. Genauso interessant wie die Stadt ist auch der Weg aus Kopenhagen dorthin, über 40 km auf dem **Strandvej.** Mit der Nähe zum Wasser und herrlichen Aussichten ist diese Strecke eine der schönsten Attraktionen für Kopenhagen-Besuche.

Taarbæk ▶ Humblebæk

Nach dem Verlassen des Stadtgebiets in nördlicher Richtung bietet sich die erste Gelegenheit für einen Abstecher zum ehemaligen Fischerdorf **Taarbæk.** Es lockt rechter Hand mit seinem idyllischen Hafen. Linker Hand liegt der riesige, 11 km² große Park **Jægersborg Dyrehave (Hirschpark)** mit seiner Hügellandschaft, Ausblicke von oben auf den Öresund, fast zahmen Rot- und Damwildherden und dem 400 Jahre alten Vergnügungspark **Bakken.**

Etwas weiter nördlich bei **Rungsted** können Sie den Wohnstandard der wohlhabenden Dänen studieren. Der Name der Gemeinde ist in Kopenhagen geradezu Synonym für die Ballung von Reichtum. Mitten im Ort hat bis zu ihrem Tod 1962 die Schriftstellerin Karen (Tanja) Blixen (»Jenseits von Afrika«) gelebt. Das **Karen-Blixen-Museum** präsentiert das unverändert erhaltene Haus mit einem schönen Garten. Es liegt auf der »falschen« Seite des Strandvej, vom Wasser durch die Küstenstraße getrennt. Am Ortsausgang von Humlebæk auf der »richtigen« Seite liegt das **Louisiana Museum für moderne Kunst** 9, für das Sie auf jeden Fall einen ausgiebigen Aufenthalt einplanen sollten.

Humblebæk ▶ Helsingborg

Von hier aus sind es noch 10 km bis **Helsingør** an der Nordostspitze von Seeland. Die Stadt trennen nur 5 km

Wasser vom schwedischen **Helsingborg**; den Verlust der heimischen Werftindustrie hat sie jüngst mit dem spektakulären neuen **Museet for Søfart (Seefahrtsmuseum)** zu kontern versucht. Es ist originell, raffiniert und elegant in ein Trockendock auf der stillgelegten Werft gebaut. Der heimische Architekt Bjarke Ingels hat alle Fußböden etwas abgeschrägt, damit man sich im Schifffahrtsmuseum wie auf einem richtigen Schiff fühlt. Es funktioniert, Sie sollten es unbedingt ausprobieren.

Schloss Kronborg ▶ Helsingør

Architektonisch ebenfalls interessant ist die auf dem alten Werftgelände errichtete **Kulturværftet**, ein hypermodernes Kulturzentrum mit schönem Café. Der Kontrast könnte nicht größer sein zu **Schloss Kronborg**, das Sie von hier zu Fuß in ein paar Minuten erreichen. Nehmen Sie sich neben dem Studium der Hamlet-Geschichte im Inneren des Renaissanceschlosses Zeit für einen Spaziergang auf den Wallanlagen. Auch die nahe **Altstadt** von Helsingør ist einen Streifzug wert. Sie ist aber stark geprägt vom Touristenrummel.

INFORMATIONEN

Karen-Blixen-Museum ▶ S. 125, b 1

Rungsted | Strandvej 111 | www.blixen.dk | Mai–Sept. Di–So 10–17, Okt.–April Mi–Fr 13–16, Sa, So 11–16 Uhr | Eintritt 75 DKK, Kinder frei

Museet for Søfart ▶ S. 125, b 1

Helsingør | Ny Kronborgvej 1 | www.mfs.dk | Di–So 11–17, Juli, Aug. auch Mo 11–17 Uhr | Eintritt 110 DKK, Kinder frei

Spektakulär ist nicht nur das Innenleben, sondern auch das Gebäude des Seefahrtsmuseums (▶ S. 157), ein Werk des preisgekrönten dänischen Architekten Bjarke Ingels.

Seit Juli 2000 verbindet die Öresundbrücke (▶ S. 123) Dänemark und Schweden.

KOPENHAGEN
ERFASSEN

KOPENHAGEN KOMPAKT

Hier erfahren Sie alles, was Sie über Kopenhagen wissen müssen – kompakte Informationen über Land und Leute, von Bevölkerung über Sprache, Lage und Geografie bis Politik und Wirtschaft.

BEVÖLKERUNG

In der Stadt Kopenhagen leben 580 000 Menschen, hinzu kommen 105 000 Bewohner der selbstständigen Stadtgemeinde Frederiksberg. Der Großraum der dänischen Hauptstadt beheimatet insgesamt 1,3 Millionen Menschen, das ist knapp ein Fünftel der Bevölkerung Dänemarks (5,6 Mio). Knapp 25 % der Kopenhagener haben einen Migrationshintergrund. Seit Beginn der 1990er-Jahre ist die Einwohnerzahl um über 100 000 gestiegen. Vorher war sie 40 Jahre lang kräftig gefallen.

LAGE UND GEOGRAFIE

Kopenhagen liegt auf der Ostseite der Insel Seeland am Öresund. Die dänische Metropole ist mit dem schwedischen Malmö durch eine 17 km lange Brücken- und Tunnelverbindung verbunden. Die direkte Anbindung an das europäische Festland soll ab dem Jahr 2026 (so der Plan) ein Ostsee-Tunnel unter dem Fehmarnbelt nach Puttgarden in Schleswig-Holstein bringen. Die Fahrzeit zwischen Kopenhagen und Hamburg wird sich dadurch um 1 Std. auf etwa 3,5 Std. verkürzen.

◄ Anziehungspunkt für Touristen und Monarchisten: Schloss Amalienborg (► S. 176).

POLITIK UND VERWALTUNG

Als Hauptstadt beherbergt Kopenhagen Dänemarks Königshaus, das Parlament »Folketing« und die Regierung. Von 2011–2015 führte die Sozialdemokratin Helle Thorning-Schmidt als erste Frau das dänische Kabinett. Die rechtspopulistische Dansk Folkeparti (DF) hat seit zwei Jahrzehnten massiven Einfluss auf die Regierungspolitik. Den Oberbürgermeister stellen die Sozialdemokraten seit 1938. Die sechs Bürgermeisterposten teilen sich die im Rat vertretenen Parteien entsprechend ihrer Stimmenzahl – eine Art permanente Allparteien-Stadtregierung.

SPRACHE

Dänisch, als nordgermanische Sprache mit dem Deutschen verwandt, ist die Alltagssprache. Praktisch jeder beherrscht fließend Englisch, sodass Sie Ihr Gegenüber nicht erst fragen müssen: »Do you speak English?« In den Schulen wird auch Deutsch unterrichtet. Aber die meisten Dänen fühlen sich unsicher. Formulieren Sie deshalb langsam und einfach und versuchen es im Zweifel vielleicht doch mit Englisch.

RELIGION

Die Dänen sehen sich gerne als modernes, aufgeschlossenes und auch säkulares Volk. Das Königreich hält aber an der altertümlichen Konstruktion der protestantischen Staatskirche fest. Im ganzen Land gehören ihr bei stetig sinkenden Mitgliederzahlen 78,6 % der Bevölkerung an. Kopenhagen hat mit 61,6 % den niedrigsten Anteil. Die Zahl der Muslime in der Hauptstadt wird auf 60 000 geschätzt. Kopenhagen ist keine religiös geprägte Stadt.

WIRTSCHAFT

Dass Kopenhagen eine Stadt mit hohen Lebenshaltungskosten ist, merken Besucher nicht nur in den Läden, Restaurants und Cafés. Viele Lehrer, Polizisten und Krankenschwestern können mit ihren Durchschnittseinkommen die Mieten in den attraktiven Stadtvierteln kaum noch bezahlen. Die Immobilienpreise sind in den letzten 20 Jahren explodiert. Das Ende der traditionellen Industrie mit Werften und auch der Carlsberg-Brauerei hat die Stadt gut verkraftet. Auch der Einbruch durch die Finanzkrise mit einer nach deutschen Maßstäben sehr hohen Verschuldung der Haushalte konnte daran nicht rütteln. Neue Hightech- und Dienstleistungsunternehmen haben sich etabliert, es wird kräftig an neuen Stadtteilen rund um den Hafen gebaut. Ende 2016 waren 4,2 % der Bürger arbeitslos.

AMTSSPRACHE: Dänisch
BEVÖLKERUNG: Zuwanderer seit 1996 vor allem aus Polen, Syrien, Rumänien, Deutschland, Irak
EINWOHNER: 580 000 in der Stadt, 1,3 Mio. im Großraum
FLÄCHE: 89 km² (Stadt) und 2863 km² (Großraum)
INTERNET: www.kk.dk
RELIGION: 59,3 % bei der lutherischen »Folkekirke«
VERWALTUNG: Kommunen Kopenhagen und Frederiksberg, 18 Kommunen im Großraum
WÄHRUNG: Dänische Krone (DKK)

Im Fokus

»CPH: Cool«: Eine Kopenhagenerin und ihre Stadt

Kopenhagener lieben ihre Stadt besonders innig, sagen die Demoskopen. Stimmt dieses Glanzbild tatsächlich? Die Kulturwissenschaftlerin Kristine Munkgård Pedersen antwortet darauf, ob Kopenhagen eine junge oder alte Stadt ist, und auf andere Fragen.

Frage: Die Dänen gelten nach allen möglichen Umfragen als das glücklichste Volk in Europa. Kopenhagen räumt eine Auszeichnung nach der anderen als lebenswerteste Stadt der Welt ab. Gibt es da nach deiner Meinung als gebürtige Kopenhagenerin einen Zusammenhang?
Antwort: Erst mal ist an Kopenhagen die Größe angenehm. Die Stadt hat eine sehr menschliche Dimension. Die Häuser sind nicht zu hoch, die Straßen nicht zu breit und die Wohnungen angemessen groß. Man denkt erst daran, wenn man in anderen Städten anderes erlebt. Trotzdem ist Kopenhagen groß, aber nicht so groß, dass man mehr als ein Zentrum brauchen würde. Das hält die Stadt zusammen, auch wenn wir in den einzelnen Stadtteilen meistens unsere Einkäufe erledigen. Alle wichtigen Kultureinrichtungen befinden sich im Zentrum, und das bringt das Gefühl: Das hier ist unser aller Kopenhagen.

◄ Kristine Munkgård Pedersen (► S. 162) am Skodsborg Strand im Kopenhagener Norden.

Dabei hat jeder Stadtteil seine Besonderheiten. Die in Nørrebro halten ihren für den authentischsten, die in Vesterbro finden sich am trendigsten. Wir in den Vorstädten freuen uns, dass wir viel Grün haben und doch schnell in der Indre By, im Zentrum, sind. Diese Nähe von allen zu allen bringt es mit sich, dass man nicht nur den eigenen Stadtteil nutzt, sondern auch richtig Kopenhagener sein kann. Aber gleichzeitig hat Kopenhagen als Metropole und Hauptstadt Größe.

MAN FÜHLT SICH SICHER

Frage: Deine Eltern sind Kopenhagener, du hast Studenten aus dieser Stadt unterrichtet und stehst selbst in der Mitte dazwischen. Zu welcher Generation passt Kopenhagen am besten?
Antwort: In Riesenstädten wie New York oder Paris gibt es ja Viertel, von denen sich die einen oder anderen lieber fernhalten. Es kann zwar auch spannend sein, dass alternativ geprägte und Lifestyle-Viertel total voneinander abgekoppelt sind. Ich zähle aber zu den Vorzügen Kopenhagens, dass es diese Trennungen nicht gibt. Alle fühlen sich sicher.
Wir bewegen uns alle kreuz und quer. Man fühlt sich auch sicher in den Milieus der anderen. Niemand fürchtet sich davor, durch die Istedgade (hinter dem Bahnhof) zu gehen, um mal das Beispiel einer traditionell als sehr hart geltenden Straße zu nennen.
Auch ältere Kopenhagener fühlen, dass die Stadt für sie da und zugänglich ist. Mein Vater, um die 70, wohnt seit 1976 zentral am Kongens Nytorv und hat nie ein Auto besessen. Er bewegt sich nach wie vor so gut wie immer mit dem Rad. Wenn er am anderen Ende der Stadt, am Südhafen, zu seinem italienischen Spezialitätengeschäft will, radelt er eben dahin. Oder geht zu Fuß oder nimmt mal die Bahn. Aber ein Auto braucht er nicht.
Unsere Geschmäcker, was Lieblingsplätze angeht, sind manchmal identisch und manchmal nicht. Als Kind hat mein Vater mich oft zum Bellevuestrand (in Klampenborg am Park Dyrehaven) mitgenommen, den ich für einen Ausflug nur empfehlen kann. Da schwärmte er mir vom Bellevuetheater und dessen Architekt Arne Jacobsen vor. Damals nervte mich das, heute mag ich es.
Auch für Kinder und Jugendliche gilt, dass sie sich überall in der Stadt sicher bewegen können. Ich habe meine Kinder, wenn ich im Café saß, im

Kinderwagen draußen schlafen lassen. Aber so, dass ich sie sehen konnte.
Frage: Wenn du Kopenhagen mit einer Stadt wie Berlin vergleichst, wo du ein halbes Jahr gelebt hast: Wie wirkt die geringere Größe nach deiner Meinung auf Besucher?
Antwort: Die Innenstadt gibt einem ein Gefühl von Geborgenheit. In mancher Beziehung ist Kopenhagen ganz bestimmt viel zu »nett«. Schön angemalte Fassaden, glatt poliert und artig. Die jüngere Generation ist eher dem etwas raueren Milieu zugetan. Von denen gibt es in Kopenhagen nicht so viel. Die Stadt ist von gut geordnetem Wohlstand geprägt. Chaos gibt es abgesehen von den Metro-Baustellen kaum. Andererseits ist die Stadtmitte ja nicht homogen oder aus nur einer bestimmten Epoche, sodass das Auge sich an verschiedene Dinge heften kann. Es gibt Bauten aus dem 18. Jh., es gibt Barockschlösser, alte Kirchen und dann vor allem ein Gemisch aus 19. und frühem 20. Jh.

JUNG ODER ALT?

Frage: Ist Kopenhagen für dich eine alte oder eine junge Stadt?
Antwort: Gute Frage. Als Besucher sieht man in der Regel nur die alte Innenstadt, während wir Kopenhagener alles mögliche Neuere kennen. Auch wenn die Mittelalterstadt von der Fläche her wenig Platz einnimmt, füllt sie aber doch viel, auch in unserem Bewusstsein. Wir freuen uns und sind stolz, dass wir so eine alte Stadt mit langer Geschichte haben. Im Keller von Schloss Christiansborg können wir Ruinen besichtigen, die fast 1000 Jahre alt sind.
Ich habe lange im Vorort Brønshøj gelebt, ein Büro auf Refshaleøen jenseits des Zentrums gehabt und die 11 km lange Radtour dazwischen geliebt. Man fährt los in luftigem Grün, ehe es über das Nordwest-Viertel und Nørrebro immer urbaner wird. Im Zentrum und in Christianshavn ist es dann wirklich dicht und intensiv, was Gebäude und Menschen angeht. Dann wieder entspannt auf einem ausgedienten Werftgelände.
Manche Veränderungen kommen vielleicht auch zu schnell.
In den letzten 20 Jahren ist in Kopenhagen wahnsinnig viel passiert, während in den 1980er-Jahren irgendwie alles stillstand. Es gab immer denselben Oberbürgermeister Weidekamp und den Pfingstkarneval, und ansonsten war eigentlich nichts los. Danach hat sich beispielsweise die gesamte Hafenfront kolossal verändert. Vielleicht auch zu schnell. Es ist zu befürchten, dass all diese Neubauten innerhalb von zwei Jahrzehnten einer 1000 Jahre alten Stadt vielleicht zu kräftig ihr Gepräge aufgedrückt haben.

Kopenhagen ist natürlich auch wahnsinnig selbstbezogen und ein bisschen selbstgefällig. Da denkt man eben, nein, was sind wir toll hier, und sagt das so für die Umfragen. Und so kommt man an die Spitze all dieser Listen, dass man die schönste und lebenswerteste Stadt der Welt ist.

KONTAKTFREUDIG: JA ODER NEIN?

Frage: Ist es schwer, mit Kopenhagenern ins Gespräch zu kommen? Wenn ja: Gibt es Tricks?
Antwort: Wenn Besucher kommen und in Englisch anfangen, sind wir absolut wohlgesinnt, freuen uns über das Interesse an unserer Stadt und gehen gern darauf ein. Etwas anders sieht es aus, wenn jemand hier lebt und, wie z. B. eine mazedonische Freundin und Kollegin von mir, in gebrochenem Dänisch spricht. Sie sagt, damit bekommt man eine komplett andere Reaktion und fühlt sich als nervender Fremder. Da zeigen wir, dass wir uns selbst genug sind in einer nach innen gekehrten Kultur. Es passiert sehr selten, dass Dänen ihnen relativ wenig bekannte Leute nach Hause einladen. Viele hier lebende Ausländer klagen darüber, wie schwer es ist, sich an- und aufgenommen zu fühlen.

Frage: Wovon sind die Besucher aus dem Ausland, die du professionell durch Kopenhagen führst, am meisten begeistert?
Antwort: Gäste aus den USA, Deutschland und anderen Ländern wählen uns, weil wir ihnen einen Blick auf das alternative Kopenhagen abseits der traditionellen Touristenströme bieten. Wenn wir durch Vesterbro gehen und den Alltag in einem komplett im Umbruch stehenden, spannenden Viertel anschauen, sind die meisten fasziniert von Kødbyen. Auf den ersten Blick ein kalter, alter Industriekomplex. In dem findet man aber jede Menge aufregende Restaurants und Galerien. Wir sehen uns keine spektakulären Sehenswürdigkeiten an. Viele Besucher wollen ja eher interessantes Alltagsleben kennenlernen, wie am Værnedamsvej zwischen Frederiksberg und dem wilden Vesterbro, einer wirklich schönen Einkaufsstraße mit vielen Cafés und Kneipen.

Kristine Munkgård Pedersen arbeitet für die Stadt Kopenhagen als internationale Besuchskoordinatorin. Sie hat »cph:cool« mitbegründet, deren spannende und originelle Stadtführungen für alle zu Architektur, Design, Rad-, Bier-, Gourmetkultur und anderen Themen sehr zu empfehlen sind.
Tel. 50 58 28 24 | www.cphcool.dk | E-Mail: info@cphcool.dk

GESCHICHTE

Wegen seiner günstigen Lage am Öresund wurde Kopenhagen bereits im 12. Jh. als »Hafen der Kaufleute« geschätzt. Anfang des 15. Jh. von Erik von Pommern zur Hauptstadt erklärt, drückten ihr viele Eroberer und Regenten ihren Stempel auf: allen voran König Christian IV.

1167 Burg am Öresund

Bischof Absalon lässt eine Burg am Öresund bauen, die als Grundstein für die Stadt gilt. Von hier aus konnte er den Schiffsverkehr zwischen seinem eigenen Bistum Roskilde und dem Bistum Lund in Schweden kontrollieren. Der Heringsfang als bis dahin einzige Aktivität der Kopenhagener interessierte ihn weniger. Die mit der Burg neu gestaltete Siedlung erhielt den Namen **Køpmannæhafn** (Kaufmannshafen).

1416 Kopenhagen wird Hauptstadt

Erik von Pommern sorgt für die Ablösung Roskildes als dänischer **Hauptstadt** durch Kopenhagen. Die Stadt lag militärisch und wirtschaftlich viel günstiger. Erik bezog auch als erster Regent das **Schloss**, das auf den Ruinen der Absalon-Burg errichtet worden war. Mit dem Sieg der **Reformation** in Dänemark 100 Jahre später konnte die Stadt am Öresund ihre Vorherrschaft im südlichen Skandinavien endgültig sichern.

1588 König Christian IV.

Von den mehr als 50 dänischen Königen seit Gorm dem Alten (ca. 958) kennen Einheimische einen ganz bestimmt: **Christian IV.** (1577–1648). Wie kein anderer Regent hat er das Gesicht Kopenhagens geprägt. Bei der Thronübernahme war er erst elf Jahre alt und

700

Erste Spuren von Besiedelung aus der Wikingerzeit.

1043

Als »Hafn« findet Kopenhagen erstmals schriftlich Erwähnung.

1167

Bischof Absalon von Roskilde wird mit dem Bau einer Burg, später Schloss Christiansborg, zum Stadtgründer.

1248

Angreifer aus Lübeck zerstören die Stadt als lästigen Konkurrenten.

musste bis zum 19. Geburtstag auf die alleinige Herrschaft warten. Danach legte er los und setzte zahllose Bauaktivitäten in Gang, darunter den komplett neuen Inselstadtteil **Christianshavn**, Schloss **Rosenborg** und den **Rundetårn**. Dass Kopenhagen sich von einem mickrigen Küstenort zur Metropole wandeln konnte, wird vor allem diesem in 60 Jahren Regentschaft rastlos aktiven König zugeschrieben. Weniger positiv fällt das Urteil über die diversen Kriegsabenteuer Christians IV. aus. Sie kosteten Dänemark mit Ende des Dreißigjährigen Krieges 1648 ein für alle Mal den Status als Großmacht.

1711 Erbärmliche hygienische Zustände

Bei der letzten Pestepidemie in Kopenhagen sterben 20 000 von 60 000 Kopenhagenern. Die miserablen **hygienischen Zustände** ohne geschlossene Kanalisation in der eng bevölkerten Mittelalterstadt hatten der Seuche auch vorher immer wieder beste Bedingungen zur Ausbreitung geboten.

1772 Johann Friedrich Struensee

Dreimal musste der Henker mit dem Beil zuschlagen, ehe **Johann Friedrich Struensee** am 28. April auf dem Østerfælled (heute Fælledparken) vollständig enthauptet war. Der Arzt war aus dem damals dänischen Hamburg-Altona als Betreuer für den psychisch gestörten König Christian VII. nach Kopenhagen gekommen. Hier gewann er neben politischem Einfluss auch das Herz von **Caroline Mathilde**, der Ehefrau des Regenten. Struensees Reformeifer störte die alte Machtelite wesentlich mehr als seine amourösen Aktivitäten, die zur Geburt einer gemeinsamen Tochter mit der Königin führten. Nach der Hinrichtung, bei der die halbe Stadt zuschaute, wurde Caroline Mathilde ohne ihre Kinder ins lebenslange Exil nach Celle geschickt.

1795 Stadt in Flammen

Als an einem sonnigen Freitag im Juni ein Holzlager der Marine auf **Gammelholm** in Brand geriet, ahnte niemand, dass zwei Tage später weite Teile der Stadt innerhalb der Wallanlagen in

1588 König Christian IV. beginnt seine 60-jährige Regentschaft.

1658 Kriegsniederlage gegen Schweden. Durch den Verlust von Skåne wird Kopenhagen zur Hauptstadt mit Randlage in Dänemark.

Kopenhagen übernimmt die Hauptstadtrechte von Roskilde.

1728 Weite Teile der Mittelalterstadt brennen nieder.

1772 Johann Friedrich Struensee, Hamburger Arzt und Berater von König Christian VII., wird im Park Østerfælled vor 30 000 Zuschauern enthauptet.

Trümmern liegen würden. Gerade erst hatte man die Schäden des Feuers von 1728 überwunden. Es sollte noch weniger Zeit bis zur nächsten **Brandkatastrophe** vergehen. 1807 überzog der britische Admiral Lord Nelson die belagerte Stadt von der Hafeneinfahrt aus mit dem ersten »Terrorbombardement« der europäischen Geschichte. Teile der Altstadt mit der Vor Frue Kirke, der Universität und dem Gråbrødre Torv sanken in Schutt und Asche.

1800 Goldenes Zeitalter

Das »**Guldalder**« beginnt. Mit der ersten Hälfte des 19. Jh. verbindet sich die Vorstellung von einer **Blütezeit** der eigenen Kultur, Kunst und Wissenschaft. Kopenhagen sieht sich in dieser Zeit auf einer Stufe mit den deutschen Metropolen München, Berlin und Dresden. Der Maler C. W. Eckersberg (1783–1853), der Bildhauer Bertel Thorvaldsen (1770–1844, ▶ S. 140), der Physiker H.-C. Ørsted (1777–1851) und Autoren wie Adam Oehlenschläger (1779–1850) sind in ganz Europa hoch angesehen. Paradox: Im selben Zeitraum geht der Staat **pleite** (1813), verliert Kopenhagen die Herrschaft über **Norwegen** (1814) und gerät immer mehr unter Druck durch Separatisten aus **Holstein**.

1838 Kierkegaard und Andersen

Der noch unbekannte junge Theologe und Philosoph **Søren Kierkegaard** (1813–1855) macht in einer Rezension über 90 Seiten den dritten Roman des gerade bekannt werdenden Schriftstellers **Hans Christian Andersen** (1805–1875), »Der unbekannte Spielmann«, gnadenlos nieder. Der später weltberühmte Märchendichter sei ein »Lump« und eine »Heulsuse«, schreibt Kierkegaard. Andersen rächt sich, indem er den Kontrahenten zwei Jahre später als »Haarspalter« mit abstrusen Äußerungen in ein Theaterstück einbaut. Beide waren fleißige Spaziergänger und dürften einander oft auf der Østergade (Strøget) begegnet sein. Irgendwie vertrugen sie sich dann wieder und fanden beide ihre letzte Ruhestätte auf dem **Assistens Kirkegård**, Kopenhagens berühmtestem Friedhof.

1795 Erneut verheerendes Feuer in der Altstadt.

1807 Die britische Flotte unter Lord Nelson belagert und bombardiert die Stadt.

1813 Dänischer Staatsbankrott nach der Niederlage des Verbündeten Napoleon.

1843 Der Vergnügungspark Tivoli öffnet seine Pforten.

1856 Der Bau neuer Stadtteile wird zugelassen, weil die Mittelalterstadt aus allen Nähten platzt.

1848 Demokratie und Verfassung

Auch als Umstürzler wollen die Dänen nett bleiben. »Wir ersuchen Ihre Majestät, unsere Nation nicht zur Selbsthilfe aus Verzweiflung zu treiben«, formulierte der bürgerliche Revolutionär Orla Lehmann bei einer Demonstration die Forderung nach Demokratie, als die Menge vom Rathaus zum Schloss Amalienborg zog. Der König gab klein bei. 1848/49 bekamen die Dänen die **Demokratie** und eine **Verfassung.**

1864 Dänisch-Preußischer Krieg

Die Freude über das Ende der Regentschaft wurde relativ schnell vom schweren nationalen Kater nach der Niederlage im Dänisch-Preußischen Krieg 1864 abgelöst. Kopenhagen musste den südlichen Teil Jütlands, Schleswig sowie Holstein und damit auch zwei Fünftel der eigenen Bevölkerung abtreten. Aus der einstigen Großmacht war ein international unbedeutender Kleinstaat geworden. Die **Niederlage gegen Preußen** an den Düppeler Schanzen hat sich tief in das kollektive Gedächtnis der Dänen eingegraben.

1914 Neutralität

Kopenhagen bleibt vom Ersten Weltkrieg verschont, weil das Königreich Dänemark seine **Neutralität** bewahrt. Heimische »Gulaschbarone« verdienen viel Geld mit Fleischlieferungen an beide Seiten. Nach Kriegsende gehören die Dänen dann zu den Gewinnern, weil Deutschland als Verlierer das 1864 von Preußen gewonnene **Nordschleswig** wieder an Kopenhagen abtreten muss. Alle Dänen kennen diese 1920 vollzogene Gebietsabtretung als »Genforeningen«, die **Wiedervereinigung**.

1929 Stauning oder Chaos

Zum zweiten Mal nach 1924 zieht der rauschebärtige Sozialdemokrat **Thorvald Stauning** in das Büro des Ministerpräsidenten auf Schloss Christiansborg ein. Der gebürtige Kopenhagener und gelernte Zigarrensortierer wird das Amt 13 Jahre ununterbrochen behalten. Er ist bis heute das allen bekannte Symbol für die **sozialdemokratische Prägung** Dänemarks im 20. Jh. »Stauning oder Chaos« lautete der Wahlslogan seiner Partei. Als Hitler

1915 Das Parlament beschließt auf Schloss Christiansborg das Frauenwahlrecht.

1940 Die deutsche Wehrmacht besetzt am 9. April das neutrale Dänemark. Auch in Kopenhagen wird militärisch kein Widerstand geleistet.

1943 Fast alle dänischen Juden können Anfang Oktober vor der drohenden Deportation über den Öresund nach Schweden fliehen.

1940 den Überfall auf Dänemark befiehlt, bleibt Stauning bis zu seinem Tod 1942 an der Spitze einer »Zusammenarbeitsregierung« im Amt. Widerstand durch Sabotageaktionen erklärt er für schädlich.

1941 Zwei große Physiker

Der Atomphysiker und Nobelpreisträger **Niels Bohr** empfängt im besetzten Kopenhagen seinen deutschen Exschüler und Nobelpreis-Kollegen **Werner Heisenberg**. Die Gespräche sind sagenumwoben, auch weil beide den Inhalt des entscheidenden Dialogs entgegengesetzt in Erinnerung behalten haben. Heisenberg arbeitete für die Nazis am Bau der ersten **Atombombe**. Wollte er Bohr zur Mitarbeit überreden? Oder umgekehrt auf ein Ende dieser Forschung auf deutscher wie auf alliierter Seite hinwirken, wie Heisenberg später behauptet hat. Einig waren sich beide nicht einmal über den Ort des Gesprächs: Bohr zufolge ist man im Park seiner Residenz in Valby spazieren gegangen. Heisenberg dagegen siedelt es in Bohrs Institut in Østerbro an. Als Jude floh Bohr 1943 über den Öresund nach Schweden.

1943 Dänische Juden

Ende September befiehlt Hitlers Reichsbevollmächtigter Werner Best die **Deportation** der gut 7000 dänischen Juden. Fast alle leben hier in der Hauptstadt. Die allermeisten werden in letzter Minute gewarnt und können in Fischkuttern und Booten über den Öresund ins neutrale **Schweden** fliehen. Aus der Bevölkerung kommt massiv Hilfe. Auch halten die deutschen Besatzer sich sichtlich zurück, weil sie so auf eine Fortsetzung der dänischen Kooperation einschließlich wichtiger Kriegslieferungen hoffen.

1971 Großkommune Christiania

Junge Kopenhagener stürmen und besetzen ein leer stehendes Kasernengelände von 34 ha Größe im Stadtteil Christianshavn. Sie rufen den **»Fristaden Christiania«** aus. Die **Großkommune** hat diverse Anläufe zur Räumung durch die Polizei nach endlosen Debatten im Parlament und in den

1945 Am 5. Mai feiert die Stadt die Befreiung von den nationalsozialistischen Besatzern.

1972 Kronprinzessin Margrethe wird am 14. Januar vom Schloss Christiansborg zur Königin ausgerufen.

1972 Dänemarks Bevölkerung stimmt für den Beitritt zur damaligen EWG (EU).

1989 Als erstes homosexuelles Paar der Welt können sich zwei Männer im Rathaus offiziell trauen lassen.

Medien überlebt. Der Streit um Erhalt und Status von Christiania gehört seit 40 Jahren zum festen Bestandteil der Kopenhagener Stadt- und auch der dänischen Regierungspolitik. 2004 einigte man sich auf Kompromissformeln zum Erhalt. Aber der Streit geht weiter.

1992 Fußballwunder

Keine Kopenhagener Massenversammlung seit Kriegsende hat sich tiefer ins kollektive Gedächtnis eingegraben. Nach dem sensationellen 2 : 0-Sieg Dänemarks über das hoch favorisierte Deutschland bei der **Fußball-EM** in Schweden strömen am 27. Juni 150 000 Fans auf dem Rathausplatz zusammen.

2002 Entdeckung im Untergrund

Die erste Strecke der neuen **Untergrundbahn** wird zwischen Nørreport und Vestamager eingeweiht. Die fahrerlosen, nur über Computer gelenkten Züge haben die Dänen in Italien gekauft. Die Ausgrabungen beim Bau der Metro haben den Kopenhagenern neue Erkenntnisse über ihre Ursprünge gebracht. So wurden am Kongens Nytorv und am Gammel Strand erstmals Beweise dafür gefunden, dass es hier schon um 700 **Besiedlung** gab.

2006 Protestwelle

Nach der Veröffentlichung von zwölf Mohammed-Karikaturen durch die Zeitung »Jyllands-Posten« wird das politische Kopenhagen von einer riesigen Protestwelle der **islamischen Welt** erschüttert. Von 2001 bis 2011 (und erneut ab 2015) bestimmen ausländerfeindliche Rechtspopulisten die Regierungspolitik mit.

2009 Weltklimagipfel

Der Kopenhagener **Klimagipfel** soll der Welt die Rettung vor der befürchteten Klimakatastrophe bringen. Aber auch die zeitweilige Umbenennung der Stadt in »Hopenhagen« nützt nichts. Das UN-Treffen im Bella Center scheitert spektakulär. Viel vom guten Ruf der Gastgeber verspielt die Kopenhagener Polizei bei ihrem brutalen Vorgehen gegen friedliche **Demonstranten**. Am Ende erwies sich die Gastgeberstadt als »Flopenhagen«.

1992 Vor dem Rathaus feiern 150 000 Fans Dänemarks Fußballsieg im EM-Finale gegen Deutschland.

1998 Die Großer-Belt-Brücke verbindet Kopenhagen mit dem Festland.

2000 Dänemarks Bevölkerung lehnt in einer Volksabstimmung die Einführung des Euro ab.

2000 Die Öresundbrücke und ein Tunnel verbinden Kopenhagen und das schwedische Malmö zur Öresundregion.

2009 Kopenhagen richtet den Weltklimagipfel aus, der spektakulär scheitert.

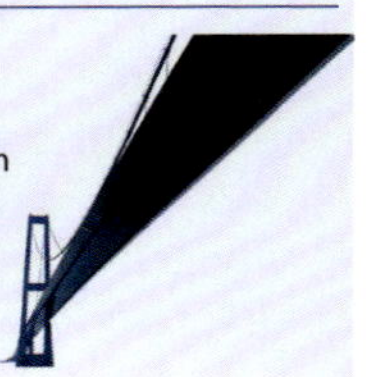

Im Fokus
Dänen und Deutsche

Im 18. Jh. wurde in Kopenhagen fast so viel Deutsch wie Dänisch gesprochen. Schlimme Tiefs – der Krieg und der Überfall der Nationalsozialisten – trübten die nachbarschaftlichen Beziehungen. Jetzt blüht eine neue dänische Begeisterung für den großen Nachbarn auf.

Vor nicht so langer Zeit habe ich am Tag einer Bundestagswahl an der Kopenhagener Uni Bauklötze gestaunt. Gut 500 Dänen füllten den Innenhof der ehrwürdigen Aula und feierten bei einer lustigen, entspannten Wahlparty mit bayerischer Volksmusik, norddeutscher Bratwurst und gesamtdeutschem Bier. In der Aula wetteiferten allerlei namhafte heimische Podiumsteilnehmer um das überschwänglichste, originellste Lob für den großen Nachbarn. »Det er über-cool mit Deutschland« versuchte sich Uni-Vizerektorin und Exklimaministerin Lykke Friis mit einer gewagten Mischung von drei Sprachen. Sie macht seit Jahren keinen Hehl aus ihrer Begeisterung für den FC Bayern München und verleiht dem bei Fernsehauftritten auch mal Nachdruck mit ihrem Dirndl-Look.
Wir vom Kopenhagener Werder-Bremen-Fanclub »Ode an Marco Bode« sehen Letzteres kritisch. Ansonsten aber: Es ist frappierend, wie radikal sich das Verhältnis der Dänen zu ihrem zigmal größeren Nachbarn gewandelt hat. Als ich 1983 von Bremen nach Kopenhagen umzog, wäre

◀ Beim Wimpeltausch noch Außenseiter:
Der EM-Sieg 1992 ist den Dänen unvergesslich.

niemand auch nur im Traum auf den Gedanken gekommen, zu einer Bundestagswahlparty einzuladen. Und dann noch mit Blasmusik. Auf einem Podium hätte man allenfalls Warnungen vor der Wiederkehr gefährlicher deutscher Großmachtträume, Seufzer über preußische Verkniffenheit und Witzeleien über die deutschen Erbauer gigantomanischer Sandburgen an dänischen Nordseestränden gehört.

500 JAHRE SCHWIERIGE NACHBARSCHAFT

Dahinter steht die Geschichte von 500 Jahren Nachbarschaft mit vielen Aufs und noch mehr Abs. In Kopenhagen wird Deutschlands Bedeutung für Dänemark an vielen Plätzen sichtbar. Die auch heute noch deutsche Sankt Petri Kirche (▶ S. 66), direkt gegenüber der alten Universität, steht für die wichtige Rolle zugewanderter Handwerker, Kaufleute, Lehrer und aller möglichen anderen Zuwanderer aus Deutschland. Auch Prinzessinnen wurden von dänischen Kronprinzen nach der Reformation zwecks Eheschließung regelmäßig aus deutschen Adelshäusern nach Kopenhagen geholt.

Im sehr gut erhaltenen Kastell (▶ S. 79) aus dem 17. Jh., das für einen Spaziergang unbedingt zu empfehlen ist, war 1772 der Arzt Johann Friedrich Struensee aus Hamburg-Altona (damals dänisch) eingekerkert, ehe er auf dem Schafott starb. Als Liebhaber von Königin Caroline Mathilde, vor allem aber als machtvoller Berater des psychisch kranken Königs Christian VII. war Struensee dem heimischen Hochadel ein Dorn im Auge. Er nimmt heute als Reformator für eine aufgeklärte Monarchie einen wichtigen Platz in den dänischen Geschichtsbüchern ein. Deutsch wurde zu dieser Zeit in Kopenhagen genauso viel gesprochen wie Dänisch.

Damit war Schluss nach der Kriegsniederlage gegen Preußen 1864. Sie verwandelte das Königreich in einen unbedeutenden Kleinstaat und hat Dänemark einen bis heute nachwirkenden Knick im Selbstvertrauen beschert. Das Verhältnis zur Siegermacht war ab der Niederlage auf den Düppeler Schanzen alles andere als positiv, viele Deutsche mussten aus Kopenhagen verschwinden.

Ab 1933 kamen kommunistische, sozialdemokratische und jüdische Flüchtlinge in umgekehrter Richtung über die Grenze. Die deutschen Nazi-Machthaber ließen am 9. April 1940 ihre Wehrmacht im Handstreich Kopenhagen und das ganze Königreich besetzen. Ende 1943 ordnete Hitlers Bevollmächtigter Werner Best die Deportation der fast ausschließlich in Kopenhagen lebenden dänischen Juden an. Sie konnten fast alle in letzter Minute durch den mutigen Einsatz ihrer Mitbürger und die taktisch motivierte Nachlässigkeit der Besatzer über den Öresund nach Schweden flüchten.

NACHWEHEN DER BESATZUNGSZEIT

Die Schrecken der Besatzungszeit haben das Verhältnis der Dänen zu allem Deutschen auch in Kopenhagen zwangsläufig über Jahrzehnte geprägt. Bis in die 1980er-Jahre war unter uns Zugewanderten fester Bestandteil von Klönschnack die Frage: »Werde ich vom Bäcker unfreundlich behandelt, weil ich Deutscher bin?« Als 1992 die Dänen das EM-Finale gegen die favorisierte, »arrogante« Deutschland-Elf sensationell mit 2 : 0 gewannen, explodierte Kopenhagen: »Deutschland, Deutschland, alles ist vorbei«, sangen 150 000 auf dem Rathausplatz in der Sprache des Nachbarn – es klang nicht sehr freundlich.
Seitdem hat sich beiderseits der Grenze einiges geändert. Das vereinte Deutschland entfaltete zur Überraschung vieler lange Zeit mehr Liberalität und auch eine positive Gelassenheit gegenüber Herausforderungen wie der Zuwanderung aus. Kopenhagen hat die umgekehrte Entwicklung erlebt. Viele Jahre schon geben auf Schloss Christiansborg, dem Parlamentssitz, ausländerfeindliche Populisten die Richtung vor und haben sich mit ihrem rauen Ton gegenüber muslimischen Zuwanderern in der öffentlichen Debatte durchgesetzt. »Die Fremden vermehren sich wie die Kaninchen«, sagte die Rechtspopulistin Pia Kjærsgaard und erhielt als Lohn dafür entscheidenden Einfluss auf die Regierungspolitik.

DEUTSCHE BEGEISTERUNG FÜR DIE DÄNEN SCHRUMPFT

Die Dänemark-Begeisterung vieler hier lebender Deutscher hat darunter in den Jahren von 2000 bis 2010 kräftig gelitten. Inklusive meiner eigenen. Es gab mal ein paar Jahre eine Atempause beim »Ausländerthema« mit weniger marktschreierischer Ausgrenzung. Aber das Schrille, Aggressive, Ausgrenzende hat sich auch bei anderen Themen festgebissen. Das will in meinen Augen so gar nicht zum freundlichen, pragmatischen, entspannten Umgang der Dänen miteinander passen.
Umgekehrt haben die Dänen ihre Vorbehalte gegen das große Nachbarland im Süden in atemberaubendem Tempo eingemottet. Ein letztes Mal sollte der Fußball als Seismograf für gegenseitige Befindlichkeiten bemüht werden. Denn an der durchschlagenden Wirkung der deutschen

»Sommermärchen«-WM 2006 kam man auch in Kopenhagen einfach nicht vorbei.
»Das war wie ein Wunder. Vorher haben bei uns alle FC Bayern München und den Beckenbauer gehasst«, sagt Torben Steno. Der Autor, Musiker und Radiomoderator ist schon lange ein bekennender Fan des Nachbarlandes. Steno war ein Pionier auf diesem Gebiet mit seiner Soloshow »Mein geliebtes Deutschland«. Geändert hat sich, dass seine Begeisterung zum Kopenhagener Mainstream geworden ist. Nicht nur Steno freut sich, dass sein Stadtteil Vesterbro so viel »Berlin-Stimmung« abbekommen habe: »Ich führe sie meinen Besuchern gern in der ›Märkbar‹ vor. Da gibt es auch Weißbier.« Dass Letzteres aus Bayern (und nicht aus Berlin) kommt – egal.

DÄNEMARKS BEGEISTERUNG FÜR DEUTSCHLAND BLÜHT AUF

Ihre neuen positiven Gefühle gegenüber dem großen Nachbarn möchten Dänen zunehmend an den Originalschauplätzen ausleben. Verblüffend oft bekomme ich Fragen Kopenhagener Freunde nach lohnenden Ferienzielen in Bayern, Baden-Württemberg oder Ostdeutschland. Früher hieß es: »Auf der Autobahn Richtung Italien die Fenster geschlossen halten und mit Vollgas durch.«
Alles andere in den Schatten stellt die Berlin-Begeisterung der Dänen. Nicht nur reisen sie seit Jahren für ihr Leben gern in die deutsche Hauptstadt. Sie haben dort auch zu Tausenden Wohnungen gekauft. »Heuschrecken« wurden sie in den goldenen Jahren bis zur Finanzkrise von den Berlinern genannt. Es war doch so schön billig im Vergleich zu den ins Astronomische steigenden Immobilienpreisen der eigenen Hauptstadt. Und warum sollte man sich für so eine tolle Möglichkeit nicht noch ein wenig mehr verschulden? Auch im eigenen Land kaufen die optimistischen Dänen Häuser oder Wohnungen viel schneller als die vorsichtigen Deutschen. Man wird die Bude im Fall des Falles sicher auch schnell wieder los, denken sie. Deshalb sei Kopenhagen »ein Traum für jeden Banker«, sagte mir mal der Kopenhagener Filialchef eines großen deutschen Geldinstitutes über diese Mentalität.
Darüber habe ich von Herzen gelacht. Anschließend brachte eine kurze Selbstprüfung ans Licht, dass ich diese optimistische Grundhaltung der Dänen – es wird alles schon irgendwie gut gehen – nach und nach übernommen habe. Für das Vorleben einer etwas leichteren, optimistischeren und weniger schwermütigen Einstellung zum Leben werde ich den Menschen in meiner Wahlheimat für immer dankbar sein.

REISEINFORMATIONEN

Anreise

MIT DEM AUTO

Die am häufigsten gewählte Autostrecke aus dem Süden nach Kopenhagen führt über Hamburg und Lübeck auf der A 1 (»Vogelfluglinie«) zum Fährhafen Puttgarden auf Fehmarn. Die Fähren von Puttgarden nach Rødby verkehren mindestens zweimal stündlich bei einer Überfahrtszeit von 45 Min. Auf dänischer Seite benötigen Sie ab Rødby noch einmal 90 Min. bis Kopenhagen auf der Autobahn E 47/E 20. Je weiter aus dem Osten Deutschlands Sie kommen, desto eher kommt für Sie die Strecke über Berlin (A 9) zum Fährhafen Rostock in Betracht. Die Fährschiffe legen von dort alle 2 Std. ab und benötigen knapp 2 Std. Frühzeitige Buchung ist zu empfehlen, vor allem in der Feriensaison (www.scandlines.de). Das Schiff aus Rostock legt in Gedser an, von wo man zunächst knapp 35 km auf der Landstraße (E 55) bis zur Autobahn E 47 fährt. Die Gesamtfahrzeit auf dieser Strecke bis Kopenhagen beträgt gut 2 Std.

Eine dritte Alternative ist die Fahrt ab Hamburg auf der A 7/E 45 nach Flensburg. In Dänemark nehmen Sie bei Kolding die E 20 Richtung Odense, die Sie über die Großer-Belt-Brücke auf die Insel Seeland und nach Kopenhagen führt. Die Fahrzeit auf dieser Strecke ab Hamburg ist etwa 45 Min. länger als mit der Fährverbindung Puttgarden-Rødby. Dafür hat man die spektakuläre Fahrt über den Großen Belt auf der 20 km langen, zweiteiligen Brücke.

MIT BAHN ODER BUS

Alle Bahnverbindungen aus Deutschland nach Kopenhagen führen über Hamburg, wo man meistens umsteigen muss. Die Züge fahren auf die Fähre Puttgarden-Rødby, sodass Sie am Fährhafen nicht noch einmal umsteigen müssen. Mit mehreren deutschen Städten gibt es direkte Nachtzug-Verbindungen ohne Umsteigen. Eine Alternative sind Fernbuslinien (z. B. www.eurolines.de). Die aus oder über Berlin kommenden Busse nutzen die Fährverbindung Rostock-Gedser.

MIT DEM FLUGZEUG

Der Flughafen Kopenhagen-Kastrup wird als skandinavisches Drehkreuz auch von zahlreichen Fluggesellschaften aus Deutschland angeflogen. Das breiteste Angebot findet sich bei Lufthansa und SAS. Bei den Billigfliegern sind vor allem Easyjet und Norwegian mit Verbindungen nach Deutschland sowie auch in die Schweiz und nach Österreich aktiv. Vom Flughafen aus sind Sie mit der Metro (alle 5 Min.) oder der Bahn (etwa alle 10 bis 15 Min.) in 15 Min. im Stadtzentrum. Wenn Sie zu einem Ziel in der Nähe des Hauptbahnhofes möchten, nehmen Sie einen Zug (DSB oder SJ). Steuern Sie eine Zieladresse im Zentrum an, Nähe Kongens Nytorv oder Nørreport, geht es am schnellsten mit der Metro. Die Tickets sind identisch und können an denselben Automaten gelöst werden. Sie kosten für eine einfache Fahrt 24 DKK. Wenn Sie sich vorher die

Copenhagen Card besorgt haben, ist dieser Transfer gratis. Das Taxi braucht in der Regel ein wenig länger als Bahn oder Metro und kostet knapp 250 DKK für die 9 km lange Fahrt ins Zentrum.

Auskunft

IN DEUTSCHLAND, ÖSTERREICH UND DER SCHWEIZ

VisitDenmark

Glockengießerwall 2, 20095 Hamburg | Tel. +49 (0) 18 05–32 64 63 | www.visitdenmark.de

KOPENHAGEN

Copenhagen Visitor Centre F/G 5

Vesterbrogade 4A, 1577 København V | S-Bahn: Hauptbahnhof | Tel. 70 22 24 42 | www.visitcopenhagen.dk | Jan.–April Mo–Fr 9–17, Sa 9–16, März, April auch So 9–16, Mai, Juni Mo–Sa 9–18, So 9–16, Juli–Aug. Mo–Fr 9–20, Sa, So 9–18, Sept. Mo–Fr 9–18, Sa, So 9–16, Okt.–Dez. Mo–Fr 9–17, Sa, So 9–16 Uhr

Buchtipps

Per Olov Enquist, Der Besuch des Leibarztes (Fischer Taschenbuch, 2003) Ein Schwede hat den besten historischen Roman mit Kopenhagen als Schauplatz geschrieben. Per Olov Enquist, von 1978–1993 Wahl-Kopenhagener, erzählt die Geschichte des Altonaer Arztes Johann Friedrich Struensee, der den psychisch gestörten König Christian VII. beriet, Geliebter von Königin Caroline Mathilde wurde und 1772 auf dem Schafott endete. Das Buch enthält viele historische Details und ist sehr spannend.

Kim Leine, Ewigkeitsfjord (Hanser Verlag, 2014). In seinem Roman beschreibt Leine das Kopenhagen des späten 18. Jh. und die Odyssee eines dänischen Pastors nach Grönland. Vor der Abreise erlebt er Irrfahrten der Liebe in Kopenhagen und nach der Rückkehr den fürchterlichen Stadtbrand von 1795. Das Buch enthält zudem packende Schilderungen der Kopenhagener Gesellschaft.

Ulrich Sonnenberg, Hans Christian Andersens Kopenhagen (Schöffling & Co., 2004) Kenntnisreich, mit eleganter Feder und warmherzig führt der Autor durch historische Stätten, zu denen der Märchendichter Andersen einen Bezug hatte. Dies ist der rote Faden, über den dem Leser Stadtgeschichte über ein halbes Jahrtausend nahegebracht wird. Das Buch liest sich leicht und locker.

Kurt Tucholsky, Schloss Gripsholm (Taschenbuch Insel Verlag, 2006) Der berühmte Liebesroman (1930) über eine Sommerreise nach Schweden mag an dieser Stelle überraschend erscheinen, aber die erste Station der Reise ist die dänische Hauptstadt. Verblüfft liest man, wie viel von Tucholskys Begeisterung für Kopenhagen heute noch passt. Suchen Sie doch mal unter www.textlog.de nach anderen Tucholsky-Geschichten über Kopenhagen: »Kopenhagener krabbeln auf ein Kriegsschiff«, »1372 Fahrräder«, »Eine schöne Dänin« und »Glückliches Kopenhagen, eine Oase in der Wüste«.

Copenhagen Card und City Pass

Die Copenhagen Card ermöglicht freien Eintritt zu 73 Museen und Attraktionen in und um Kopenhagen. Gratis ist mit ihr der Transport im gesamten Hauptstadtgebiet mit Bus, Metro, S-Bahn, der Regionalbahn und dem Hafenbus. Hinzu kommen Rabatte von Auto- und Fahrradvermietern, Fremdenführern, Restaurants/Cafés und Theatern.
Die Copenhagen Card kostet 379 DKK für einen Tag, 529 DKK für zwei Tage, 629 DKK für drei Tage und 839 DKK für vier Tage. Bis zwei Kinder bis zehn Jahre können einen Ewachsenen gratis begleiten. Kinder ab 10 Jahre: 199 DKK (1 Tag), 269 DKK (2 Tage), 319 DKK (3 Tage), 419 DKK (4 Tage).
Wenn Sie auf öffentliche Verkehrsmittel ohne Museen setzen, empfiehlt sich der **City Pass** für unbegrenzt viele Fahrten in Bus, Bahn, S-Bahn, Metro und Hafenbus im Stadtgebiet. Er kostet für 24 Std. 80 DKK und für 72 Std. 200 DKK (Kinder zahlen jeweils die Hälfte). Informationen und Onlinekauf bei www.visitcopenhagen.com in Englisch.

Diplomatische Vertretungen

Deutsche Botschaft H 2

Østerbro | Stockholmsgade 57 | S-Bahn: Østerport | Tel. 35 45 99 00 | Notdienst Tel. 40 17 24 90 (auch SMS) | www.kopenhagen.diplo.de | Mo, Mi, Do, Fr 9–12, Di 13–16 Uhr

Österreichische Botschaft nördl. H 1

Hellerup | Sølundsvej 1 (Konsulat: Svanemøllevej 7) | Bus 1A: Strandvænget, S-Bahn: Svanemøllen | Tel. 39 29 41 41 | Mo–Fr 9.30–12 Uhr

Schweizer Botschaft nördl. K 1

Hellerup | Richelieus Allé 14 | S-Bahn: Hellerup | Tel. 33 14 17 96 | für konsularische Fragen ist die Botschaft in Stockholm zuständig. Alle telefonischen Anfragen dazu sowie Notdienst und Helpline: +41 800 24 73 65

Feiertage

1. Januar Nytårsdag (Neujahr)
Påske (Ostern) = Skærtorsdag (Gründonnerstag), Langfredag (Karfreitag), Påskedag (Ostersonntag), Anden Påskedag (Ostermontag)
Store Bededag (Buß- und Bettag) 4. Freitag nach Ostern
Kristi Himmelfartsdag (Himmelfahrtstag) 6. Donnerstag nach Ostern
Pinse (Pfingstsonntag und Pfingstmontag)
25./26. Dezember Jul (Weihnachten)
1. Mai und 5. Juni Der Festtag der Arbeiterbewegung und Dänemarks Verfassungstag (Grundlovsdag) sind keine offiziellen Feiertage. Viele Geschäfte und auch Behörden haben aber halb- oder ganztägig geschlossen.

Geld

Die Dänen haben 2000 die Einführung des Euro per Volksabstimmung abgelehnt. Ihre Währung ist bei einem Umrechnungskurs von knapp 7,5 DKK für 1 Euro fest an die EU-Währung gebunden. In Kopenhagen sind größere Geschäfte und Restaurants teilweise auf Zahlung in Euro eingestellt. Die Dänen zahlen auch kleine Beträge fast immer per Karte. Ihre EC-Karte können Sie an vielen Geldautomaten, aber nur selten in Geschäften nutzen. Visa und Mastercard gehen praktisch immer. Beim Geldumtausch wird eine Gebühr von bis zu 50 DKK erhoben. Der Umtauschschalter der Forex-Bank im Hauptbahnhof ist tgl. von 8–21 Uhr geöffnet, mehrere Schalter in der Stadt (www.forexbank.dk) Mo–Fr 10–18 und Sa von 10–14.30/16 Uhr. Die Banken öffnen von Mo–Fr von 10–16 Uhr.

Links und Apps

LINKS

www.visitdenmark.de/kopenhagen
Die eigene deutschsprachige Internetseite des Touristenverbandes zu Kopenhagen ist leider weggespart. Alle können ja Englisch, lautet die Begründung. Basisinformationen und Hinweise auf einige aktuelle Events gibt es hilfsweise bei »Visit Denmark«. Aber wer umfassend und genau auf dem Laufenden sein will, kommt an den Infos auf Englisch nicht vorbei.

www.visitcopenhagen.com
Auf der englischen Version von Visit Copenhagen findet sich ein »Event calendar«, auf dem Sie alle aktuellen und künftigen Opernvorstellungen, Festivals, Modewochen, Messen und Kongresse, Gay-Termine und anderes mehr aufspüren können.

www.kulturnaut.dk.
Übersichtlich in Kategorien aufgeteilt und mit einer deutschen Suchmaske versehen informiert diese Website über Aktivitäten aller Art in Kopenhagen (und ganz Dänemark). Hier finden Sie auch die jeweils laufenden Kinofilme mit den dazugehörigen Kinos. Für Freunde englischsprachiger Filme im Original ist dieser Link eine Fundgrube. Die Suchergebnisse kommen auf Dänisch. Eine Liste der interessanten Kinos gibt es auf www.visitcopenhagen.com unter »Cinemas«.

APPS

rejseplanen
Reiseplan bedeutet auf Deutsch der App-Name und passt zum dänischen Standardwerkzeug für diesen Zweck. Die Sprache der Suchmaske entspricht der normalerweise auf Ihrem Smartphone verwandten.
Für iPhone und Android | kostenlos

mobilbilletter
Wenn Sie ohne Copenhagen Card oder City Pass S-Bahn, Busse oder Metro nutzen, können Sie mit dieser App das Ticket online kaufen und auch die passende Route finden. Vorab sind die Angaben zur Kreditkarte einzutippen.
Für iPhone und Android | kostenlos

Mobilbilletter
Damit können Sie Tickets für Bahn, Bus, S-Bahn und Metro sowie Hafenbus und Regionalzüge per Handy kaufen. Nötig ist lediglich die einmalige Eingabe der Kreditkartendaten.
Für iPhone und Android | kostenlos

I Bike CPH
Die App für die Fahrrad-Routenplanung. Sie können sie auch bei Spaziergängen in der Stadt oder in der Umgebung von Kopenhagen nutzen.
Für iPhone und Android | kostenlos

CykelPlanen
Diese App für die Planung von Radrouten eignet sich vor allem für Touren ins Umland, vor allem wenn man die Kopenhagener »Fahrradautobahnen«, die cykelsuperstier, erkunden möchte. Suchmaske u. a. in Englisch.
Für iPhone und Android | kostenlos

Medizinische Versorgung

KRANKENVERSICHERUNG

Die Vorlage einer europäischen Krankenversicherungskarte (EHIC) ist ausreichend. Als zusätzlicher Versicherungsschutz empfiehlt sich der Abschluss einer Auslandskrankenversicherung, da diese Krankenrücktransporte mitversichert.

KRANKENHAUS

Rigshospitalet F2

Østerbro | Blegdamsvej 9 |
Tel. 35 45 35 34

APOTHEKEN

Die Öffnungszeiten sind in der Regel Mo–Fr 9–18 und Sa 10–14 Uhr. Rund um die Uhr geöffnet ist die Steno Apotheke in Bahnhofsnähe (Vesterbrogade 6C, Tel. 33 14 82 66).

Nebenkosten

1 Tasse Kaffee .... 30 DKK (4,00 €)
1 Glas Bier .... 35 DKK (4,70 €)
1 Glas Cola .... 25 DKK (3,00 €)
1 Smørrebrød .... 50 DKK (6,70 €)
1 Taxifahrt (pro km) . 20 DKK (2,70 €)
1 Liter Benzin ... ca. 10,50 DKK (1,45 €)
Mietwagen/Tag .... 520 DKK (70,00 €)

Notruf

Euronotruf Tel. 112
(Polizei, Feuerwehr, Rettungsdienst)

Post

Briefkästen in Dänemark erkennt man an ihrer kräftig roten Farbe. Eine Postkarte nach Deutschland, Österreich oder in die Schweiz kostet 25 DKK. Briefmarken bekommen Sie in den Postämtern (diese sind zunehmend auch in Supermärkten angesiedelt) oder online auf www.postdanmark.dk/en. Hier gibt es auf Englisch auch die Adresse der nächsten Verkaufsstelle und den Standort des nächsten Briefkastens.

Reisedokumente

Dänemark gehört ebenso wie Deutschland, Österreich und die Schweiz zum Schengen-Raum der EU. Reisende auch aus diesen Ländern müssen sich jederzeit mit ihrem Reisepass oder dem Personalausweis (Identitätskarte) ausweisen können. Jedes Kind benötigt ein eigenes Ausweisdokument.

Reiseknigge

Anrede

Man duzt sich – bis auf die Königin und betagte Respektspersonen. Wenn Dänen Sie auf Deutsch sofort duzen, ist das freundlich gemeint.

Klima (Mittelwerte)

	Januar	Februar	März	April	Mai	Juni	Juli	August	September	Oktober	November	Dezember
Tagestemperatur	2	2	5	11	16	20	22	21	18	12	7	4
Nachttemperatur	-2	-3	-1	3	8	11	14	14	11	7	3	1
Sonnenstunden	1	2	4	6	8	9	9	8	6	3	1	1
Regentage pro Monat	11	9	9	9	7	9	9	10	10	10	10	15

Konversation
Für locker-freundliches und möglichst auch heiteres Plaudern mit ausländischen Besuchern sind die Kopenhagener fast immer zu haben. Ernsthaftere Gespräche werden Sie wohl nur schwer in Gang bekommen.

Rauchen
Drinnen rauchen ist praktisch überall gesetzlich verboten. Ausgenommen sind kleine Kneipen, Cafés und Restaurants von weniger als 40 m². Dies als Tipp für Nichtraucher und Raucher – je nach Interessenlage.

Trinkgeld
In der dänischen Gastronomie ist Trinkgeld eher unüblich, aber auch nicht verpönt. Die Größenordnung bewegt sich zwischen 5 und 10 %. Das Personal wird hier traditionell besser entlohnt als in Mitteleuropa.

Reisezeit

Das Wetter in Kopenhagen ähnelt dem im Norden Deutschlands. Generell sind die vier Monate zwischen Mai und August ganz bestimmt die schönsten in der Stadt. Ab Ende Juni bis Mitte August kommen Sommerferien-Stimmung und Badefreuden an den Stränden und im sauberen Hafenwasser hinzu. Die Übergangszeit zwischen Winter und Frühling sowie der Spätherbst können in Kopenhagen recht kühl und grau ausfallen.

Sicherheit

Es gibt so gut wie keine Straßen oder Gegenden in der Stadt, vor denen man Besucher aus Sicherheitsgründen warnen müsste. Dass die Kopenhagener sich sicher fühlen, hat sehr zum Ruf der Stadt als besonders »lebenswert« beigetragen. Natürlich wird aber auch hier zu oft gestohlen und spätnachts mitunter zugeschlagen. Bei Diebstahl oder anderen ähnlich unangenehmen Vorfällen wendet man sich telefonisch an die Polizei (114). Der akute Rettungsdienst hat die Tel. Nr. 112.

Stadtführungen

Hafenrundfahrt Die (im Durchschnitt) etwa einstündige Bootsfahrt durch den Hafen und seine schmalen Seitenkanäle sollten Sie einmal gemacht haben. Sie gibt mit den Erklärungen der Guides in Englisch, Deutsch und Dänisch eine sehr spezielle Sicht auf die stark vom Wasser geprägte Stadt. Hauptab- und -anlegestellen sind der Ankerplatz (Mindeankeret) am Nyhavn und der Slotsholms Kanal an der Holmens Kirke. Informationen bei: www.stromma.dk und www.havnerundfart.dk

Stadtführungen zu Fuß und per Rad
Wegen der überschaubaren Größe bieten sich Führungen zu Fuß durch die Innenstadt oder, mit etwas weiterem Radius, auf dem Fahrrad an. Angebote dafür finden sich auf www.visitcopenhagen.com unter »Sightseeing Tours«.

Durch das coole Copenhagen Wer sich für das moderne Kopenhagen mit aufregenden Gourmetrestaurants, trendig-alternativen Stadtteilen, schöner neuer Architektur und originellen Designideen interessiert, kann sich von CPH:COOL führen oder auch verführen lassen. Die Guides bieten thematisch orientierte Führungen unter anderem zu Gastronomie, Shopping, Design, Fahrradkultur und dem Stadtteil Vesterbro an. Nähere Informationen finden Sie unter www.cphcool.dk.

Strom

Die elektrische Spannung beträgt auch in Dänemark 220/230 Volt. Für Steckdosen benötigt man keinen Adapter.

Telefon

VORWAHLEN

D, A, CH ▶ Dänemark 00 45
Dänemark ▶ D 00 49
Dänemark ▶ A 00 43
Dänemark ▶ CH 00 41

Verkehr

AUTO

Es gibt keinen vernünftigen Grund, Kopenhagen per Auto »erobern« zu wollen. Die Entfernungen sind zu gering. Die Parkgebühren bewegen sich zwischen 13 und 35 DKK/Std.
Auf den Autobahnen im Großraum Kopenhagen gilt eine Geschwindigkeitsbegrenzung von maximal 110 km/h. Die sonst in Dänemark auf Teilstrecken zulässigen 130 km/h sind in und um Kopenhagen nirgends möglich. Bei Übertretungen bewegt sich das Bußgeld mit einem Mindestbetrag von 1000 DKK in einer beachtlichen Größenordnung. Die Alkoholgrenze in Dänemark liegt bei 0,5 Promille.

FAHRRAD

Die Preise beim Fahrradverleih liegen zwischen 85 und 100 DKK pro Tag und um 350 DKK für eine Woche. Hotels nehmen normalerweise 150 DKK pro Tag. Eine Liste von Verleihern finden Sie auf www.visitcopenhagen.com unter »bike rentals«. Dort gibt es auch Angebote für Fahrradtouren mit Guides unter »bike tours«.
Die erste Probefahrt sollten Sie nicht im Feierabendverkehr auf einer Hauptstraße wie dem H.-C.-Andersen-Boulevard oder der Nørrebrogade ansetzen. Zu viel andere Radler. Normalerweise lässt es sich aber auch im Zentrum ohne Stress durch den Berufsverkehr relativ entspannt radeln. Passen Sie immer besonders gut auf rechts abbiegende Autos auf.
Neben den technisch anspruchsvollen Stadträdern mit Batteriehilfe gibt es gemietet auch die wesentlich einfacheren und billigeren Fahrräder der »Donkey Republic«.
www.bycyklen.dk, www.donkey.bike

MIETWAGEN

Das Besondere an Mietwagen in Dänemark sind die hohen Preise. Ohne Rabatte zahlt man mindestens 500 DKK pro Tag für einen kleinen Wagen. Hintergrund ist die sehr hohe Besteuerung von Autos.

ÖFFENTLICHE VERKEHRSMITTEL

Wie die meisten Großstädter schimpfen die Kopenhagener auf ihre öffentlichen Nahverkehrsmittel. Dabei funktioniert die Kombination aus Bussen, S-Bahn, Regionalzügen, der zunehmend ausgebauten Metro sowie dem »Havnebus« (Hafenbus) zu Wasser sehr gut. Das Einzelticket kostet 24 DKK für den Stadtbereich (zwei Zonen). Es gibt ferner den auf 24 oder 72 Std. begrenzten City Pass sowie die Copenhagen Card (▶ S. 178), die kostenlosen Transport auch im Umland ermöglicht. Nähere Informationen über Fahrpläne und Preise finden sich bei www.dsb.dk und www.m.dk. Auskunft zu Fahrten mit öffentlichen Verkehrsmitteln erteilt die Website www.rejseplanen.dk.

TAXI

Wie alles Autofahren in Dänemark ist auch das per Taxi teuer. Für 9 km vom Flugplatz zum Zentrum zahlt man etwa 250 DKK, für 2 km vom Kongens Nytorv zum Hauptbahnhof 65 DKK. Es gibt keinerlei farbliche oder sonstige Vorgaben für das Aussehen. Wenn Sie vom Straßenrand winken, wird jedes Taxi halten, wenn es frei ist und die Verkehrslage das erlaubt (Dantaxi Tel. 70 25 25 25).

Zeitungen und Zeitschriften

Regelmäßig in Deutsch erscheinende Zeitungen, Zeitschriften oder Magazine gibt es in Kopenhagen nicht. In Englisch erscheint wöchentlich »The Copenhagen Post«. Das Blatt informiert – in begrenztem Rahmen – über das aktuelle Geschehen in Politik, Kultur, Unterhaltung, Sport und anderes mehr aus der dänischen Hauptstadt und dem ganzen Land. Die Zeitschrift ist kostenfrei am Flughafen und anderen von Touristen frequentierten Orten erhältlich. Im Internet einsehbar unter: www.cphpost.dk

Zoll

Reisende aus Deutschland und Österreich dürfen Waren abgabenfrei mit nach Hause nehmen, wenn diese für den privaten Gebrauch bestimmt sind. Bestimmte Richtlinien sollten jedoch nicht überschritten werden (z. B. 800 Zigaretten, 90 l Wein, 10 kg Kaffee). Weitere Auskünfte unter: www.zoll.de und www.bmf.gv.at/zoll

Reisende aus der Schweiz dürfen Waren im Wert von 300 SFr abgabenfrei mit nach Hause nehmen, wenn diese für den privaten Gebrauch bestimmt sind. Tabakwaren und Alkohol fallen nicht unter diese Wertgrenze und bleiben in bestimmten Mengen abgabenfrei (z. B. 200 Zigaretten, 2 l Wein). Weitere Auskünfte unter: www.zoll.ch

Entfernungen (in Minuten) zwischen wichtigen Orten

	Amalienborg Slot	Christiansborg Slot	Lille Havfru	Ny Carlsberg Glyptotek	Nyhavn	Rosenborg Slot	Rundetårn	Statens Museum for Kunst	Tivoli	Vor Frelsers Kirke
Amalienborg Slot	–	20	15	25	10	20	20	25	30	35
Christiansborg Slot	20	–	30	10	15	25	15	30	15	25
Lille Havfru	15	30	–	35	20	30	30	30	40	45
Ny Carlsberg Glyptotek	25	10	35	–	20	30	20	35	10	30
Nyhavn	10	15	20	20	–	20	15	25	25	30
Rosenborg Slot	20	25	30	30	20	–	15	10	30	45
Rundetårn	20	15	30	20	15	15	–	20	20	35
Statens Museum for Kunst	25	30	30	35	25	10	20	–	35	50
Tivoli	30	15	40	10	25	30	20	35	–	35
Vor Frelsers Kirke	35	25	45	30	30	45	35	50	35	–

ORTS- UND SACHREGISTER

Wird ein Begriff mehrfach aufgeführt,
verweist die **fett** gedruckte Zahl auf die Hauptnennung.
Abkürzungen: Hotel [H] · Restaurant [R]

AMSTERDAM
BARCELONA
BERLIN
DRESDEN
DUBLIN
FLORENZ
HAMBURG
KÖLN
LISSABON
LONDON
MADRID
MAILAND

Erlesene Ziele
Auf den Spuren berühmter Persönlichkeiten
MÜNCHEN
NEW YORK
PARIS
PRAG
RIO DE JANEIRO
ROM
SAN FRANCISCO
ST. PETERSBURG
STOCKHOLM
VENEDIG
WIEN
ZÜRICH

Liebe Leserinnen und Leser,

vielen Dank, dass Sie sich für einen Band aus unserer Reihe MERIAN *momente* entschieden haben. Wir freuen uns, wenn Ihnen der Reiseführer gefällt. Wenn Sie aber Anregungen, Korrekturen oder Kritik haben, zögern Sie bitte nicht, uns zu schreiben. Denn das hilft uns, MERIAN *momente* noch besser zu machen.

Alle Angaben in diesem Reiseführer sind gewissenhaft geprüft. Preise, Öffnungszeiten usw. können sich aber schnell ändern. Für eventuelle Fehler übernimmt der Verlag keine Haftung.

GRÄFE UND UNZER VERLAG
Postfach 86 03 66 | 81630 München
Tel. 0 89/4 50 00 99 41
LESERSERVICE
merian@graefe-und-unzer.de
Tel. 0 08 00/72 37 33 33 *(gebührenfrei in D, A, CH)*
Mo–Do 9.00–17.00 Uhr, Fr 9.00–16.00 Uhr

2. Auflage 2018

REDAKTION
Richard Schmising, Nadia Turszynski
LEKTORAT
Rosemarie Elsner
BILDREDAKTION
Dr. Nafsika Mylona
SCHLUSSREDAKTION
Andrea Lazarovici
HERSTELLUNG
Renate Hutt
SATZ/TECHNISCHE PRODUKTION
h3a GmbH, München
REIHENGESTALTUNG
Independent Medien Design, Horst Moser, München (Innenteil), La Voilà, Marion Blomeyer & Alexandra Rusitschka, München und Leipzig (Coverkonzept)
KARTEN
Kunth Verlag GmbH & Co. KG für MERIAN-Kartographie
DRUCK UND BINDUNG
Printer Trento, Italien

Ein Unternehmen der
GANSKE VERLAGSGRUPPE

PEFC/18-31-506

BILDNACHWEIS

Titelbild (Nyhavn): Getty Images: Panoramic Images
B. Aarsted 126 | alamy: N. Quist 42 | Anzenberger: E. De Santis 89, 90, 110 | J. Arentoft 56 o | BIG - Bjarke Ingels-Group 19 | Bildagentur Huber: G. Croppi 135, G. Simeone 150–151 | Central Hotel 22 | Ché Fé: K. S. Krogh 30 | Th. Borchert 9 | copenhagen-mediacenter.com: I. Baan 46: R. Halbe 132, M. Jerichau 118, K. Nielson 13 l, T. Petri 38, T. Stange 56 u, 82 D. Westerberg 121 | Corbis 33, 45, 74, 106 | ddp images 128 | L. Degnbol 162 | Designmuseum: P. Klemp 136 | M. Dorbec 57 o | dpa Picture-Alliance: Dosfotos 6, Laci Perenyi 171 l, Polfoto 170 | fotolia.com: K. Rtten 18, SeanPavonePhoto 168 r | gemeinfrei 167, 168 l, Library of Congress 169 | Getty Images 2, 49, 50 | A. D. Hansen 105 | imago: Anka Agency International 142, imagebroker 153, J. Tack 25, WEREK 172 | INTERFOTO 192 o | JAHRESZEITEN-VERLAG: M. Bernhardi 29, S. Gammelmark 26, M. Holz 103 | laif: T. Barth 58, J. Dall/NYT/Redux 69, J. Glaescher 139, J. Grarup/NYT/Redux 116, F. Guiziou/hemis.fr 15, 112, K. Hoffmann 37, E. Nathan/Loop Images 66, Rabouan/hemis.fr 65, F. Siemers 12, A. Zambardino 148 | look-foto 158–159 | mauritius images: Alamy 4–5, 41, 86, 147, 157, 192 u, E. Nägele 155, United Archives 160 | F. Mcomish 17 | Mikkeller 47 | A. Mørk 16 | Prisma: Y. Levy 96, T. Olson 20–21 | Lo Ostergaard 57 u | A. Saly 122 | Schapowalow: M. Carassale/SIME 98 | seasons agency: A. F. Selbach 54–55 | Shutterstock 10, 11 o, 78, 81, 141, 166, eFesenko 13 r, lupugabriela 171 r, O. Mykhaylova 48, T. Otap 14 | Stilleben 71 Summerbird Chocolade 34

KULINARISCHES LEXIKON

A
aborre – Barsch
agurk – Gurke
and – Ente
appelsin – Apfelsine
asparges – Spargel

B
banan – Banane
biksemad – Resteessen aus Fleisch und Kartoffeln
birkes – Mohnbrötchen
blomkål – Blumenkohl
blomme – Pflaume
blåmuslinger – Miesmuscheln
brød – Brot
bøf – Beefsteak
bønne – Bohne

C
cacaomælk – Trinkschokolade

D
dansk vand – Mineralwasser
dild – Dill
drue – Traube

E
eddike – Essig
engelsk bøf – Rumpsteak

F
fedt – Schmalz
fersken – Pfirsich
ferskvandsfisk – Süßwasserfisch
figen – Feige
fisk – Fisch
fjærkræ – Geflügel
flæskesteg – Schweinebraten
fløde – Sahne
forret – Vorspeise
franskbrød – Weißbrot
frikadeller – Frikadellen
frokost – Mittagessen
frugt – Obst
fuldkornbrød – Vollkornbrot
får – Schaf

G
gedde – Hecht
grønsager – Gemüse
grøn peberfrugt – grüner Paprika
gulerod – Möhre, Wurzel

H
hakket kød – Hackfleisch
hamburgerryg – Kassler
hare – Hase
helleflynder – Heilbutt
hindbær – Himbeere
honning – Honig
hovedret – Hauptgericht
hvidløg – Knoblauch
hvidkål – Weißkohl
hvidvin – Weißwein
hyben – Hagebutte
hønsebouillon – Hühnerbrühe

I/J
is – Eis
jordbær – Erdbeere

K
kaffe – Kaffee
kage – Kuchen
kalkun – Truthahn
kanelstang – Zimtkuchen
karry – Curry

kartofler – Kartoffeln
kirsebær – Kirsche
klipfisk – Stockfisch
krydderier – Kräuter
kullen – Schellfisch
kylling – Hähnchen
kærnemælk – Buttermilch
kød – Fleisch

L

laks – Lachs
lammekød – Lammfleisch
letmælk – fettarme Milch
letøl – Leichtbier
lever – Leber
løg – Zwiebel

M

makrel – Makrele
morgenmad – Frühstück
middag – Abendessen
musling – Muschel
mørbrad – Schweinefilet

O

oksekød – Rindfleisch
ost – Käse
othellobolle – Mohrenkopf

P

peber – Pfeffer
peberfrugt – Paprika
pighvar – Steinbutt
piskefløde – Schlagsahne
purløg – Schnittlauch
pære – Birne
pølser – Würstchen
pålæg – Aufschnitt

R

rejer – Krabben
ris – Reis
rosenkål – Rosenkohl
rundstykke – Brötchen
rødbeder – Rote Bete
rødfisk – Rotbarsch
rødspætte – Scholle
rødvin – Rotwein
røræg – Rührei

S

salt – Salz
sandart – Zander
sennep – Senf
sild – Hering
skinke – Schinken
skorzonerrod – Schwarzwurzel
skrubbe – Flunder
smør – Butter
smørrebrød – belegtes Butterbrot
snaps – Schnaps
spegepølse – Salami
svampe – Pilze
svinekød – Schweinefleisch
søtunge – Seezunge

T

te – Tee
torsk – Dorsch

V

vand – Wasser
vildt – Wild
vin – Wein

W

wienerbrød – Kopenhagener (Blätterteigkuchen)

Æ/Ø

æble – Apfel
æg – Eier
ærter – Erbsen
øl – Bier
ørred – Forelle
østers – Austern

KOPENHAGEN GESTERN & HEUTE

Die Begeisterung für das **Radfahren** (▶ S. 50) war auch in den 1930er-Jahren schon bei der Damenwelt Kopenhagens verbreitet. Mal ehrlich: So viel anders sehen die Drahtesel von heute auch nicht aus. Klar, der technische Standard war niedriger, das Tempo ebenfalls und der Verkehr drum herum weniger massiv. Und jetzt? Noch immer radeln die Kopenhagener entspannt bis vergnügt durch ihre Stadt. Radfahren ist hier nicht nur schnell und praktisch, sondern auch ein Stück Freiheit.